邊玩邊學習

提升孩子專注力

**家庭環境、學習目標、遊戲訓練，
多方面檢討補救，孩子不只用心也更專心**

上課摸東摸西，不知神遊到哪裡去；
回家只想玩遊戲，功課踢到一邊去！

這是你孩子的問題嗎？

聽覺 × 視覺 × 觸覺

孩子的注意力問題從小就要注意！
帶著孩子玩遊戲，多方提升注意力！

黃依潔，陳雪梅 編著

U0075106

目 錄

目錄 ─────────────

第三章　讓專注成為一種習慣

第四章　給孩子專注的「動力」

第五章　情緒穩定能使孩子更專注

第六章　強化視聽以促進孩子的專注力

目錄

前言

專注是忘我的心靈境界，專注是排除干擾的堅強意志，專注是堅持不懈的定力，專注是一種人生的智慧和策略……擁有了專注的特質，也就擁有了成功的先機。

當一個人聚精會神、專心致志時，他的視覺、聽覺、味覺、嗅覺、觸覺、平衡感等多種感覺都處在最活躍、最積極的狀態，他的智力活動也達到高峰狀態，那些卓有造詣的畫家、醫術精湛的醫生、收放自如的指揮家等，無不具有一個共同的心理特質：高度集中的注意力，即專注！

據說瑪里·居禮幼年時專注力就令人吃驚，在她閱讀書籍之際，即便別的孩子跟她開玩笑，故意發出各種令人不堪忍受的聲音，也絲毫不能把她的心思從書本上吸引過來。

法國大作家巴爾札克一次寫作時有朋友來訪，他過了很久都沒發現。中午僕人送來飯菜，客人以為是為自己準備的，就把飯菜吃了，後來客人發現巴爾札克還是那麼忙就獨自離開了。天黑時，巴爾札克覺得該吃午飯便來端碗端盤。看到飯菜已被吃光，他甚至責備自己說：「真是個飯桶，吃完還要吃。」

大文學家羅蘭有一次去參觀著名雕塑家羅丹的工作室，欣賞他剛完成的作品。當他們來到塑像前，羅丹發現還有幾處不滿意，於是拿起鑿子就修改起來，口中念念有詞，彷彿那座雕像是他的朋友。兩個小時後修改完畢，羅丹滿意地欣賞自己的作品，就大搖大擺地離去，差點把他的朋友鎖在屋裡。

這樣的事例不勝枚舉。法國生物學家喬治·居維葉（Georges Cuvier）說過：「天才，首先是專注力。」一位教育專家也說：「專注力是學習的

前言

視窗，沒有它，知識的陽光就照射不進來。」當今，缺乏專注力是不少孩子身上普遍存在的問題，更是許多家長煩惱的根源。孩子學習若不專注，就會影響學習的品質和效果。身為家長，與其為孩子的學習煩費苦心，盲目地為孩子灌輸知識，讓孩子上各類衝刺班、補習班，做無用之功，不如先掌握教育的根本 —— 透過恰當的訓練，提升孩子的專注力，使孩子的心靈之窗變得明亮起來，讓孩子變得耳聰目明。這樣，孩子才能由「充耳不聞」變為「耳聰目明，全神貫注」；才能改善孩子視聽錯誤率高，抄寫錯誤等毛病，變得認真、細緻、有耐心；也只有這樣，才能改變孩子上課注意力不集中、恍神、聽課效率低的情況，使孩子變得更加完美……

孩子的專注力有哪些特點？他們的專注力受哪些因素的影響？如何訓練和提升孩子的專注力？本書將帶你走進孩子的專注力世界，為你解讀那些可能被你忽略的專注細節。在本書中，你不但能了解到孩子不專注的原因，還可以學習到專注力訓練的具體操作方法。在一個個精彩的個案輔導中，你可能會找到一把智慧的鑰匙，打開孩子的專注力之門，讓智慧的陽光照進孩子的心田。

編寫此書，編者志在幫助孩子改善不專注的毛病，提升孩子的專注力。願本書能成為孩子的良師、家長的益友，陪伴每一位孩子健康發展，快樂成長！

編者

第一章
培養優秀孩子從培養專注力開始

所謂「專注」，就是集中精力、全神貫注，把意識集中在某種特定的行為上。一個專注的人，往往能夠把自己的時間、精力和智慧凝聚到所要做的事情上，從而最大限度地發揮積極性、主動性和創造性，努力實現自己的目標。

如果你希望自己的孩子能夠最大限度地發揮自身的潛能，請從小培養孩子專注的能力。這是孩子一生成功的保證。

第一章　培養優秀孩子從培養專注力開始

▎專心 —— 注意 —— 成功

　　有一笑話，講的是張三開著賓士在鄉間的小路上，他一邊抽著菸，一邊哼著曲子，好不自在。這時，迎面開來一輛貨車，貨車司機搖下窗戶對著他大聲喊：「豬，豬……」張三無緣無故挨了「罵」，一時怒火攻心，回罵道：「你才是豬。」不料，等他回過神來，迎頭就撞上一群過馬路的豬。

　　故事中的張三，之所以發生「撞豬」的事故，與他開車不專心有著很大的關係，因為不專心，所以沒有注意到迎面走來的豬，在這種情況下，發生車仰人翻的事故並不稀奇。在生活中，因為不專心，導致視而不見、聽而不聞的事件並不少見。

　◇ **案例一**：馬明一邊走路一邊想著 NBA 球賽，想到精彩的地方，他忍不住手舞足蹈起來，這時候，一輛自行車從他旁邊斜穿而過，騎車的人回頭狠狠地罵了一句：「你找死呀！都紅燈了還過馬路！」馬明這才吃驚地發現：自己已經走到十字路口的中央了。他暗自慶倖：好險哪！

　◇ **案例二**：曉棟在桌屜裡找練習本，他的桌屜裡塞滿了亂七八糟的東西：擦過鼻涕的紙巾、舊報刊、各種顏色的蠟筆、折得面目全非的課本……但怎麼找也找不著練習本。老師走到他身邊，他渾然不覺，等到老師喊他名字時，他才反應過來，驚訝地說：「您叫我？」班上的同學哄堂大笑，原來，老師在講臺上已經叫了他三遍了。

　　老師問他找什麼，他說找練習本，老師探頭一看，練習本就在曉棟的眼前！曉棟又是一驚：「呀！找了老半天，原來就在這啊！」實際上，曉棟一邊在找練習本，一邊在想遊戲升級的事情呢！

　　一個人有意識地參與並集中於特定對象，他的感官 —— 眼睛和耳朵

才會注意到這個事物，才能聽明白、看清楚。反之，如果這個人的意識，即心思不在這個事物上面，也就是不專心，那麼，他的眼睛和耳朵也就不可能注意這個事物，從而出現「目中無物、耳中無聲」的現象。案例一中的馬明之所以連自己已經走到十字路口中央還渾然不知，是因為他的心思沒有放在走路這件事情上，他想的是 NBA 球賽，因此沒有注意到路況。而案例二中的曉棟更是沒有專心聽課、用心找練習本。練習本就在眼前，他也沒發現，老師在講臺前叫了他三遍還是沒有聽到⋯⋯

一個人從看某一件東西（場景）到記住的過程包括幾步驟：看見—看全（範圍）── 看清楚（細節）── 看明白（理解）── 記住。

同樣，一個人聽某一聲音（場景）到記住的過程也大致包括幾步驟：聽見 ── 聽全（範圍）── 聽清楚（細微）── 聽明白（理解）── 記住。

這兩種過程中，任何環節出現了問題都會影響最後的效果，有意識的參與，即將意識（心思）集中到某件事情上，才可能有注意，有發現。

十九世紀最偉大的德國數學家高斯，從小就非常勤奮。為了省錢，高斯家晚上是不點燈的。但是，高斯太喜歡讀書了，於是他在一個大蘿蔔上挖個洞，塞進一塊油脂，插上燈芯，做成一盞小油燈。這樣他就可以在微弱的光線中繼續研究，直到深夜。

上學期間，高斯還寫了許多「數學日記」，記錄在解題時的新發現和新解法等。有了這些堅實的知識基礎，高斯在 17 歲時就發現了好幾個數學定理，成了很有名的小數學家。

西元 1795 年，18 歲的高斯來到著名的哥廷根大學攻讀數學，很快就成為數學界的一顆新星。

有人曾問高斯：「你為什麼能在數學上能有那麼多的發現？」高斯回答

第一章　培養優秀孩子從培養專注力開始

說：「假如和我一樣專心和持久地思考數學真理，你也會有同樣的發現。」

高斯的例子告訴我們，勤奮者必定是專心的，專心者才能注意到他人沒有注意到的事情，才能有所發現，才懂得高效地利用時間，從而獲得成功。弗萊明（Alexander Fleming）的故事講述的同樣是這個道理：

西元 1928 年 9 月的一天，英國聖瑪利學院的細菌學講師弗萊明像往常一樣，來到實驗室工作。

在實驗室的一排排架子上，整整齊齊地排列著很多玻璃器皿，上面還分別貼著標籤寫著鏈球菌、大腸桿菌、葡萄球菌等。這些都是有毒的細菌，尤其是其中一種在顯微鏡下看起來像葡萄的細菌，存在很廣泛，危害也非常大，病人的傷口化膿感染，就是這種細菌在「作怪」。弗萊明培養它們，目的就是為了找到一種能夠制服它們、使它們變成無毒細菌的方法。遺憾的是，他試驗了各種試劑，還沒有找到合適的藥品。

這天，弗萊明又來到架子前，逐個檢查培養器皿中細菌的變化情況。當他來到靠近窗戶的一只培養器皿前時，他發現葡萄狀球菌培養器皿中的培養基長出了一團青色的黴。

這時，弗萊明的助手趕緊過來說：「這可能是被雜菌汙染了，還是倒掉算了！」弗萊明示意助手不要倒掉培養基，接著，他仔細地觀察起這團青色的黴狀物，在觀察中，他驚奇地發現：在青色的黴菌周圍，有一圈空白的區域，原來生長的葡萄狀球菌消失了。

難道是這種青黴菌把葡萄狀球菌殺滅了嗎？想到這裡，弗萊明不禁一陣興奮，他馬上把這瓶培養基拿到顯微鏡下觀察，結果發現，青黴菌附近的葡萄狀球菌已經全部死去，只留下一點殘跡。

於是，弗萊明立即決定，把青黴菌放在培養基中培養。

幾天後，青黴菌明顯地繁殖起來。弗萊明開始了新的試驗：他用一根

線黏上溶了水的葡萄狀球菌，然後再放入青黴菌的培養基的器皿中。

幾個小時後，葡萄狀球菌全部死掉。

接著，弗萊明又分別把帶有鏈狀球菌、白喉菌、肺炎球菌的線放進去，結果，這些細菌也很快死掉。

為了釐清青黴菌對葡萄球菌的殺傷能力有多大，弗萊明把青黴菌的培養液加水稀釋，先是一倍、兩倍……最後以 800 倍水稀釋，結果，這稀釋過的青黴菌對葡萄狀球菌和肺炎菌的殺滅能力依然存在。這在當時，是人類發現的最強而有力的一種殺菌物質了。

後來，弗萊明把他的發現寫成論文發表。他把這種青黴菌分泌的殺菌物質稱為青黴素。

由於弗萊明在青黴素的發現和利用方面做出的傑出貢獻，他於西元1945 年獲得了諾貝爾生理學及醫學獎。

無數科學家成才、成功的故事告訴我們，要想在一件事情上有所發現，有所收穫，就應該專心、投入，只有這樣，才能獲得最佳的效果。也正因為如此，我們說，專心是一個人獲得成功的重要因素。

對於孩子來說，專心的特質更是必不可少。只有「心」專，才能全身心地投入到學習中，高度專注地完成任務，才有收穫。

在日常生活中，家長應該提醒和引導孩子留心生活，用心做事，養成專注的習慣。如，寫作業時，家長應事先告訴孩子，要靜下心來，專心致志地完成作業，做完事情再去玩；做一件事情要有始有終，不要三心二意，更不能半途而廢；在春意盎然的時節，一家人漫步公園時，家長可提醒孩子注意是否長出了翠綠的小草、綻放了絢麗的花朵；參觀畫展時，家長提醒孩子仔細觀察畫家在色彩與構圖上的細微變化……從小養成專注的習慣，將讓孩子一生都受益無窮。

第一章　培養優秀孩子從培養專注力開始

▌專注讓觀察力更強

　　觀察力就是觀察、理解周圍事物的能力，它是思維的起點，是人累積知識、發展智力的重要途徑，是聰明大腦的眼睛。觀察能力的強弱影響著一個人對外界環境的感知程度。觀察能力較強的人，能夠捕捉到瞬息萬變的事物，發現那些看上去細微卻十分重要的細節，從而讓事物在自己的腦海中留下準確、完整、豐富、深刻的印象。而觀察能力弱的人，經常忽視了許多重要的細節，腦海裡留下的只有支離破碎甚至錯誤的印象。

　　觀察能力是從事任何一種事業活動都必須具備的能力，那些成功者之所以成功，與他們非凡的觀察力是分不開的。達爾文對生物的專注觀察，為他後來的名著《物種起源》及在生物學上的偉大成就奠定了基礎；生理學家 —— 埃德加（Edgar Adrian）對動物的細緻觀察，為他贏取了諾貝爾生理學及醫學獎；牛頓對各種事物透過現象看本質的觀察，為他在科學上的非凡成就奠定了堅實的基礎……可以說，沒有觀察便不可能有發現，更不可能有創新。只有勤於觀察、善於觀察，才會隨時發現問題，得到意想不到的收穫。

　　非凡的觀察力是建立在高度的注意之上的，專注是觀察力的基礎，是觀察的導航儀，缺乏專注力，就沒有觀察力。從某種意義上來說，是專注成就了優秀的觀察力。

1. 專注使觀察指向更明確、更全面

　　明確的指向性，使得各種觀察活動能遵循既定的目標向前發展，清晰並自始至終。觀察全面，是指在觀察時既見「森林」，又見「樹木」，有利於正確而全面地掌握事物的本質和規律，減少理解的片面性和盲目性。

　　比如，老師讓同學寫一篇關於人物的文章。一個叫肖安的同學是這麼

寫自己的同學的：

　　我的同學是個矮胖的男生，他喜歡開玩笑，說話總是不疾不徐的，說笑話時，通常別人沒笑，他自己倒是先笑了起來，因此，我們都笑他：「你的笑話也太冷了，把我們都凍死了！」每次這個時候，他就嘿嘿地笑起來，一點也不惱怒。

　　他做事情很細心，字寫得工工整整的，不容許有一點點的歪斜，稍有一點瑕疵，他便會皺起眉頭，小心翼翼地把寫錯的字用修正液塗掉，重新再寫一遍。也因為如此，老師經常批評他的本子「膏藥味」太濃。而他竟一點也不在意，居然撇了撇嘴，漫不經心地說：「難道追求完美也有錯？」惹得班上的同學哄堂大笑。也只有他才會這麼幽默地反駁老師。

　　肖安寫自己的同學，不僅看到他的身高胖瘦、神情舉止、說話語調，還特別注意到他撇嘴等小動作……如果觀察缺乏專注力，怎麼能把一個人物寫得如此栩栩如生呢？假使寫作文的是一個缺乏注意力的孩子，他勢必對同學的一些小習性視若無睹，無法寫出如此精彩的文章。因此我們說，是專注讓觀察更明確、更全面。

2. 專注使觀察更細緻、更敏銳

　　細緻，是觀察能力的基本要求，也是影響觀察能力高低的基本因素。觀察能力強的人往往能夠仔細而敏銳地觀察每一個事物，哪怕再細微的變化，也逃不過他的心靈之窗。

　　英國有一位醫學教師，為了培養學生的觀察力，就用手指去沾糖尿病人的尿，並用舌頭去舔手指，然後叫學生們都照著做。

　　大部分孩子都勉勉強強地、愁眉苦臉地照樣做了，並一致報告尿有甜味。只有一個孩子沒有這麼做。

第一章　培養優秀孩子從培養專注力開始

這位教師問那個同學為什麼沒有這麼做。

這位同學說：「因為我看到你伸進尿裡的中指，舔的卻是食指。」

這位老師笑著說：「對，你的觀察很仔細，我要求你們這麼做，是為了讓你們懂得觀察細節的重要性，如果你們看得仔細的話，就應該發現我伸進尿裡的是中指，舔的卻是食指。」

還有一個故事：

奧地利氣象學家韋格納（Alfred Wegener）在一次住院期間，偶然對病房牆上世界地圖的奇異形狀產生了濃厚的興趣。

平常，這種司空見慣的地圖形象，根本不會引起病人和工作人員絲毫的興趣。韋格納卻透過這些平凡而不為人注意的地圖形象，仔細觀察且覺察到其中的奧妙：地圖中大西洋兩岸的大陸的海岸線凹凸部分正好相反，歐洲、非洲、南北美洲東部，像是一張完整的報紙被撕成兩半……

恰恰是這一獨特發現，使得韋格納成為「大陸漂移」說的締造者。

韋格納能透過一張普通的世界地圖提出新的科學猜想，一個很重要的原因就是他具有強烈感受事物的能力：能從現在的地圖形狀，由此及彼，理解到它是由遠古時期的整塊大陸經歷漂移和演變而逐漸形成。這就是專注的好處，一個專注的人，在觀察事物時，往往能獲得深刻的體驗，感受到旁人感受不到的東西，在日常生活和平凡的事物中創造奇蹟。

3. 專注的觀察有助於發現本質

一個專注力強的人，觀察事物的結果不但準確，而且還能透過現象看到事物的本質，力圖深入了解事物的奧妙。

牛頓自孩童時代，就喜歡仔細的觀察各種事物，並且力圖透過現象看本質，把不懂的地方徹底弄明白，夜晚，牛頓仰望天空神往那眨著眼睛的

大大小小的星星。心裡想,這星星月亮為什麼能掛在天空上呢?克卜勒說,星星、月亮都在天空轉動著,那它們為什麼不會相撞呢?颳大風了,狂風捲著沙石,人們都躲進了屋子裡。牛頓卻衝出屋子,獨自在街上行走。一下子,隨風前進;一下子,逆風行走。他要實地觀察順風與逆風的速度差,到底有著何種本質的差別。

像牛頓那樣,觀察能力較強的孩子,觀察問題也能透過現象看本質。比如,有的孩子寫作文〈我的媽媽〉,他不僅注意到了媽媽的音容笑貌、言談舉止,還能透過這些現象,發掘出媽媽的內心世界。有的孩子觀察大自然的景色,不僅注意到花草樹木、氣溫雲彩以及鳥類的活動、土壤的變化,還能從這些變化中找出哪些景色是春天到來的象徵,哪些景色是寒冬來臨的預兆……

如果缺乏專注力,是不會有這樣的觀察發現的。

▌專注使記憶更深刻

發明大王愛迪生在研究打字機的時候,曾和製造商們約好在某一天把各種打字機的樣品都送過來,但直到客人們來的前一天晚上,愛迪生才集中精神把所有相關的書籍都借來讀了一遍。第二天,客人們帶著各式各樣的打字機出現的時候,愛迪生談得頭頭是道,舉座皆驚。事後,愛迪生的助手把那天晚上他讀過的書都借來,結果卻用了 11 天才讀完。

一目十行、過目成誦是很多優秀人物具有的一個共同特點,例如:古代張衡就有「一覽便知」的本領,《後漢書・張衡傳》描寫說:「吾雖一覽,猶能識之。」這並不是說這些人擁有特異功能,而是他們在閱讀時能夠集中全部注意力,全身心地投入。

一個人在記憶時越是聚精會神,大腦皮層越能夠留下深刻的記憶痕跡

第一章　培養優秀孩子從培養專注力開始

而不容易遺忘。如果一個人精神渙散、心不在焉，就會大大降低記憶的效果。在日常生活中，我們之所以總是很容易把自己曾經看到的、聽到的東西忘掉，就是因為沒有給予它們足夠的注意。

　　讓我們看以下這則故事：

　　有一位經驗豐富的心理學家聽說某著名的心算家能準確快速地心算出不管是專家還是觀眾出的任何複雜刁鑽的算題後，為了難倒他，這位心理學家興致勃勃地前往心算家的住處，出了下面的一道算題：「有一輛滿載旅客的列車，出站時車上共有 312 名乘客。後來列車到達一處車站，下去18 人，上來 54 人。列車又到一站，下去 81 人，上來 44 人。列車又到一站，下去 23 人，上來 50 人。列車又到一站，下去 67 人，上來 35 人。火車繼續往前開，到了下一站，下去 12 人，上來 9 人，接著列車又到一站，下去 54 人，上來 66 人。列車又到一站，下去 17 人，上來 24 人。列車又到一站，下去 78 人，上來 85 人，列車再到達一站，下去 94 人，上來 56人，接著列車到達了終點站。」當這位資深的心理學家快速、準確、清晰地講完上題後，心算家馬上準確無誤地把列車到達終點時在車上的人數說了出來。心理學專家卻說道：「我不是問你到達終點的乘客有多少，我想問你列車在這期間一共停靠了幾站？」這位著名的心算家頓時張口結舌，回答不上來。

　　出題的心理學家利用心算家習慣的心算定勢 —— 只將注意力集中在數字上，故意用表面上不比往常複雜的數字將心算家的注意力吸引過來，而在運算過程中喪失了對火車途經車站的計數 —— 注意力旁落就記不住，記憶專家也一樣。所以，只有集中注意力才能記住想記的東西。

　　有人說：「哪裡有注意力，哪裡才會有思考和記憶。」專注是記憶的基礎，記憶力訓練首先是專注力的訓練。斯特娜夫人就是這樣做的。

　　美國著名大學語言教授斯特娜夫人很注意教育自己的女兒，她從小便對女兒進行專注力的訓練。比如，她經常和女兒玩一種「注意看」的遊戲。每當路過商店門口後，她就問女兒：「那間商店裡陳列櫥窗內擺的有哪些物品？」讓她數出記憶中的各式商品。能說出越多，分數就越高。這樣訓練很有效果：當女兒5歲的時候，在大學教授們面前，她把《共和國戰》朗誦一遍就能一字不差地複述出來，令教授們大吃一驚。斯特娜夫人說：「我這樣做，是為了讓她注意事物，養成敏銳地觀察事物的習慣。」

　　只有注意事物，專心觀察，才能記憶深刻。因此，對孩子記憶的訓練應該從如何提高他的注意力開始。

　　有這樣一個實驗：

　　一位心理學家把一個班級的學生隨機分成兩組。

　　同學們做的事情很簡單：背課文、聽音樂。

　　第一組的同學一邊聽音樂，一邊背誦課文；第二組的同學是兩項內容分開進行，背誦課文的時候專心致志，聽音樂同樣專心致志。同樣的時間後，檢查他們背誦的情況。發現第一組有三分之一的同學還沒背成功，而且，即便會背的同學，他們背誦的熟練程度也比較差；而第二組所有的同學都能流暢地將課文背誦下來。

　　這一實驗同樣說明了意識高度集中對於記憶的重要性。

　　真正的「記憶術」就是「注意術」，因此，要想你的孩子擁有良好的記憶力，請不要忽視孩子專注能力的培養。

第一章　培養優秀孩子從培養專注力開始

▌專注使學習更優秀

在戰國時代的齊國，有一位著名的下棋能手叫弈秋。由於弈秋的棋藝高，名氣大，從各地慕名而來的學生不少。

有一次，弈秋同時教兩個智力差不多的徒弟學習下棋。在學習的過程中，一個學生精力集中，認真地聽弈秋講下棋的要領，觀察弈秋下棋的步驟……每天想的、看的、聽的、做的都是下棋的事情，結果棋藝進步非常快，只用半年時間，就成了全國下棋的高手。

另一個學生在弈秋講棋藝的時候，端坐在那裡，似乎也聽得很認真，實際上他心裡老想著其他的事情。比如，天空有一隻天鵝飛過，他就想，如果我有一把弓箭的話，那該有多好，我就可以拉起弓來把牠射下來呢！老師說的話，他根本沒有聽進去。在弈秋下棋時，他也不認真觀察，總是一下子玩玩這個，一下子張望那個，這個學生學了好久，也沒有把下棋的本領學會！

為什麼同樣是跟一個老師學習，一個學得好，另一個卻學不好呢？原因很簡單，這是因為一個在學棋的時候專心致志，而另一個心思不在學棋上，因為不專注，故而沒學好。學習技能是這樣的道理，學習知識更是如此，一個人如果不能夠集中精力於自己手頭的事情，就別指望他能認真學習，取得優異的成績。具體表現在：

1. 注意力不集中影響思維敏捷性、思維速度和書寫速度

由於學習和做事很容易分心，注意力不集中的孩子很難進入最佳思維狀態，所以在寫作業時就遇到了障礙，首先就是很多題目不會做，速度自然很慢；同時在寫作業時也很容易分神，常常是眼睛停留在作業本上，腦子卻沒有去思考。因此，他們完成作業的時間與一般速度的同學比，要多

花 40%～ 60%的時間，因而學習的負擔就會比別的孩子重。這樣會失去玩耍、運動、課外閱讀的許多時間，孩子的學習很難進入良性循環。

注意力不集中除了在小學階段會導致思考和書寫的速度大大降低外，到了中學時期，學科內容成倍增加，學習速度慢的孩子就更感覺困難，完全掌握不了主動權，學習肯定要落在別人後面。成績差就容易失去學習興趣和自信心，成績就會更差。結果，注意力就更加不集中，形成惡性循環。

與注意力不集中影響課業成績相對的是，如果孩子的注意力集中，專注力強，那麼，他的學習效果必然好，他的課業成績也必定優秀。

有這樣一個成功的案例：

有個心理研究小組在某小學六年級找了兩個課業成績差不多的班級。

第一個班的同學相對比較自由，上課的時候可以做小動作，可以轉到後桌講話；而第二個班裡卻有一個硬性的規定，要求所有的學生「回頭率」要為零。所謂「回頭率」就是學校導師在上課或自習課時從教室門前、窗下走過，學生轉頭、抬頭的情況。

一個學期過去了，第一個班級學生的成績與以往相差不大，但第二個班級學生的成績卻有了突飛猛進的變化，他們班的平均分 93 分，居整個地區之首。實驗結果令學校的老師和實驗員都驚嘆不已。

這個實驗充分證明了「專注」的重要意義。因此，身為家長，要想讓自己的孩子取得卓越的成績，首先應該從重視培養一流的專注力開始。讓他們懂得並努力做到：專注地上好每一節課、做好每一次作業、背好每一段文章、畫好每一幅畫、練好每一個動作，那麼他就有可能達到自己想要達到的目標。

2. 學習效率低

　　有很多孩子每天晚上的作業都做到 10 點、11 點，甚至更晚。由於作業很晚才做完，他們幾乎沒有時間和精力去複習和預習了，而且精神狀態很差，形成惡性循環，到了課堂上就會昏昏欲睡，哪能專心聽講？學習效率之低就顯而易見了。

3. 不專注，一遇到困難就半途而廢

　　注意力不集中的孩子，很難專注於學習或某項課外活動（除非是他們非常喜歡的事情），稍微遇到一點困難就不願意繼續堅持，他們喜歡說「哎喲，太難了，我不行的，算了吧！」如果家長或老師輕易順從他們的畏難情緒和習慣，久而久之，他們就會越來越懶於動腦，也越來越沒有信心和恆心了。

4. 很難勝任難度大的學習

　　一般說，解難度大的題需要持續思考較長的時間，好多孩子因為不能持續地思考一個問題，所以解難題很難成功。

▍專注有利於人際交往

　　注意力不集中的孩子，往往在人際交往中也會比其他孩子顯得困難，相對比較孤獨。王輝、李陽、葉群這三位同學就屬於因注意力不集中導致人際關係不佳的典型。

　　不受歡迎的王輝：

　　王輝是個不受大家歡迎的孩子，經常與同學發生爭執，把同學弄傷，而且還因為與同學追逐打鬧摔壞了班上的投影機。同學們看到他都避而遠

之，因為一不合他意，他就會動手打人，有時甚至會無緣無故揍別人一拳、踢別人一腳，簡直就把同學當成了練拳腳的沙包。

上課時他也總是漫不經心，要不沉浸在自己的世界中發呆，要不就不停地做小動作。其他的家長知道班上有這樣一個孩子，都不願自己的孩子與他坐在一起，更不用說做朋友了。

✧ **內向的李陽**：李陽是個性格特別內向、不愛說話的孩子，不喜歡與同伴交往，對他人反應冷漠，語言表達能力和實作能力都特別差，不喜歡參加團體活動，總是當「旁觀者」、「局外人」，還時常分心。課堂上他看著老師，似乎在聽講，實際上全沒有聽進去；讓他回答問題時，他一個字也答不上來；全班朗讀課文時，也很少聽見他的聲音。老師責備他幾句，眼淚就含在眼眶裡。

✧ **好動的葉群**：葉群是個四年級的小男孩。據他的父母說，他從嬰兒時起就是一個又哭又鬧很難管教的孩子，上幼稚園時總比其他的孩子精力旺盛，爬上爬下，亂跑亂轉，總是坐不住。上了小學，他上課的時候常常搞些小動作，不斷打擾其他同學，不是趁老師在黑板上寫字的時候對同學扮鬼臉，就是疊紙飛機亂扔。老師不知批評了他多少次，完全沒有成效。他上課即使不打擾其他同學也不聽課，不是畫畫就是在玩橡皮擦，甚至玩自己的手指頭。班上的同學因此都討厭他。

不管是喜歡動手打人、不受歡迎的王輝還是性格內向、沒有朋友的李陽，亦或是好動的葉群，他們都有一個共同的特徵：注意力不集中。因為注意力不集中，無法專注，他們的課業成績差，人緣也差。即便有朋友，也只有一兩個比較好的朋友。

不專注，影響他們人際關係的原因是多方面的。

第一章　培養優秀孩子從培養專注力開始

　　首先，大家都不願意與課業成績差的孩子來往。我們知道，孩子只有專注，才能保證課業成績的優異，一個不專注的孩子，是不可能學習的好。因為學習不好，經常被老師批評，班上的同學也不願意跟他們接近，更會因此嘲笑他們。而有的家長也恨鐵不成鋼，加上學校經常告狀，又急又氣又無奈，久而久之也失去了耐心，對孩子的態度也會變壞。親子關係的緊張或惡化，更會讓孩子產生自卑感。

　　其次，容易造成衝突。注意力不集中的孩子，無論在學校還是在家裡，都容易受到否定、批評和指責，有的還受到家長的打罵，一方面他們容易自卑，另一方面，他們的性情也會變得比較倔強、叛逆，容易和大人發生衝突，特別是和家長的衝突。

　　最後，注意力不集中的孩子喜歡以自我為中心，對別人發號施令，干擾別人的活動；他們常缺乏社交技能，不尊敬長輩，不能與其他小朋友合作，在遊戲時不守規則，不能依次輪流等待；他們不能體察別人的感受，例如：開玩笑引起別人惱怒時不能及時轉換話題；對人有敵意，遇事總是從壞的方面猜測別人，在和同學產生矛盾時常採用語言和軀體攻擊的方式解決……因而不受同學的歡迎。

　　與之相對的便是，專注的孩子更受歡迎。因為專注於自己的事情，孩子不會敏感地去捕捉他人的喜好，從而使自己的潛能得以更好地發揮。這樣，他們在學業上是成功的，在其他技能方面更有突出的表現。而優異自然能受到青睞，幫孩子自然而然地建立起威望來。這樣的孩子，無疑是受歡迎的。

孩子專注力發展的特點

　　與其他能力一樣，孩子的專注力也有一個發展的過程。一般來說，不同年齡段的孩子有著不同的專注能力，就是同一年齡段的孩子專注力也不盡相同。孩子注意力集中時間段的長短與孩子的年齡、性格和其他個性有關。歸納起來，孩子的專注力發展有以下的特點：

1. 從無意注意逐步發展到以有意注意為主

　　心理學家在研究的過程中發現，新生兒一出生就具備了一定的注意能力。新生兒在覺醒狀態時可因周圍環境中的巨響、強光等刺激而產生無條件的定向反射。

　　出生 2 ～ 3 個月的嬰兒由於條件反射的出現，已經能夠比較集中地注意人的臉和聲音，看到色彩鮮豔的圖像時，他們能比較安靜地注視片刻，但時間很短。除了強烈的外界刺激之外，那些能直接滿足小兒機體需求或與滿足機體需要相關的事物也能引起他們的注意，如奶瓶、媽媽等。

　　5 ～ 6 個月的孩子能比較持久地注意一個物體。但他們的注意極不穩定，對一個現象的集中注意只能保持幾秒鐘。

　　1 歲以內的孩子還不是很穩定，他們的注意都是以無意為主的。1 歲左右的孩子能凝視成人手中的錶，一般超過 15 秒。

　　2 歲時能主動地聽故事。這個時期的孩子出現了有意注意的萌芽，逐漸能按照成人提出的要求完成一些簡單的任務。

　　3 歲後，孩子開始對周圍的新鮮事物表現出更多的興趣，如能集中 5 分鐘的時間看小朋友做早操、愛看幼兒畫冊等。但是，這一時期孩子的有意注意還是極不穩定的，他們容易被無意注意分散或轉移。那些凡是新穎的、有變化的、有趣的事物都能使他們分心，但也可以吸引和集中他們的注意。

第一章　培養優秀孩子從培養專注力開始

　　根據孩子注意力發展的這一特點和規律，家長應做到因勢利導、講究方法，使孩子的注意力能夠集中較長的一段時間。此外，家長還可以透過安排孩子參加感興趣的活動來培養孩子的有意注意。遊戲是孩子最喜歡的活動，最能使他們集中注意。隨著孩子年齡的增長，有意注意的穩定性逐漸增大。5～6歲的孩子開始學會獨立地控制自己的注意力。

　　孩子的注意力的發展同樣可以分成三個階段：

✧ **第一階段**：注意力的產生階段。這一階段，孩子的有意注意是由大人的言語指令引發。如，在家長的要求下，孩子完成各項學習任務；在老師的要求下，孩子觀察黑板上的掛圖，找出錯別字等。也就是說，從這個時期開始，孩子的注意已經不是單純的無意注意了，他們的注意能力已經從無意注意向有意注意轉變了。

✧ **第二階段**：注意力的初級發展階段。當孩子的有意注意發展到第二階段時，孩子需要透過自己出聲的言語活動來調解和控制自己的各種心理活動。

　　很多家長可能都有這樣的經驗，孩子上低年級的時候，做事時嘴裡常常要發出聲音來。如做算術題時，他會一邊寫，一邊念幾加幾等於幾。如果家長不知道這個時期孩子注意力發展的特點，不讓孩子說出聲，結果孩子可能反而無法集中注意力學習了。

✧ **第三階段**：注意力的形成階段。當孩子的注意發展到第三階段時，透過內化過程，孩子可以用內部言語指令來調節和控制自己的各種心理活動，這時候，家長就很少聽到孩子念念叨叨了。但是，孩子自己會感到頭腦裡仍有個聲音在指揮他注意，這時，他的有意注意已發展到高級階段。小學高年級學生基本上達到了這一水準，當然，他們的注意力還不很強，還需要繼續訓練，進一步發展。

2. 孩子的注意帶有明顯的情緒色彩

　　小學低年級學生的注意經常帶有情緒色彩，也就是說，這個年齡的孩子對自己生活中的事情往往會產生十分強烈的反應，這種情緒反應在他們的注意上也有明顯的表現。

　　這是因為年齡比較小的孩子大腦與神經系統活動的內抑制能力沒有充分發展，── 個興奮中心的形成往往波及其他相應器官，如面部表情、手腳乃至全身的活動。所以，這個時期孩子的注意就表現出明顯的情緒色彩。這就導致孩子可能只對自己感興趣的東西注意力比較集中，對自己不感興趣的事情則往往缺乏注意。

3. 由注意具體直觀的事物向注意抽象的題材發展

　　根據研究，孩子的有意注意大部分都表現在對具體活動和內容的掌控上，有人甚至說小學低年級學生是按照形狀、顏色、聲音和形象來思考。而那些比較抽象的概念、道理不大容易吸引孩子的注意。這時候，他們經常會把注意分散到一些不相干的細節上去。但隨著年齡的增長，孩子會逐漸學會把自己的注意力集中到需要多加注意的抽象題材上來。

　　根據孩子的這一注意特點，在孩子還小的時候，家長應充分利用一些可觀的、具體形象的事物來吸引孩子的注意，而為了孩子以後的成長，家長要慎重而積極地培養孩子對抽象事物的注意能力，不可任其自然發展，放任不管。

4. 孩子的專注力隨著年齡的發展而發展

　　首先從注意力的集中上來看，小學低年級的學生，其集中力是很差的，他們總是坐不住，學習一下子就開始東張西望。但是到了小學中、高年級以後，孩子的注意集中能力就有了很大的進步了。

第一章　培養優秀孩子從培養專注力開始

其次，孩子注意的持續時間也是隨著年齡的增大而延長。據有關研究資料統計，5～7 歲的孩子能聚精會神地注意某一事物的時間平均是 10 分鐘；7～10 歲是 15 分鐘；10～12 歲是 25 分鐘；12 以後是 30 分鐘。對於孩子來說，喚起他們的注意並不難，難的是保持孩子的注意穩定於整個活動或教學過程之中。另外，在學齡初期，孩子的注意穩定性是存在男女差異的。一般情況下，男孩的專注力穩定性稍遜於女孩。

▌你的孩子專注力如何

孩子的專注能力影響到他們生活的方方面面。要想孩子變得優秀起來，家長應培養孩子的專注力，而要培養孩子的專注力，家長首先應該先了解孩子的專注力如何。那麼，如何判斷孩子的專注力呢？以下是四個判斷標準：

◇ **能夠迅速進入注意狀態**：專注力高的孩子能迅速進入注意狀態。如打了上課鐘後，學生進入教室，回到座位上就能夠迅速地進入注意狀態，專心聽老師講課，在家裡寫作業，攤開作業本，馬上就能把注意力集中到作業上面來；相反的情況就是：孩子上課遲遲進入不了狀態，聽課心不在焉，在家中寫作業也是一下子上廁所，一下子喊餓，要吃零食，很難靜下心來寫作業。

◇ **能夠排除干擾**：專注力高的孩子能夠排除干擾。比如上課時孩子專心學習，即使外面再吵再鬧也不為所動。在家做作業的時候，不會受到客廳裡面電視的干擾。相反的，孩子上課時，教室外面一有風吹草動，哪怕有個人走過，他就會掉頭張望，在家寫作業，大人在客廳一開電視，他馬上就坐不住，有人敲一下門，他馬上就會伸出頭來看一下。

◇ **能夠及時轉移**：專注力高的孩子能夠迅速轉移注意力。比如孩子雖然

在課間休息時與同學發生了爭吵，心情很不好，但是一上課，馬上能放下不愉快的心情，專心聽講；在家裡，即使被爸爸媽媽批評了，受了委屈，一開始寫作業，馬上能遺忘不快。相反的，有的孩子被老師和父母批評後，心裡越想越委屈，上課想，寫作業想，根本無法自拔，學習當然也就無法專心了，還有些孩子，第一天晚上看了好看的卡通，或者參加了有趣的活動，到第二天上課還在回想，甚至上課時就與同學聊天，注意力還無法及時轉移到學習上來。

✧ **能夠快速反應**：專注力高的孩子能夠快速對一事物進行反應。如孩子在上課時，老師一提問，馬上就能快速反應，積極舉手發言，在家寫作業也是速度很快；相反的，孩子上課時注意力跟不上，不能快速反應，很少主動舉手發言，被老師點名了，也往往回答不上來。在家寫作業，也拖拖拉拉，明明很簡單的題目，全都會做，別的孩子半小時就能做完，他要磨磨蹭蹭一兩個小時。

家長可以按照以上的判斷標準讓孩子評估一下，看看自己的孩子注意力水準究竟好不好？如果你的孩子能達到以上四個標準，那麼祝賀你！你孩子具備了成功人士必備的一個能力 —— 高度集中的注意力。無論做什麼事，他都能排除外界干擾，整個身心都沉浸其中。他除了課業成績比較好，在其他方面也容易取得佳績。

如果你的孩子只能達到其中的一二項，或者一項也達不到，那麼需要提醒你，你孩子做事總是心猿意馬，三心二意；做作業粗心大意，成績也不怎麼理想。常常有這樣的感覺：本想集中精力做一件事，可是由於各種原因，他總是分心，或者她本身就是一個好動的人，靜不下來，結果浪費了許多寶貴時間，一事無成，常常後悔不已。如果不想辦法提高她的注意力，不管她的天資如何好，做的許多事都會事倍功半。

第一章　培養優秀孩子從培養專注力開始

注意力測評一

　　對下列自測題，符合自己情況的在括弧內畫「√」，反之畫「×」。

1. 上課聽講時，常常恍神，心不在焉。（　）
2. 星期天忙東忙西，什麼都想做結果虛度一天。（　）
3. 想做的事情好多，卻不能靜下心來認真做其中一件，結果什麼事都沒有做好。（　）
4. 做語文作業時，就急著想做數學作業，恨不得一下把作業做完。（　）
5. 擔心第二天上學遲到，有時整晚睡覺不踏實。（　）
6. 總覺得上課時間過得太慢。（　）
7. 做作業時，常恍神，想起作業以外的事情。（　）
8. 始終忘記不了前幾天被老師批評的情景。（　）
9. 看書學習時，很在意周圍的聲音，甚至聽得特別清楚。（　）
10. 讀書靜不下心來，不能持續 30 分鐘以上。（　）
11. 一件事做得太久，就會很不耐煩，急切地希望快點結束。（　）
12. 對剛看完的漫畫書會重新看好幾遍。（　）
13. 在等同學時，覺得時間長得特別難熬。（　）
14. 和朋友聊天時，有時會無緣無故地說起其他無關的事。（　）
15. 學校集會時間稍長一點，就會不耐煩，哈欠連天，也不知道主持人說什麼。（　）

　　記分：

　　「√」0 分，「×」1 分。總分為 15 分。得分越高，注意力越強。

　　0～3 分：注意力差

　　4～7 分：注意力稍差

8～11分：注意力一般

12～13分：注意力好

14～15分：注意力很好

注意力測評二

下面是一份注意保持力的測驗，主要測驗孩子在完成學習任務時的注意力持續情況。請讓孩子按照各個題目的要求結合自己的實際情況如實填寫，認真完成。

1. 做作業時，你喜歡開著電視嗎？（　）

　　A. 是的，我覺得只有這樣做作業才不會枯燥。

　　B. 不是，我做作業一向很專心，一邊看電視，一邊做作業會互相干擾。

　　C. 一般不會，但有時做作業時間比較長的時候，也會看電視或者聽聽廣播。

2. 常常在聽別人講話時，仍會想著另一件事嗎？（　）

　　A. 是的，我會不由自主地想到別的什麼事。

　　B. 我會盡量應付講話的人。

　　C. 我不會一心二用，否則可能一件事都做不好。

3. 你常常在做作業的時候還能耳聽八方嗎？（　）

　　A. 我在做作業的時候對周圍的一切瞭若指掌。

　　B. 我做作業時不關心周圍的事情。

　　C. 這種情況不常發生，除非我在抄習題。

4. 做暑假作業時，你花幾天的時間就能將所有作業做完？（　）

　　A. 是的，快速做完後，會有更多的時間可以玩。

B. 基本不是，因為這樣做會影響功課的品質。

C. 當然啦！如果有事想出去玩才會這樣。

5. 你每次看書的時間有多長？（　）

　　A. 我一般最長能看一個小時左右。

　　B. 看一會兒我就坐不住了，想玩。

　　C. 我每次看書時間都很長，能堅持住兩小時。

6. 你經常在看完一頁書後卻不知道書上講的是什麼嗎？（　）

　　A. 是的，我很難集中注意力。

　　B. 我只能記住一點。

　　C. 我看完以後，能記住書上所講的內容。

7. 做試卷時，你會經常漏掉題目嗎？（　）

　　A. 我很粗心，做題有點心不在焉。

　　B. 我做任何事情都很認真。

　　C. 我幾乎每次都要漏掉點什麼。

8. 上課時，你是否經常想起昨天發生的事情？（　）

　　A. 是的，我很容易想起昨天開心的事情。

　　B. 上課的時候，我會跟著老師的節拍走。

　　C. 上課不緊張時，我會分心。

9. 媽媽叫你拿碗筷，你卻常常拿一些其他的東西。（　）

　　A. 當我在看我最喜歡的卡通時會發生這樣的錯誤。

　　B. 一般不會，我一向做事很準確。

　　C. 是的，我會經常拿錯東西。

10. 你放的東西經常會找不著嗎？（　）

　　A. 我放的東西有條有理，除非別人挪動了位置。

　　B. 我經常會亂放東西。

　　C. 我常常找不到橡皮、尺子等小東西。

11. 上課時如果外面下雨，你會分心嗎？（　）

　　A. 我會聽一下雨聲，然後再繼續上課。

　　B. 上課時，外面的雨不會讓我分心。

　　C. 是的，我會被雨聲吸引。

12. 心裡一有事，你就會在上課時坐不住嗎？（　）

　　A. 是的，我常常會念念不忘心裡的事。

　　B. 我會將不愉快的事情放在一邊。

　　C. 我會在不影響上課的前提下想想心事。

13. 班上來了新老師，你會將注意力放在老師的穿著上嗎？（　）

　　A. 我會花點時間想想新老師的事情。

　　B. 我會像原來一樣認真聽課。

　　C. 我會好奇地一直打量著老師。

14. 當家裡來了客人，你會取消做作業的計畫嗎？（　）

　　A. 我會和客人聊一下再做作業。

　　B. 正好有理由熱鬧熱鬧。

　　C. 不會，我會按照自己的計畫做作業。

15. 一旦身體不舒服，你就會請假不上學嗎？（　）

　　A. 如果不上新課的話我就請假。

　　B. 正好有理由不去上課。

　　C. 我不會因為小病而影響上課。

第一章　培養優秀孩子從培養專注力開始

評分規則

　　請將孩子的選擇寫在題目後面的括弧裡計算得分，各題的記分情況如下：

題號	A	B	C
1	1	3	2
2	1	2	3
3	1	3	2
4	1	3	2
5	2	1	3
6	1	2	3
7	1	3	2
8	1	3	2
9	2	3	1
10	3	1	2
11	2	3	1
12	1	3	2
13	2	3	1
14	2	1	3
15	2	1	3

　　測試結果：＿＿＿＿ 分

評價標準

　　15～24分：警報已經響起了，你孩子的注意力亟待提高！你的孩子是不是經常覺得在看電視或者玩遊戲的時候注意力很集中，而一到上課或者做作業的時候就不能有效地集中注意力？孩子可能很容易被周圍環境所干擾，即使沒有干擾的時候也很容易分心。為此，孩子也很苦惱，但就是

管不住自己。其實，有這種情況也不要緊，每個人的注意力都是可以透過訓練得到提高的。只要父母和孩子按照科學的方法堅持訓練，這種情況是會得到改善的。不然，孩子這一輩子就可能被荒廢了，學習時不能專心學習，將來工作時也會三心二意，一事無成！

25～34 分：你的孩子的注意力基本上能夠維持日常學習和生活的需求。但是，還有許多事情因為孩子的注意力不夠集中而不夠完美。如果孩子能再專心一點，也許課業成績就會提高一大步。如果不是因為上課時容易恍神，對老師的提問就不會答非所問⋯⋯想避免遺憾嗎？只要父母和孩子能夠按照科學的注意力方法加強訓練，注意力就會越來越好。

35～45 分：你的孩子的注意力非常棒！孩子能在自己想做的事情上保持相當長的時間和高效的注意力，他具備一個成為成功人士的潛質。你的孩子是老師眼中學習認真的好學生，是家中父母懂事的好孩子，是同學學習的好榜樣。當然，有效的注意和正確地運用好注意的方法，同樣會在孩子以後的學習和生活中產生積極的作用。

孩子為什麼不專注

造成孩子不專注的原因有很多，具體表現在：

1. 孩子的身心發育不健全影響了孩子的專注力

小凱上小學二年級，他的頭腦很聰明，和小朋友一起遊戲，他總能想出許多新奇的點子，在小朋友中間很有威信，總能看到許多孩子跟在他後面玩。

可是，這個聰明的孩子卻不能集中精力學習，上課時，他不專心聽講，不是玩橡皮擦、鉛筆盒，就是和同學聊天。由於他在課堂上的小動作

第一章　培養優秀孩子從培養專注力開始

太多了，老師不得不讓他一個人坐。但是，即便是這樣，小凱也不能專心聽講。因為上課老是分心，他的課業成績很不理想。為此，小凱的爸爸媽媽非常擔心。

像小凱這樣的孩子不在少數。孩子不專注的表現在小學低年級尤為突出。這是由於孩子大腦發育不完善，神經系統興奮和抑制過程發展不平衡，故而自制能力差。前文我們已經提到，注意可分為有意注意和無意注意兩種。對於年幼的孩子來說，他的無意注意有著重要的作用。因此，當出現新奇事物時，孩子的注意力就容易被吸引，不能專注於自己的學習。另外，對於低年級的孩子來說，他們的有意注意剛剛開始加強，他們雖然已經能夠在老師的要求下專心聽講，但注意的持續性（注意的穩定性）比較低，因此，上課的時間一長，孩子就會東張西望、左顧右盼了。

兒童心理學研究表示，孩子分心的程度與年齡成反比。孩子的年齡越小，他們注意力集中的時間就越短。對於低年級的孩子來說，讓孩子全神貫注地坐上 40 分鐘聽課那是不現實的。

此外，由於身心發育的不健全，孩子無法根據實際情況將自己的注意力集中在需要注意的事物上，從而經常會過於興奮，總是惦記著一件事情，而忽視了眼前的事物。

出現這些情況都是正常的，只要教養得法，隨著年齡的增長，絕大多數孩子能做到注意力集中。孩子注意力的集中程度會隨著年齡的增長而改善，但每個孩子發育程度不盡相同，有的孩子快一些，有的孩子慢一些。

2. 生理健康影響孩子的注意力

某些腦區功能的缺陷也會造成注意力不集中，這些腦區活動比較弱，就容易引發問題。其中，以兒童過動症也叫注意力缺失（ADD）最為典

型，它是兒童時期的常見病。這些孩子幾乎片刻不停，忙忙碌碌，被各種事物所吸引，雖然他們也有興趣愛好，但對感興趣之事也無法集中注意力。大約有 1/3 的兒童過動症患者病情會延續到成年，並且會帶來後遺症，如性格問題等。像這類孩子就具有注意力分散度較大的氣質特點，應該及早到醫院給予治療。

3. 家庭教育方式不當影響孩子的注意力

教養態度與家中生活習慣對孩子的行為影響極大，也常是影響孩子注意力的最主要因素，但「當局者迷」，家長往往無法客觀地找出問題的癥結所在。從下列幾個方面來觀察，也許可以找出一些原因。

✧ 教養態度是否一致。家長對孩子教養態度不一致的情況常使孩子無所適從，沒有定性。

✧ 家長是否太寵愛孩子，缺少行為規範。過度的寵愛會導致對孩子的縱容，往往使孩子隨心所欲，愛做什麼做什麼，沒有忍耐、克制情緒、克服困難的觀念，做事自然難以靜下心來進行到底。

✧ 是否為孩子買了過多的玩具或書籍。外在刺激太多，玩著汽車又找別的玩具，一換再換，玩具只帶給孩子短暫的吸引，無法在玩的過程中感受到發揮想像力與創造力的樂趣。

✧ 家庭生活節奏是否太快。家長在公私兩忙的情況下，凡事講求效率，步調原本較慢的孩子，被迫在快、快、快的節奏中打轉，根本無暇慢慢而專心地完成一件事。

✧ 家裡的活動是否太多。太多則無法為孩子提供安靜的環境，生活總在浮動的氣氛中度過。若非自制力很強的孩子，很難建立良好的專注力。

✧ 學習的過程中是否累積了不愉快的經驗。提供給孩子的教材太深或太淺，都不易引起學習興趣，而引導的技巧不佳，或經常因此造成乘興開場，大哭收場的局面，將使幼兒對學習產生排斥的心理，學習起來自然無法專心。

✧ 孩子是否有情緒上的壓力。如孩子覺得自己達不到父母的期望等等，這些壓力易使孩子看起來魂不守舍。

✧ 是否過多地批評、數落孩子。過多的數落可能對孩子形成不良暗示，使他產生「反正自己怎麼也做不好」的想法，從而做事時不肯專心完成。

✧ 孩子是否受到太多不良資訊的影響。不好的影視作品、較大齡兒童不良行為對孩子的灌輸、汙染，會使孩子心理發生扭曲，行為異常。

4. 飲食影響孩子的注意力

　　隨著生活方式、環境及飲食結構的變化，兒童過動症的發病率越來越高。常見的發病原因有：長期食用烤羊肉串、涮羊肉、速食麵等食品，過多地飲用飲料、過多食用皮蛋等。此外，病毒感染、腦外傷及維他命缺乏等也可能造成孩子注意力不集中。所以建議家長多給孩子吃些富含維他命的水果蔬菜和高蛋白類食物，以提供足夠身體發育的營養。

5. 睡眠品質影響孩子的注意力

　　作息不定時、生活無規律是孩子注意力分散的主要原因。學習是腦力活動，要消耗大量的腦內氧氣，若望子成龍心切，整天強迫孩子長時間從事單調的學習活動，必然造成孩子大腦疲勞而精神分散。心理實驗證明：3 歲幼兒注意力可維持 3 ～ 5 分鐘，4 歲孩子 10 分鐘，5 ～ 6 歲兒童也只有 15 分鐘。因此，合理制定孩子的作息時間，讓孩子明確什麼時候可以盡情地玩，什麼時候必須專心完成學習任務，養成適當休息的好習慣。

6. 外界環境影響孩子的注意力

看電視、大聲議論或哈哈大笑都會影響孩子的注意力。有的家長總是擔心孩子不能自覺，所以他們總喜歡在孩子做功課時對孩子問這問那。「做幾題了？還有幾題？」看起來似乎是關心了孩子，殊不知這樣不時地干擾孩子，弄得孩子無法集中注意力，思考問題的思路也總是被打斷。

7. 看電視、玩遊戲過多

當個體沉溺於某些事情或意識範圍狹窄時，注意範圍亦相應縮小，因而引起對其他事物的注意力下降，比如上網、遊戲成癮。電視節目的特點就是畫面生動活潑，孩子習慣了熱鬧，到了幼稚園或者學校就不習慣靜靜地聽老師的話。電視雖然也能增進孩子的知識，但是對於孩子來說完全是被動的學習，沒有交流，沒有互動，不利於創造性思維的培養，語言發展也容易遲滯。

8.「感覺整合功能失調」導致孩子注意力不集中

近些年來，越來越多的研究發現，「感覺整合功能失調」也是導致孩子注意力不集中的一種病因。

「感覺整合功能失調」是指大腦不能將來自身體各部分的感覺資訊進行充分的加工和整理，從而不能組織機體各方面的活動。

精神衛生專家認為，產生「感覺整合功能失調」的原因有：都市的高樓大廈剝奪了孩子們與大自然、綠地接觸的機會；家長經常將孩子摟抱在懷中，使孩子缺少練習抬頭、在地上滾爬等成長必要的活動；非必要的剖官產使孩子失去了唯一的經過產道擠壓獲得觸覺訓練的機會等。

這些病理性的問題往往很難自癒，而且對孩子身心危害比較大。遇到

第一章　培養優秀孩子從培養專注力開始

這些情況，家長一定要及時帶孩子治療，以免影響孩子生理和心理的健康發展。

　　總之，注意力不集中形成的原因很複雜，所以家長應該多與孩子溝通，察言觀色、耐心詢問，全面細心地了解孩子所面臨的具體障礙。不了解孩子不專心的具體原因，就不可能做到因材施教、對症下藥，盲目地干涉孩子，有可能適得其反。

　　身為家長，只要仔細地觀察與對照，就能發現自己的孩子注意力不集中是由哪一個原因造成的。這樣，才能更好地採取對策，改善孩子注意力不集中的毛病。

▎孩子專注力培養應避免的迷思

　　注意力不集中，易分心，是所有孩子的共性。年齡越小，孩子控制注意力的時間越短，心理實驗證明：3 歲幼兒注意力可維持 3 ～ 5 分鐘，4 歲孩子可維持 10 分鐘，5 ～ 6 歲孩子也只能維持 15 分鐘，7 ～ 10 歲的孩子可維持 20 分鐘左右，10 ～ 12 歲 25 分鐘左右……只有超出了這個範圍，才可以認為孩子有問題。身為家長，在培養孩子的注意力時，應避免走入以下的教育迷思：

　✧ **理解的迷思**：生活中，有很多家長一聽到老師告狀，或者發現孩子存在某些問題時，沒有判定這種現象是否屬於正常範圍就認定自己的孩子是不正常的。這樣的理解對於孩子來說有失公正。其實，在低年級，沒有被投訴上課注意力不集中的孩子才是不正常的。而且過分強化孩子的注意力，也會導致孩子創造力的下降。因為當一個人專心做一件事情時，會對周圍的人和事聽而不聞、視而不見，這就很難捕捉資訊，抓住機會，這種人的思想也不可能活躍。我們知道普通人和成

功者的重要區別就是創造力的差別，過分糾正注意力不能集中的問題，不利於創造能力的培養。面對孩子注意力不集中問題時，我們首先應該考慮這是否造成了什麼嚴重的後果。對於很多低年級的孩子，課業成績不錯，可就是上課愛講話，這並沒有什麼了不得。孩子考試成績起起伏伏，這本來是正常現象，不要輕易與孩子上課注意力不集中掛上鉤。

✧ **沒有搞清楚原因就開始糾正**：當孩子課業成績不好的時候，很多家長輕易就下結論說是孩子注意力不集中所導致的。因此，不分青紅皂白，就對孩子採取嚴加管教的方式，如不好好完成作業，就不准吃飯，不准睡覺，不准看電視，不准⋯⋯有的家長索性坐在孩子旁邊監督，甚至採用體罰手段。事實上，這些對策收效甚微。

因此，當孩子注意力不集中時，家長首先應該判斷孩子注意力不能集中是否屬於氣質性的。很多時候，孩子是因為對讓他所做的事情沒有興趣才導致注意力不集中的。特別是對許多低年級的孩子來說，他所學的課程，對他來說往往是太簡單了，這很容易導致孩子注意力不集中。

✧ **過早替孩子請家教**：現在有不少小學生的家長自己每天都把一天的功課為孩子講一遍，或者替孩子請家教，以為這樣可以幫助孩子提高成績。如果一年四季都是自己給補課或有家教指導，讓孩子認為有了依靠，他就不需要上課認真聽講，反正回家有人講給他聽。

✧ **家長的批評和抱怨強化了孩子的弱點**：比如孩子注意力不集中，家長逢人便說，這孩子，什麼都好，就是注意力不太集中。久而久之，造成了孩子的認同心理，他就會認為自己就是個注意力不集中的孩子，更加難以改變。其實，家長要盡量弱化孩子的這些缺點，引導孩子慢慢改正而不是一味地強化。

第一章　培養優秀孩子從培養專注力開始

　◇ **給孩子太多的任務**：有的家長為孩子安排了太多的任務，特別是當孩子提前完成任務後，又不斷地增加任務。孩子對學習感到厭倦，寫作業的時候就會分心。又比如，讓孩子在旅遊途中，每天按要求仔細觀察某件事或物，然後口述一遍，家長將孩子的口述記錄下來，做一些修改後，念給他聽，並且表揚鼓勵他。孩子出去玩，有自己的目的，這些目的也許不是家長所期望的目的，如果家長期望孩子能夠透過旅遊學到一些新的知識，那麼，我們首先要設法讓孩子覺得家長的要求是有趣的。但如果把家長的目的摻雜在一起，孩子就容易心神不定。

　◇ **停止活動性強的訓練**：如跳舞、體操等，而改為參加書法、圍棋等需要集中注意力的訓練。這是治標不治本的做法。體育鍛鍊提高機體能力，可以加速成熟。

▍培養專注力應遵循的原則

　　孩子的專注力培養，應遵循孩子的身心發展規律，因此，在訓練過程中，要掌握好幾個基本原則：

1. 從簡到難，難易結合的原則

　　注意力不集中的孩子往往有畏難心理，所以訓練過程中，應該首先遵循「從簡到難」的原則，讓孩子覺得這些訓練透過努力是可以做到的，也是可以做好的。比如桌球靜止訓練、閉目單腳直立、快速數數、快速查找數字、做相反動作等，他們透過努力會不斷提高訓練成績，並從中感受到自己的點滴進步，自信心也會逐步提高。

　　但是，如果一直都停留在簡單的訓練項目上，就容易產生心理疲勞和行為懈怠，因此，還要精心設計一些難度比較大的內容，比如足球遊戲、

邏輯推理訓練、神祕箱遊戲、走出迷宮、即興編故事等，既可以讓孩子保持持續的好奇心和興趣，也有利於培養他們注意力的持久性與克服困難的意志力。

2. 固定內容與變化內容相結合的原則

心理專家認為，對於大多數孩子來說，專注力訓練至少需要 3～6 個月的時間才能取得比較理想的效果。在這個過程中，根據系統訓練的整體要求與孩子的實際情況，可以把訓練內容分為兩大類：固定內容與變化內容。固定內容是指每次訓練或每天訓練內容中必須堅持的，貫徹整個訓練期的始終；變化內容主要是指每個星期變化一次的內容。

實驗證明，固定內容與變化內容相結合，一方面能夠幫助孩子懂得長時間地堅持做好一件事情是注意力集中和有意志力的表現，另一方面透過定期變化的內容從不同角度、不同途徑訓練注意力，保持孩子對訓練的興趣和積極性，以達到最佳的效果。

3. 階段性與持續性結合的原則

階段性指的是在某一時期（比如 1 個月、3 個月、6 個月或更長一些）由家長或專業訓練師幫助孩子進行注意力的系統訓練。在這個階段，每個星期在固定的時間、固定的訓練地點，根據訓練計畫有序地實施訓練。

4. 科學性與趣味性結合的原則

注意力訓練首先要展現科學性，也就是說，所採用的方法，必須有心理知識和其他相關知識作為依據，必須符合被訓練者的認知水準和身心發展規律。趣味性是指在訓練過程中力求避免枯燥無味，所採用的方法盡可能有趣、新穎，能夠充分調動孩子的注意積極性和訓練積極性。

5. 先肯定後建議的鼓勵原則

也就是在訓練過程中要以鼓勵為主。每次訓練都有指導、有要求，也有回饋（包括孩子自己、家長和老師對孩子的評價），盡可能著眼於孩子的進步，哪怕是很微小的進步。在肯定的基礎上，將孩子在訓練過程中的不足以及在家裡、在學校裡表現不佳的地方客觀地指出來，讓孩子感到：我在進步中，我已經得到肯定，但是我也還有不足，還需要繼續努力。

6. 心理暗示與行為訓練結合的原則

心理暗示是人們日常生活中最常見的心理現象。它是人或環境以非常自然的方式向個體發出資訊，個體無意中接受這種資訊，從而做出相應的反應的一種心理現象，心理暗示也是一種非常重要的心理技術。在注意力訓練過程中，心理暗示時時都在發揮著微妙的作用。

比如在注意力訓練初始階段，可以讓孩子說這幾句話「我可以，我能夠做得更好；我可以，我能夠記得更牢；我可以，我能夠更專心地聽課」、「把一件簡單的事情堅持做好就是不簡單」等等，而訓練師或家長也要給予孩子積極的暗示：「你試一試，會進步的，我相信你」、「再來一次，超越自己好嗎？」等。以後每次訓練都會根據實際需要給予一些心理暗示的話語，要求孩子在短時間內記好記牢，既產生積極提示、不斷補充心理能量的作用，也發揮鍛鍊記憶力的作用。與此同時，也根據這些心理暗示的具體內容，設計、安排相應的行為訓練（包括趣味遊戲活動訓練），讓孩子在行為訓練和遊戲活動中不斷強化注意力，逐漸把專注培養成一種習慣。

第二章
把家庭變成孩子專注力成長的沃土

　　家庭是孩子成長的第一環境，家庭環境中的外在氛圍和由家庭成員的興趣愛好、言談舉止、相互關係等因素形成的內在氛圍在很大程度上影響著孩子專注力的發展。

　　因此，要培養孩子的專注力，家長應從良好家庭氛圍的營造入手，排除各種可能分散孩子注意力的因素，積極為孩子營造一個和諧、寧靜、幸福、祥和的家庭環境。這樣，孩子的「專注之樹」才能勃勃生長起來，長得粗壯結實，不為外力撼動。

第二章　把家庭變成孩子專注力成長的沃土

▌別把孩子置於矛盾之中

「嚴厲中成長的孩子學會苛責，敵意中成長的孩子學會爭鬥，譏諷中成長的孩子學會羞怯，羞辱中成長的孩子學會愧疚，寬容中成長的孩子學會忍讓，鼓勵中成長的孩子學會自信，讚揚中成長的孩子學會欣賞，公平中成長的孩子學會正直，支持中成長的孩子學會信任，在獲得認同中成長的孩子學會自愛，友愛中成長的孩子學會關愛。」

孩子的成長就如這首小詩所說的那樣，很大程度上取決於家庭氛圍的影響。家庭是孩子成長的搖籃，家人和睦，是讓孩子感到快樂、安全的首要條件，在這種環境下，孩子身心健康，做事情也更能集中注意力。反之，如果家庭不和諧，家人經常爭吵或者父母離異，孩子的心靈會受到不良影響，這種不良影響也會在注意力上表現出來，致使孩子出現做事不專注的情況。

劉昕潔是一名國二生，她一向成績優異。但是，最近班上的老師發現，劉昕潔的學習狀態欠佳，上課的時候總是一副精神恍惚、心事重重的樣子，有時候連老師問她問題，也總是答非所問。剛開始的時候，老師們以為是孩子熬夜造成的，都勸她多休息。可是，一段時間下來，劉昕潔上課不專心的問題非但沒有改善，反而越演越烈，課業也嚴重落後。

班導嚴老師找她談話。自尊心很強的劉昕潔半天都沒有說話，問急了，眼淚就「撲簌簌」地掉下來了。在老師的耐心引導下，劉昕潔才敞開心扉。原來，劉昕潔的爸爸媽媽一向感情不和，經常為了雞毛蒜皮的小事吵架。這一次矛盾升級，爸爸對媽媽大打出手，還一時失手，把媽媽的額頭砸出了血。媽媽提出離婚。於是，他們把離婚的事搬到飯桌上談，還問劉昕潔要跟誰一起生活。

在這種情況下，劉昕潔怎麼可能安心念書呢？她總在擔心爸爸媽媽什麼時候不要她，不要這個家了。

故事中的劉昕潔因為父母之間的矛盾、紛爭出現了焦慮、精神恍惚、缺乏安全感等不安情緒，在這種情緒的影響下，她無法專心聽課、認真學習，以至於老師講什麼都不知道，嚴重地影響了課業成績。事實上，家庭紛爭不僅影響到孩子的學習，更會在孩子的心靈上留下嚴重的創傷。因此，要培養孩子的專注力，培養孩子的健康心靈，家長不要把孩子置於家庭矛盾的風口浪尖之上。對於孩子來說，和諧的家庭是他們身心健康發展、專注力健康成長的良方。

那麼，家長應如何為孩子營造一個良好的家庭環境氛圍呢？專家建議：

1. 家長要為孩子營造家庭中愛的氛圍

孩子在成長中最需要的就是安定、安心、安全的環境與父母完整的愛。愛的溫暖為孩子的全面發展提供了一個良好的心理環境，家庭中愛的氣氛是催化孩子智慧之芽的陽光，當然也是孩子的專注力健全發展的高效營養劑。因此，要想孩子做到心無旁騖、專心致志地學習，家長應給孩子營造一個充滿愛與和諧的家庭氛圍。家庭成員之間應該互相關心、互相尊重、互相理解、親密融洽，這是孩子專注的心理保障。家庭人際關係如果不和諧，經常吵吵鬧鬧，對於孩子來說是一種心理干擾，情緒壓力。在這種負面情緒的干擾下，孩子是不可能做到專心學習的。

2. 關注孩子內心的環境需求

強強最近在學校裡總是無精打采，有時候還眼眶紅紅的，一副剛剛哭過的樣子。原來，班上有一些男同學在議論他的爸爸，說強強的爸爸失蹤了好幾年都沒回家，不知道去哪裡了。爸爸成了強強心裡最大的祕密。

第二章　把家庭變成孩子專注力成長的沃土

　　老師經過與強強母親的溝通了解到：強強爸爸在生意上有些麻煩。有時候，一些陌生人的突然出現，會帶給家裡人帶來很多困擾和擔憂。而強強的媽媽從不在家裡提起強強的爸爸。即使有時候強強主動問起，媽媽不僅會故意岔開話題，還會生氣。一次，老師安排同學們寫一篇〈和爸爸的一件事〉的作文，課堂上，同學們都談論起各自與爸爸之間的很多事情。強強一聲不響，同學們問起他，他也閃爍其詞，甚至轉過頭默默地流下眼淚。

　　突然的家庭變故對孩子心靈會造成極大的創傷，有些孩子會因此變得孤僻、憂慮、失望、煩躁、冷漠、自卑；有的則暴躁易怒，遇事易衝動，攻擊性比較強，不思學習，任意翹課。而強強顯然就屬於前者。在處理此類孩子的問題時，家長要給予持續的關注，孩子有困難時，家長及時有力的幫助顯得尤為重要。如果對家庭環境的不適及羞愧已經壓得他失去了面對生活的勇氣，那麼家長和老師都應適時有效地介入。

3. 不要讓孩子背負沉重的負擔

　　楊楊是個多愁善感、早熟的女孩，最近她非常苦惱，因為她覺得自己過得不開心，很苦悶。為什麼一個11歲的女孩會有如此沉重的心情？「不知為什麼，媽媽總是罵我這不好，那不好。我一回到家就要挨罵，為什麼媽媽總是不喜歡我？」據老師了解，其實，楊楊的父母非常疼愛女兒，也總是為楊楊提供最好的生活學習條件，但同時家長對孩子也有很高的要求。成績，父母要求楊楊必須全班最好；彈琴，父母要求楊楊小學階段一定要考過八級；生活，楊楊必須看起來比其他孩子懂事。父母對楊楊有太多太高的要求，一旦楊楊做不到，爸爸媽媽就會唉聲嘆氣，滿臉失望，讓楊楊充滿了負罪感。「我偶爾也會犯錯，我也想過得輕鬆自在，但每天都在父母的催促聲中生活學習，我怎麼快樂得起來？」

父母對孩子過高的期望會給孩子成長帶來沉重的壓力。一些揠苗助長的家長最後往往會收穫行將枯萎的「秧苗」，而背負太多壓力的孩子最後不是變得越來越自卑、膽小，就是變得叛逆、不聽勸告。因此，良好的家庭氛圍還應該給予孩子心理上的輕鬆感，讓孩子能夠自由地發揮自己的潛力，而不覺得是負擔。

4. 家長應言傳身教

言傳身教是幾千年傳統教育的永恆命題。「其身正，不令而行；其身不正，雖令不從。」

很多家長一邊喋喋不休地要求孩子埋頭苦讀，一邊在麻將桌旁流連；一邊讓孩子專心寫作業，一邊津津有味地看電影，看電視……在這種自相矛盾的教育環境中長大的孩子，怎麼可能做到專注呢？因此，家長在要求孩子的同時，一定要注意自己的言行，做好孩子的典範。

孩子的成長植根於家庭，家庭是培養孩子專注力最主要的環境，家長是孩子最好的注意力訓練師。為了孩子擁有專注的學習狀態，家長應從現在開始，積極地為孩子營造一個和諧融洽的家庭氛圍，有了良好的家庭氛圍做基礎，孩子的專注力培養就有了充分的保證。

給孩子獨立、安靜的學習環境

祥和的內在氛圍有利於心理上的平和、寧靜，從而使人達到專注的目的。而外在環境的獨立、安靜更決定了一個人的專注程度。只有安靜的環境才能讓人很快做到「入境」、「入靜」，而只有做到「入境」、「入靜」，我們才能夠目的明確、思想集中、踏踏實實地做事，並取得良好的成效。另外，固定、安靜的環境，可以讓一個人學習時總處於同樣的物質

第二章　把家庭變成孩子專注力成長的沃土

條件下，這時候，人的思想將會自然而然地處於警覺、注意和專心的狀態。隨著這種習慣的養成，要集中注意力就容易多了。反之，如果一個人所處的環境混亂嘈雜，就很容易給他造成心理干擾、情緒壓力，使其產生焦慮、厭煩、不安等心態，導致他們無法專心致志。因此，如果你希望自己的孩子能夠一心一意地學習，就給孩子一個獨立的、比較安靜的學習環境。

以下兩個故事揭示的正是這個道理——

小剛是小學六年級的學生，平時他學習特別認真，成績也很好。可是，最近不知怎麼回事，上課的時候老是打哈欠，一副精神不振的模樣，班導王老師暗示了他幾次，可情況並沒有因此而好轉。這到底是怎麼一回事呢？為此，王老師特地去了一趟小剛的家，對他進行家庭訪問。

那是星期天的下午，王老師來到小剛的家門口，大老遠就聽到小剛家裡傳出麻將聲。

聽到敲門聲，小剛的媽媽出來開門，一見王老師，小剛的媽媽有些不自在了，她紅著臉把老師引進了家門。王老師一看到小剛家混亂嘈雜的情景，一下子就明白了小剛上課精神不振的原因。原來都是麻將聲惹的禍呀！

王老師說明來意，並說明了小剛最近在學校的表現情況。最後，王老師意味深長地對小剛的媽媽說：「孩子想要好好學習，需要家長與孩子一起努力，特別是家長，要為孩子創造一個良好的學習環境。」

小剛的媽媽聽了這話，不禁慚愧地連連點頭，趕忙中止了家裡的「活動」，並承諾以後一定不會在家裡打麻將影響孩子學習了。

孩子良好學習習慣的養成有賴於一個良好的家庭環境，而良好的家庭環境首先應該以安靜、祥和為前提。故事中，小剛的家長沒有意識到這一

點，在家裡公然開起了「麻將館」，讓孩子缺少安靜的學習環境，導致孩子注意力不集中，影響了孩子的正常學習。這種做法顯然是非常不明智的。當然，在現實生活中，這樣的家長畢竟是少數，更多的家長還是非常重視良好的家庭環境與學習氛圍的營造的。田眾的爸爸媽媽就是這樣的：

田眾全家擠在一間小小的一居室裡，每當孩子開始學習的時候，田眾的爸爸媽媽就主動關掉電視，在客廳裡喝茶、看書、看報紙。媽媽對孩子說，這是共同學習，共同進步。一般情況下，爸爸媽媽是不會無故打擾孩子學習的，除非是孩子在學習或者寫作業的過程中遇到了難題，主動請教爸爸媽媽，這時，爸爸或者媽媽才會給予幫助、提示。

在爸爸媽媽的影響和幫助下，田眾不僅學習認真、專心，意志力還非常強。通常沒有想不出答案的問題，是不會主動請求幫助的。正因為如此，田眾的課業成績在年級裡名列前茅，做其他事情也總是有始有終，讓老師和同學都非常佩服。

田眾的例子告訴我們，只有家長盡力為孩子排除使孩子分心的因素，為孩子創造一個安靜、獨立的學習環境，孩子才能夠集中精力學習，養成良好的學習習慣。而要為孩子創造一個獨立、安靜的學習環境，家長應做到以下幾個方面：

1. 給孩子獨立的學習空間

孩子的注意力是很容易受到習慣影響的，因此，要保證孩子的學習品質，讓孩子在獨立的空間裡學習是一個必不可少的條件。身為家長，最好為孩子布置一間屬於他們自己的房間，讓孩子在固定的學習場所學習。在這個獨立的空間裡，所有的東西都是孩子自己的，父母不能把孩子的房間當成是一個儲物箱，將各種繁雜的東西都往孩子的房間裡放。

　　此外，孩子學習時的桌椅位置應固定，不能隨意搬動。這樣，孩子在固定的場所，固定的位置學習，他們很容易就能形成一種專心學習的心理定勢，只要一進入這個環境，他們的整個身心都會自覺地投入到學習之中。從而取得良好的學習效果。

2. 給孩子心理上的獨立

　　給孩子一個獨立的空間，不只是給孩子準備一個房間就行了。還應該給孩子心理上的獨立。如在孩子學習時，家長不要過度關心地嘮叨，問這問那，干擾孩子的學習。

　　生活中，經常會有這樣的現象，一些家長愛子心切，總擔心孩子凍著、餓著、冷著……因此，總喜歡在孩子看書、學習、做作業的時候熱心地照顧孩子。如孩子剛學習不久，家長就進來詢問：「寶貝，口渴了嗎？要不要先喝點什麼？」於是，孩子的學習被迫中斷。過一下子，家長又會進來說：「做得怎麼樣了？有沒有遇到難題？」「光線夠不夠呢？要不要我幫你調亮一點？」……就這樣，一而再、再而三地「關心」一次又一次地打斷了孩子學習的思路。試想，一個注意力總是被打斷的孩子，如何能高品質地完成自己的學習任務呢？

　　家長可以先和孩子溝通一下，徵求一下孩子的意見，如果孩子需要幫助的話，家長再出現在孩子身邊，這樣不僅保證了孩子寫作業時注意力的連貫性，還可以培養孩子獨立思考的習慣。

3. 避免外物的干擾

　　小芸的書房臨近社區的大門口，時不時有人走動，社區大門的「哐當」聲和門衛的問詢聲不時傳來……在這種充斥著刺激和干擾源的環境下，小芸寫作業的時候總是無法集中精神，她總喜歡一邊做作業一邊豎起

耳朵聽外面是不是有小朋友玩鬧的聲音，還時不時探頭看看窗戶外面發生了什麼事情……

媽媽知道這種情況以後，立刻為小芸調換了臥室。此後，孩子學習時明顯專注多了。

我們都知道，孩子的注意力以無意注意為主，他們常常會因為外物的刺激出現注意力分散的現象。因此，在替孩子布置房間時，家長應該考慮到房間的位置、隔音效果等因素。減少無關的刺激和干擾，給孩子盡可能安靜的空間。比如，孩子的房間不要臨近街道，如果家住在臨街面的地方，而又無法搬遷，家長不妨和孩子一起動手，減少雜訊等不良刺激的干擾。

先來看看牆壁有沒有可改造的地方，牆壁不宜過於光滑。如果牆壁過於光滑，聲音就會在接觸牆壁時產生回音，從而增加雜訊的音量。因此，可在小床旁的牆上釘一塊布。這個小訣竅源於電影院，你仔細觀察一下就會發現，電影院裡的牆壁是凹凸不平的，因為凸凹不平的牆壁可以吸收一部分聲音。

再來看看家具的擺放。盡量把房間裡的家具合理放置。家具過少的房間會使聲音在室內共鳴迴盪，增加雜訊。

女孩子喜歡的布藝裝飾品也有不錯的吸音效果。懸垂與平鋪，其吸音作用和效果是一樣的，如掛毯、布製的裝飾花甚至窗簾等。其中，以窗簾的隔音作用最為明顯，既能吸音，又有很好的裝飾效果，是不錯的選擇。

4. 為孩子創造安靜的家庭學習氛圍

孩子的注意力很容易受到外界嘈雜聲音的干擾。因此，要想孩子專心地學習，家長自己要保持安靜，不要做分散孩子注意力的事，如看電視、大聲議論或哈哈大笑等。如果是在不同的房間裡，家長也應該把門關好，

第二章　把家庭變成孩子專注力成長的沃土

把聲音調小。當然，這個時間段，家長也可像故事中田眾的爸爸媽媽那樣，認真地看書學習，以模範行為讓孩子效仿。

　　總之，保證孩子學習環境的獨立與安靜，不但展現了家長對孩子的尊重與理解，還可以發展其注意的穩定性與持久性，讓孩子更有效地學習。因此，家長不可忽視。

▍房間既要整潔，也要有序

　　孩子學習的空間除了要獨立、安靜，還應該注意其布局是否科學合理。如果孩子的房間裡總是亂糟糟的，或者色彩過於花哨，擺設過於複雜，都會讓孩子產生焦躁不安的心理，導致他們在學習的過程中容易分心。以下就有這麼一個案例：

　　郭亮亮的家庭條件不錯，媽媽為了確保他能安心學習，特地為他布置了一個小書房。

　　這是一個通風透氣、光線充足的朝南房間，明朗豔麗的背景，牆上掛了好幾幅風景畫和亮亮帥氣的寫真照片。窗邊是書桌，桌上放了一臺電腦、一個漂亮的會動的音樂筆筒和一個地球儀。書桌邊有個玩具櫃，上面擺了很多玩具，如：遙控飛機和賽車等，在玩具櫃旁邊還有一個賽車跑道。

　　郭亮亮每天放學一回家就跑進書房裡「寫作業」，還要求別人不要打擾他。可他的作業總是寫不完，每天都要拖到很晚才能把作業寫完。為此，亮亮的媽媽很納悶，不明白亮亮的學習效率怎麼會這麼低。

　　有一天，媽媽下班回家，偷偷打開亮亮的房門觀察。她發現，亮亮總是一邊寫作業一邊用手玩音樂筆筒，使其發出聲音來。大約過了十分鐘，亮亮起身來到賽車道前，取了兩輛四驅車讓它們比賽，玩了一下子，他又回到書桌前繼續寫作業……可以說，郭亮亮的「學習生活」甚是豐富。

看到這裡，郭亮亮的媽媽明白了：原來都是房間的布置、擺設惹的禍呀！

試想想，孩子的自制力本身就有限，房間裡的東西如此之豐富，孩子怎麼可能靜得下心來安靜地學習呢？為了保證亮亮的學習效率，媽媽把他房間裡那些玩具全部撤走了，只作了簡單的布置，一段時間後，亮亮的學習效率明顯提高了。

郭亮亮的故事給了我們一個警示，孩子房間的布局合理很重要。專家建議，適合孩子學習的環境應該達到以下標準：

首先，房間的布置不要過於花哨，擺設也不能太過複雜。因為飾物過多，擺設過於複雜，會對孩子形成視覺干擾，讓孩子在腦中形成多個興奮點，影響孩子的注意力。因此，家長應該盡量簡化孩子學習空間裡的東西，房間布置應該以舒適實用為主，家具不宜過多，色調要柔和，不要有煩瑣的裝飾。物品擺放要有規律、有秩序，色彩不能花哨。玩具方面，除了孩子最喜歡的一兩件可以擺出來，其餘的最好擺在固定的玩具角內。

其次，孩子的書桌應該根據孩子的年齡、身高、喜好來選擇；書桌應放在可以保證光線充足又不刺眼的地方；書桌的位置應盡量固定，不要經常移動；最好採用可調節亮度的檯燈。書桌上的東西應盡量保持整齊，書桌上除了文具和書籍外，不應擺放其他物品，以免分散孩子的注意力；抽屜和櫃子最好上鎖，以免孩子隨時翻動；書桌前方除了張貼與學習有關的地圖、公式、拼音表格外，不要貼其他吸引孩子注意力的東西，女孩的書桌上不宜放置鏡子；不要讓孩子一邊看電視，一邊做作業。

第三，最好在學習場所準備好所需的所有用具：紙、筆、直尺、草稿紙、削好的鉛筆、橡皮擦等，如果孩子想學習時，發現所需的用具都不見了，或者是橫七豎八地亂放著，這會影響孩子的心情，使其注意力很難集

中起來，從而妨礙學習效果。

　　第四，為孩子提供舒適的學習環境。為了打造舒適的學習環境，家長可以在孩子房間的牆上貼一些裝飾畫或者繪畫作品，還可以在窗臺上放個盆栽。一個舒適的學習環境能夠增進孩子的學習興趣，從而提高他們的學習效率。

　　如果孩子喜歡諸如芳香精油或者香氛蠟燭之類的東西，家長完全可以用這些東西來增加學習環境的舒適感。但是，要注意香氣的用量，香味不要太濃。否則反而會引起身體上的不適感。

　　此外，為了能為孩子提供一個整潔、舒適、有序的學習環境，家長還可以試著引導孩子把自己的房間打掃乾淨，並培養孩子把自己的東西整理得井然有序的好習慣。一開始父母可以幫著孩子整理一下房間，將學習用品和生活用品分開放，並且告訴孩子拿東西後要物歸原處，過一段時間之後，和他一起整理，最後完全由他自己整理，讓他養成愛整理東西的好習慣，也讓孩子學會了主動改造自己周圍的環境。如教孩子把清洗乾淨的衣物疊好後，分類、整齊地放進櫥櫃中，脫下的衣帽、鞋襪掛放在適當的位置，不亂丟，然後擦拭桌椅……

　　這不但可以幫助孩子整理好自己的房間，避免刺激物分散孩子的注意力，而且可以培養孩子的手眼協調能力、分類辨識能力及有條理的習慣。良好生活習慣的養成，能讓孩子終身受益！

▎請不要扮演陪讀者

　　韓韓的媽媽是某大學畢業的高材生，爸爸也是個出色的工程師，可是，這一對名校出來的高材生對自己孩子的教育卻毫無辦法，因為韓韓實在太不爭氣了。他的課業成績在班上倒數第一，每次去開家長會，韓韓的

媽媽都覺得自己的臉全被孩子丟盡了，而韓韓的爸爸則索性以工作忙為理由，從不去參加家長會。

最後，韓韓的媽媽只好求教於輔導老師。輔導老師分別與媽媽和韓韓進行交流。在交談的過程中，輔導老師發現，問題不全在韓韓一個人。

由於望子成龍，媽媽從韓韓上一年級開始，就放棄了自己的夜生活，扮演起了「員警」角色，她每天晚上都待在韓韓身邊，督促他學習。不管孩子學習到幾點，媽媽都不叫苦，不叫累。媽媽以為，韓韓只要懂事一點，就能體諒自己的苦心。可惜的是，事實並非如此。

韓韓對媽媽監督自己寫作業感到厭煩。他覺得媽媽不信任自己，更重要的是，每次韓韓提前完成作業後，媽媽都會額外增加他的作業量，為此，韓韓覺得自己的學習沒有盡頭。每天晚上，不管作業是多還是少，他都會拖拖拉拉到 10 點以後才把作業做完。

看完這個故事，相信不少家長會恍然大悟：哦，原來是這樣的！因為，像韓韓家的這種現象，在我們現實生活當中太常見了。很多家長因為擔心孩子學不好，輕則窺探孩子，看他是否專心學習；重則索性就待在孩子身邊「站崗」監督孩子。為了自己的孩子不落後於其他人，很多家長經常會在孩子完成自己的作業之後，再給他加量。

其實，家長的這種做法是非常不明智的。事實顯示，陪讀非但不能讓孩子考出優異的成績，而且還會產生許多負面影響，從某種意義上來說，家長陪讀這種做法明顯是吃力不討好的行為。

首先，陪讀會分散孩子的注意力。不少家長認為，自己陪在孩子旁邊，他肯定會集中注意力做功課。其實不然，因為這時孩子會把注意力集中在家長身上，唯恐自己的行為違反家長的規定而受到批評，這樣反倒分散了孩子學習的注意力。

其次，陪讀會降低學習效率。有些家長並不了解教育規律，陪讀時以自己的標準來要求孩子，甚至要求孩子長時間地學習。結果不但事倍功半，還會造成孩子記憶力不佳、自信心不足、心煩意亂、思維遲鈍等現象，使學習效率下降。

再則，陪讀不利於孩子養成良好的學習習慣。一般來說，從孩子入學時起，家長和老師會幫助他們安排好作息時間，包括起床、吃飯、上學、玩耍、完成作業等。讓孩子自覺按作息時間去做，會養成他們良好的生活、學習和行為習慣。反之，處在父母督促之下，一切聽從父母安排，這樣一來，孩子將失去主見，一旦無人督促便會無所適從。

最後，陪讀不利於培養孩子堅強的意志，使孩子產生依賴心理。堅強的意志是孩子在克服困難的過程中形成的。學習本身就屬於不斷克服困難的過程，因此也是意志鍛鍊的過程。如果孩子學習時家長陪在身邊，孩子往往稍有點困難就會求助爸爸媽媽，而爸爸媽媽為了減輕孩子的負擔、縮短他們做作業的時間，也會把答案直接告訴孩子。這樣，孩子失去了良好的鍛鍊機會，一味依賴家長，自然難以培養出堅強的意志。此外，依賴心理還會造成孩子責任意識、責任能力的缺失，喪失自主完成作業的信心和能力，挫傷孩子學習的積極性與主動性。

因此，家長應該信任孩子，讓孩子從小學會對自己負責，養成獨立完成作業的習慣。事實上，充分地信任孩子，讓孩子獨立學習，不但能培養孩子獨立分析和解決問題的能力，還能培養孩子的專注力，使其形成穩定的專注力。因此，家長應該培養孩子獨立學習的習慣，讓孩子認真地對待作業，鼓勵他們遇到問題時獨立思考，幫助他們透過自己動手查資料來解決問題，而不是直接干涉孩子的學習過程。建議做到：

✧ **讓孩子獨立完成作業**：不管孩子提出什麼理由和藉口，當天的作業必須讓孩子當天完成。孩子做作業遇到困難，家長只能給予講解和啟發誘導，鼓勵他自己去克服困難，找到答案，絕不能包辦代替。

✧ **不要打擾孩子的專心**：孩子專心在做某一件事時，不要去打擾他。第一件事還沒完成之前，不要叫他做第二件，也不要讓他做太多或做一些超乎他能力的事，否則，孩子在匆忙、心急的情況下，很容易就會養成放棄的習慣，不能有始有終。

✧ **用正面的語言和親自示範的方式來教導他**：如果你希望孩子學習一種好的行為，那麼你最好使用正面的語言，明確地告訴他所要做的行為，例如：告訴他「我們應該……做」，而不只是批評他、責備他做得不對。然後再親自示範正確的動作來教導他。如果孩子說會，那麼就讓他做給你看，再指導他正確的方式。

✧ **教孩子有計畫地安排作業，養成良好的作業習慣**：如告訴孩子要把作業記完整，或者集中記在一張紙上，回家後合理安排先做什麼作業，再做什麼作業；寫作業要專心，不能邊玩邊做，做完作業要自查等。

✧ **提高孩子的學習能力**：家長應指導孩子把學習作為一項獨立的活動。家長可根據學校要求，教會孩子完成學習任務的方法，包括聽講、觀察、抄寫和完成作業的學習方法和技巧。

✧ **和孩子制定合約**：為了更好地做到獨立完成作業，家長可以以討論的方式，和孩子制定一個共同遵守的約定。比如，家長可以說：以後我每天陪你讀書 30 分鐘，別的時間你就要自己做功課，我也可以利用這段時間做些別的事，如果你能做到的話，星期天我就帶你去看電影。陪讀的時間可以慢慢縮短，直到孩子最後不再需要陪伴也可以做功課為止。交換的條件可以和孩子討論。同樣的，這種有條件式的要

求要逐漸減少，直到不需任何附帶的條件，孩子都願意自己做功課。

✧ **多表揚孩子的進步**：強化良好行為。當孩子出現一些良好的行為或比以前有進步的行為時，如做作業比以前注意力集中，小動作比以前減少時，給予表揚、獎勵（可以以喜歡他、關懷他等舉動作為表揚，可用孩子非常喜歡的活動作為表揚，也可用他喜歡的東西作為表揚）。多注意孩子的長處，多表揚他的優點。

▌讓孩子過有規律的生活

生活無規律也是導致孩子注意力分散的主要原因之一。

王愷與大多數的男孩一樣，非常貪玩。每天放學後，他從來不會直接回家，總是這裡逛逛，那裡遛遛，因為回到家，家裡也沒人，爸爸媽媽沒下班，奶奶又到隔壁打麻將去了，一個人在家也是挺無聊的。

為了消磨時光，有時候王愷還會趁放學這段時間跑到網咖玩遊戲，有時候玩過了頭，還要媽媽到網咖來叫他回家。

回家後，他匆匆忙忙吃幾口飯，就去寫作業了，當然，很多時候因為太晚了，他的作業總是沒有寫完。

在學校，王愷屬於那種既不專心又不聽話的孩子。他的心思不在課堂上，總是一下子用筆敲敲前桌同學的腦袋，一下子轉到後桌去說話，老師責備他，他還跟老師頂嘴，弄得任課老師對他非常頭痛。

王愷之所以如此隨性，毫無約束，與其家庭教育有著很大的關係。在日常生活中，王愷的爸爸媽媽因為工作忙沒有時間管束孩子，而王愷的奶奶又忙著打麻將，以至於王愷流連於網咖、街道，受到諸多外物的誘惑，在這種情況下，王愷分心、不愛念書就是情理之中的事情了。生活中，有

很多王愷這樣的孩子，他們之所以過著無規律的生活，與他們的家庭教育是分不開的。具體表現在網咖網咖網咖四個方面：

✧ **家長自身生活無規律**：有些家長自身生活放縱、毫無規律、追求享樂，家中人來人往，過於喧鬧，長此以往孩子也會養成隨心所欲的習慣，使注意力變得分散、不易集中，影響注意力的正常發育。

✧ **家長不管教，讓孩子缺少行為規範**：一些家長擔心讓孩子過有規律的生活會約束孩子的創造力，讓他們變得刻板而沒有創新力，因此，對孩子採取放手、聽之任之的態度，孩子從小缺少行為規範，不僅無法養成注意力集中的習慣，還會形成多種不良品性。有的孩子為了引起大人的關注，經常有意地以不同行為吸引大人注意以達到自己的目的，結果出現注意力分散的問題。

✧ **家長過於嬌縱**：還有一些家長認為孩子平常學習太辛苦，於是，一到節假日就讓孩子放假，允許孩子睡懶覺，晚上玩遊戲到深夜。作息不按時導致了孩子生活的無規律，從而影響到了孩子的注意力。

✧ **過度的自由與放任**：過度的自由和放任對於規律性的形成是有害無益的。

生活中許多家長都很忙，沒有足夠的時間照顧孩子，所以在把孩子接回家之後，很多家長的辦法就是打開電視給孩子看，或讓孩子自行從事所喜歡的活動。於是，孩子坐在電視機前，愛看的電視節目一個接一個地往下看，沒有家長的催促是不會自覺去寫作業的。等到快睡覺了，孩子才想起作業來，迫不得已，只好挑燈夜戰，如果作業多，勢必要花費很長時間，這便又影響到了休息。久而久之，孩子就形成了生活不規律的習慣。

第二章　把家庭變成孩子專注力成長的沃土

　　有秩序、有規律的生活，有利於孩子專注力的發展，更有利於孩子的身心健康。因此，家長應該培養孩子有規律的生活習慣。以下是專家的建議：

✧ 為孩子制定一個有規律的、固定的指導日常事情的規章制度。對於一個不成熟的孩子來說，一個能預知的世界就是一個安全的、有秩序的和靠得住的世界。在制度中，也可以把希望孩子應有的行為寫下來，以促使他們學習。家庭日常生活制度可以避免把生活節奏打亂，是個省時又省力教子方法。

　　要精心地建立日常制度，把一天時間安排得疏密有致，學習、工作、休息、娛樂、玩耍，要交替進行。一天的安排如此，一天與一天之間也要有連貫性和一致性。如就寢時間、起床時間、就餐時間、做作業的時間等，這些事情都要按制度行事。

　　制度訂立後，可以有一個試行期。發現欠妥之處，可以做些修正。制度也不是固定不變的，應盡量使它富於靈活性，符合家庭活動的變化和孩子發育的變化。

　　制度制定後，家長要認真地督促孩子，孩子表現出某種不自覺時，要及時提醒。重要的是使之形成習慣。

✧ 家長要以身作則，過有規律的生活。好家長勝過好老師，家長一定要言傳身教以身作則。如家長要求孩子要早睡早起，自己也要盡量去做，不要一有應酬，抽菸、喝酒、聊天，便什麼都忘記了。自己生活無規律，又怎麼能讓孩子做到生活有規律呢？

✧ 幫孩子建立秩序感。家長可以為孩子提供一個屬於自己的角落，從學習物歸原處、整理個人物品的過程中，逐漸建立秩序感。在執行過程中，家長要嚴格而不嚴厲。

✧ 讓孩子體驗到規律的好處。很多時候，孩子生活無規律，必定手忙腳亂，做不好事情。反之，如果他（她）生活有規律，做什麼事情就都得心應手。因此，如果你的孩子做到諸如前天晚上把第二天上學要準備的東西準備好，自己的衣物放整齊了，上學沒有遲到這些看過去頗有規律性的事情時，家長應表揚孩子，鼓勵孩子堅持。一旦孩子堅持下來，便能成為一種習慣使然。這對孩子的一生是有很大益處的。

總之，孩子有規律的生活是家長訓練出來的，只要讓孩子適應了規律，必定能從規律中得到好處。

飲食不當影響孩子專注

小胖子牛牛與小瘦猴皮皮的故事：

10 歲的牛牛有個最大的嗜好：吃肉，最好是餐餐都有肉。當然，如果可能，一邊吃肉，一邊喝飲料、吃甜食，那是最開心不過的事了。如果一餐沒有肉，他是怎麼也無法下嚥的。

因為吃得太多，所以長得很胖，雖然身高才 150 公分，但體重已經突破 72 公斤，是個標準的小胖子。

與牛牛截然相反的是皮皮。

皮皮是個標準的小瘦猴，今年同樣 10 歲的他，比起同儕，明顯矮了一截。皮皮的媽媽經常對別人抱怨說：「我家兒子平時喜歡吃零食，一到吃飯就挑三揀四，最不喜歡吃魚和紅蘿蔔，蔬菜也都不愛吃，身高都沒有長高，真是令人煩惱。」

不管是小胖子牛牛還是小瘦猴皮皮，他們有一個共同點，就是課業成績都不理想。牛牛非常躁動，上課時，一下子翻鉛筆盒，一下子取作業本……忙得不亦樂乎，趁老師不注意時，他還會偷偷地剝顆糖塞進嘴裡；

第二章　把家庭變成孩子專注力成長的沃土

而皮皮的反應總是比別人慢一拍，如上課已經 10 分鐘了，他還在想著課間發生的事情，老師已經講到第二題了，他的思考還停留在第一題上……

專家分析，牛牛和皮皮之所以注意力不集中，課業成績差，與他們的營養結構不均衡有關係，因營養結構的不均衡致了營養不良和營養過剩，影響了孩子身體的正常生長發育和健康，也影響了孩子的專注力。如牛牛喜歡吃肉，肉屬於酸性食品，偏食肉類會使人的體液趨向酸性。如果長年累月地累積酸性，便會導致大腦反應遲鈍，無法專注，影響孩子的智力發展。而糖果和飲料中含有的咖啡因等物質容易刺激孩子的情緒，同樣影響孩子的專心度。

因此，要想改善孩子的注意力，家長一定要調整孩子的飲食結構，讓孩子做到飲食均衡，保證各種有益大腦的營養物質都能充分攝入。具體地說，以下的這些營養物質對大腦有益：

✧ **蛋白質**：充足的蛋白質是大腦功能的必需品。許多國際象棋冠軍在令人精疲力竭的比賽開始前，飲食都以蛋白質為主。蛋白質，尤其是魚，是重要的健腦食品。但是在正餐時，是先吃魚還是先吃碳水化合物呢？蛋白質中兩種競爭的胺基酸 —— 酪胺酸和色胺酸競先進入大腦發揮作用。最先進入大腦灰質細胞對整體產生作用。

如在飯後想保持專心警醒，要先吃蛋白質食品，後吃碳水化合物，即先吃魚，後吃馬鈴薯、主食；如飯後想放鬆一下或小睡一下，那就先吃主食。先吃什麼是膳食即時影響腦力的關鍵。如果腦力工作者需整天保持頭腦敏銳，就要以高蛋白早餐開始，午餐就應是高蛋白質、低碳水化合物，而且碳水化合物食物後吃。

在海產、豆類、禽類、肉類中含有大量酪胺酸，這是主要的大腦刺激物質；而在穀類、麵包、乳製品、馬鈴薯、麵條、香蕉、葵花籽等食

品中含有豐富的色胺酸，雖然也是人腦所需要的食物，但往往在一定時間內有直接抑制腦力的作用，食後容易引起睏倦感。

✧ **脂肪**：脂類在大腦和神經組織的構造與功能方面具有重要意義。人腦所需要的脂類主要是腦磷脂和卵磷脂，它們有補腦作用，能使人精力充沛，使工作和學習的持久力增強，對神經衰弱有較好的療效。卵磷脂更是被譽為維持聰明的「電池」。

充足的脂肪可使腦功能健全。富含脂質的健腦食物有很多，如核桃、芝麻、松子、葵花子、西瓜子、南瓜子、花生、杏仁、魚油等；富含腦磷脂的食物有豬腦、羊腦、雞腦等；富含卵磷脂的食物主要有雞蛋黃、鴨蛋黃、鵪鶉蛋黃、大豆及其製品。

✧ **維他命 A**：維他命 A 保護大腦神經細胞免受自由基侵害。含量豐富的食物有動物肝臟、魚油、紅蘿蔔、菠菜、散葉甘藍、甘薯、南瓜、杏、木瓜等，以及所有的黃色或橙色蔬菜。

✧ **維他命 B**：維他命 B 包括維他命 B_1、維他命 B_2、維他命 B_3、菸鹼酸、泛酸、葉酸等。維他命 B 族物質可預防精神障礙。補充維他命 B 的物質來源主要有酵母、穀物、動物肝臟等。

✧ **維他命 C**：必要的維他命 C 可使大腦反應敏銳。主要食物來源為蔬菜與水果，如韭菜、菠菜、柿子、椒等深色蔬菜，以及柑橘、山楂、柚子等水果。野生的山芹菜、山葡萄、刺梨、沙棘、奇異果、酸棗等維他命 C 含量尤其豐富，例如：每 100 克鮮棗內含維他命 C 380 ～ 600 毫克，酸棗則高達 1,380 毫克。

✧ **維他命 E**：維他命 E 是腦功能守衛，保護神經細胞膜和腦組織免受破壞腦力的自由基的侵襲，延長壽命，減緩衰老，保持腦的活力。維他命 E 主要存在於堅果類食品、植物油、麥芽、大豆油、果仁、穀物、

　　新鮮綠葉蔬菜、動物臟器、豆類、蛋黃、瓜果、瘦肉、花生等之中。

　◇　**鈣**：鈣質能使大腦持續工作。主要來源為乳酪和豆製品。

　◇　**葡萄糖**：人體每天需要 10 ～ 15 克的糖。但神經系統中含糖量很少，必須靠血液隨時供給葡萄糖。當血糖濃度降低時，腦的耗氧量也下降，輕者感到頭昏、疲倦，重者則會發生昏迷。因此，一定的血糖濃度對保證人腦複雜機能的運作是十分重要的。同時，由於碳水化合物可以促使大腦產生 5- 羥色胺，讓人們感到心情愉悅、心平氣和，避免產生狂躁情緒和憂鬱情緒。富含碳水化合物的食品有：大米、麵粉、小米、玉米、紅棗、桂圓、蜂蜜等。一定的糖質是腦活動的能源，但不要過量，過量則會損害肺部的正常功能。

　　腦部所需要的這 8 種營養物質不可能靠吃化學合成的藥物獲得，只能靠合理的膳食向人體提供充足的能量。也就是說，孩子只能靠合理的膳食搭配，才能攝取富含上述物質的食物，才會使腦部功能健全發育，變得聰明起來。

　　除此之外，家長可以在孩子的食物中添加動物腦、蛋黃等。雞蛋營養很豐富，蛋中所含的組胺酸、卵磷脂和腦磷脂，對大腦和神經系統的發育非常重要。

　　動物肝、腎臟富含鐵質。鐵質是紅血球的重要組成成分，經常吃些動物肝、腎臟，體內鐵質充分，紅血球可為大腦運送充足氧氣，能有效地提高大腦的工作效率。

　　在孩子的食物中，魚肉不可缺少。魚肉不但鮮美可口，而且鈣、蛋白質和維他命 B_2、尼克酸含量高，魚肉中所含的脂肪是不飽和脂肪酸，它容易被人體所吸收，又能刺激大腦細胞的活躍性。

　　在孩子的膳食中，綠葉蔬菜不可少。蔬菜中的菠菜、芹菜和苦瓜不但

含有豐富的維他命，也有健腦作用。紅蘿蔔含有大量以維他命 A 為主的多種維他命、無機鹽和鈣質等，營養豐富，被人們稱為「小人參」，是健腦的佳品。黃花菜富含蛋白質、脂肪、鈣、鐵、維他命 B_1，這些都是大腦代謝所需要的物質，因此，它被人們稱為「健腦菜。」

水果類應多吃橘子和香蕉。橘子含有大量的維他命 A、維他命 B_1、維他命 C，屬於鹼性食物，可消除酸性食物對神經系統造成的危害，對健腦益智大有幫助。香蕉能預防神經疲勞，香蕉中含有大量的鉀，它對維持人體細胞功能和酸鹼平衡以及改進心肌功能大有好處。

此外，家長應盡量讓孩子遠離含鋁、鉛過高的食物，如油條、油餅、皮蛋、爆米花、油炸薯條、粉絲、罐頭食品及含酒精的飲料等。它們會影響視覺、記憶、感覺、思維、行為等方面的變化，使孩子難以集中精力。

總而言之，充足的腦營養是形成良好注意力的前提，因此，家長應該時刻關注孩子的腦營養問題，保證孩子大腦「吃」得飽飽的。

▋確保孩子的睡眠品質

小遠是小學三年級的學生，今年 8 歲。比起同儕，他顯得矮小、瘦弱很多。他總是因為遲到受老師責備，上課的時候還常常恍神，一副精神不濟的樣子，很多時候老師講什麼他都不知道。於是，班上的同學經常嘲笑他。他也變得很怯懦，很自卑。

可是，一回到家，小遠就變了一個人似的，跟著鄰居家的哥哥到處跑，玩得不亦樂乎。他最喜歡的就是跟鄰居的哥哥比賽車，常常玩到晚上 8 點多鐘才回家。匆匆忙忙寫完作業後，他又自己開始研究，如何玩賽車才能贏哥哥。這樣一轉眼都要超過 10 點甚至 11 點才睡覺。第二天當然又起不來，又沒時間吃飯，又受老師責備，又精神恍惚了……

第二章 把家庭變成孩子專注力成長的沃土

　　生活中像小遠這樣的孩子很多，他們總是晚上玩得不亦樂乎，早上卻千呼萬喚起不來，即便勉強起來，頭腦也是昏沉沉的，一整天無精打采，打不起精神。以至於效率低下，課業成績差。

　　法國科學家在研究中發現：孩子的課業成績與睡眠時間長短關係密切。凡睡眠少於 8 小時者，61％的人功課較差，勉強達到平均分數線者僅占 39％，無一人名列前茅；而晚上睡眠 10 小時者，76％中等，11％成績優良，只有 13％功課較差。這是為什麼呢？

　　原來，人的腦垂體主要在夜間睡眠中分泌生長激素，人體所需的各種營養素的合成，也只有在睡眠和休息的時候才能很好地完成。所以，孩子只有睡眠充足，才能長高長壯、精神集中、精力充沛。而如果睡眠不足，大腦的疲勞難以恢復，大腦細胞的活動能力就會大大降低，以至於第二天頭昏腦漲，無法集中注意力，記憶力也隨之下降，學習效率因此受到嚴重影響。所以，要想讓孩子精神煥發，注意力集中地學習，家長應提高孩子的睡眠品質，讓孩子從小養成良好的睡眠習慣。

　　那麼，家長應如何讓孩子養成良好的睡眠習慣？

1. 合理安排作息時間

　　要想保證孩子的睡眠品質，讓孩子養成良好的睡眠習慣，家長就要規定好孩子每天睡覺起床的時間，並嚴格遵守。如低年級孩子入睡的時間，以晚上 9 點以前為宜，起床時間則最好在早晨 6 點半左右；小學中、高年級的孩子入睡時間不宜超過 10 點，早上在 6 點前後起床最好。

　　家長可以幫孩子制定一個作息時間表，讓孩子自覺按照時間表執行，按時睡覺，按時起床，家長不要包辦代替，可以委婉地提醒，但提醒的次數不要太多，以免孩子產生厭煩感。

2. 睡前做好準備工作

一些睡前的準備工作可以提高睡眠品質，從而使孩子第二天能更好地集中注意力。因此，家長幫孩子做好睡前準備很重要。

✧ **為孩子營造祥和、溫馨的氛圍**：家長提前半個小時讓孩子平靜下來。這時候，家長可以為孩子營造一種溫馨而舒適的臨睡氛圍。如：給孩子播放輕柔、舒緩的音樂以幫助孩子入睡，或者為孩子講一個小故事，之後暗示孩子可以睡覺了。如此一來，孩子就能睡得寧靜而安穩，從而保證了睡眠品質。

✧ **不要給孩子睡前刺激**：在孩子睡覺之前，說笑打鬧或者做一些劇烈的活動都會影響孩子按時入睡，更會影響他們的睡眠品質。因此，家長不要讓孩子睡覺前用枕頭打仗或進行球類遊戲，不打罵、訓斥孩子或強迫孩子做不願做的事情。

✧ **讓孩子用溫水洗腳或按摩**：在睡前，家長可讓孩子用溫水洗腳，這能使孩子身體上（腦）下（足）保持協調，從而清心安神，提高睡眠品質。還可以在孩子臨睡前花十幾分鐘替孩子做簡單的全身按摩，不但可放鬆疲勞的身體，同時幫助他疏通經絡，有利於脾胃的消化、吸收。

此外還要注意，入睡前不要讓孩子吃夜宵，不能喝濃茶、咖啡、飲料，不要吃巧克力等。晚飯不要吃得過飽，可以吃一些含有胺基酸的食物。

3. 為孩子提供舒適的睡眠條件

除了做到以上兩個方面以外，家長還應該注意孩子的睡眠環境是否有利於休息。如室內光線、溫度、空氣流動情況、室內衛生以及床鋪情況等。具體展現在以下幾個方面：

第二章　把家庭變成孩子專注力成長的沃土

✧ **為孩子提供舒適的床**：孩子的床要寬敞，一般以軟硬適中的棕繃床或軟木板床為宜。

✧ **為孩子提供合適的枕頭**：很多人睡眠品質差是由枕頭引起的。枕頭軟硬高矮不適以及材質選擇不當，將會直接引發睡眠障礙。如果枕頭不舒服，會增加孩子的翻身次數，出現失眠、打鼾、多夢、早醒、神經衰弱等睡眠問題，睡眠品質難以保證，睡醒後還會感覺頭痛、頭暈，甚至比沒睡覺更加疲憊。落枕就是由於枕頭只支起了頭部，而讓脊椎承受過大壓力造成的。孩子們的枕頭，一般以 10 ～ 15 公分的高度為宜，軟硬適中，以孩子躺在枕頭上舒服為準。

✧ **注意屋內燈光要強弱適宜**：家長應為孩子準備床頭燈，方便孩子開關燈，同時光線不要太強，較弱的光不會刺激孩子的眼睛。

✧ **空氣要流通**：通風是臥室的一個重要條件，因為新鮮的空氣比什麼都重要。無論室外的溫度如何，睡覺之前都應該開窗換氣。保持室溫稍涼，臥室溫度稍低會有助於睡眠。

4. 要持之以恆，不要打亂固定的睡眠時間

　　家長為孩子制定了固定的睡眠時間後，不要輕易打亂。這一點不太容易做到，很多時候，特別是節假日，許多家長看孩子睡得很香甜，不忍心把孩子叫醒，任其睡懶覺。這樣，孩子沒能將不睡懶覺的習慣貫穿始終，所以很難養成按時睡覺、按時起床的習慣。因此，要想讓孩子做到按時作息，家長一定不能遷就孩子，不要因節日、假日、家中來客人、看電視或打遊戲等而改變孩子的睡眠習慣。

　　孩子養成按時睡覺的習慣後，家長可以對孩子進行獎勵，以使孩子更樂於堅持這種行為。這不但提高了孩子的睡眠品質，而且使孩子的大腦得到了充分的休息，無形中促進了孩子注意力的集中。

▋鼓勵孩子多運動

　　長期以來，很多家長只重視孩子的學習，而忽視了讓孩子參加體育鍛鍊，參與課餘活動。長時間的學習讓孩子陷入疲憊不堪的狀態中，以至於很難集中精神學習，更不用說思維清晰地思考問題了。

　　事實上，要想孩子注意力集中地學習，更應該讓孩子參加體育鍛鍊。這是因為，大腦額葉的發育水準與注意力密切相關，而刺激、增強大腦額葉功能的最有效辦法就是運動，尤其是一些技巧要求較高的球類運動。運動能鍛鍊孩子的眼、手、腦的協調能力，促進大腦對肢體、意識的控制，提高孩子的注意力水準。此外，透過運動，還可以化解因每天長時間用腦產生的各種不良心態和身體不良狀態。透過體育運動，可以明顯提高大腦清晰度，從根本上促進學習、工作效率。具體地說，讓孩子多運動，有以下不容忽視的作用：

　　首先，經常運動，有利於孩子增強體質，獲取強健體魄。透過鍛鍊，人的身體會越來越好，可以促進全身血液循環，保障骨、腦細胞充分的營養。尤其對正在長身體的孩子來說，能促進長高激素分泌及肌肉、韌帶和軟骨的生長。而且對於一個身體孱弱的人來說，如果鍛鍊方法得宜，又能每天堅持，依然可以將健康攬入懷中。

　　其次，經常鍛鍊，能啟動思維，促進智力水準的發展。身體健康和智力水準看起來似乎沒什麼關係，但是大腦思維的靈活性與肢體的靈活性是緊密相連的。身體健康的孩子思維也比較活躍，注意力也比較集中。經常鍛鍊，能夠提升大腦的清晰度，反應的敏銳度。因此，家長可以教孩子，如果覺得自己大腦清晰度下降時，應該進行鍛鍊；如果學習時間過長，感到大腦反應不夠靈敏了，也應該鍛鍊。

第二章　把家庭變成孩子專注力成長的沃土

第三，調節心情，使人的情緒高漲。當人的身體受到壓抑時，心情也不會很好，鍛鍊則可以使人的身體得到最大限度的舒展和擴張，可以驅散不快，削弱憂鬱等不良心態。

第四，克服惰性。每個人都有惰性，如果能夠堅持鍛鍊，就能夠克服身上的惰性，做事情不再拖拖拉拉，遊刃有餘。

正因為如此，家長應鼓勵孩子多運動，從小培養孩子的鍛鍊習慣。具體地說，家長可以從以下幾個方面入手：

1. 從小培養孩子鍛鍊身體的興趣

興趣是一個人從事任何事情的基本動力，是孩子最好的老師。孩子對鍛鍊的愛好可以讓許多家長更省心。因此，在日常生活中，家長不妨觀察一下孩子，了解他對什麼樣的體育活動有較為濃厚的興趣，然後為他們提供一些條件和加以引導，這樣，孩子就會積極主動地去參加體育鍛鍊。

2. 經常讓孩子到戶外去

讓孩子經常到戶外去，在新鮮的空氣和溫暖的陽光中跑一跑、跳一跳，不僅能活躍孩子體內的代謝系統，增強體力，還能讓孩子有機會接觸更多的人，孩子們一起遊戲也讓他們增強了合作意識。

3. 全家一起做運動

要讓孩子喜愛運動，爸爸媽媽要多動腦筋，最好是全家上陣，全身心投入，就會其樂融融。

泉泉4歲了，運動的時候，父母會和他一起玩，讓他運動得更開心。父母假裝自己是體育解說員，還像真正球場觀眾那樣做「人浪」。這樣做對泉泉非常有用，不管有沒有得分，他都玩得非常高興。在玩的過程中，

孩子的身體也得到鍛鍊。

父母的參與和支持讓泉泉從小就養成了運動的習慣。

4. 教給孩子鍛鍊身體的正確方法

青少年時期是人的身體發展最關鍵的時期，黃金時期不容錯過，否則將貽誤終身。身為家長，要了解一些基本的體育常識和生理知識，根據孩子的年齡特徵和體質狀況，合理分配鍛鍊時間，掌握鍛鍊技巧，切不可因噎廢食或鍛鍊過度。具體做到：

- ✧ **從初步運動開始**：發展兒童走、跳、鑽、爬、攀登之類的基本動作，使兒童動作協調、靈活、敏捷，如果條件允許的話，用答錄機放一些輕音樂，讓孩子模仿你伴著音樂做連續的各種練習動作，如伸展，擴胸，腰、臂、腿繞環等。為了發展孩子的柔韌性，可帶孩子彎彎腰、踢踢腿、翻翻筋斗等。

- ✧ **不宜讓孩子做心肌負擔過重的運動**：兒童的心臟發育還不完善，心肌纖維細，不適應心肌負擔過重的運動。因此，宜採取以發展有氧代謝功能為主的運動專案，如強度中等的慢步長距，球類活動，體操，跳繩，打羽毛球，滑冰以及各種遊戲等。

- ✧ **運動量要適宜**：正確掌握強度、時間，會使兒童的健康得到較大的提高。父母最好幫助孩子寫鍛鍊日記。記錄每日的鍛鍊時間，運動專案，進展情況，以及兒童的身體反映等。以便做到循序漸進，逐步調整。

一般透過測量脈搏，血壓、體重的變化和透過觀察來分析判斷孩子的運動量是否合適。如運動量適宜，則脈搏、血壓變化不明顯，體重無明顯下降的趨勢，食欲、睡眠及精神狀態均良好。如出現上課注意力

不集中，打瞌睡的現象或食欲不振、不易入睡、多夢、乏力、盜汗、心慌、自信心動搖以及對鍛鍊產生厭惡感等現象，說明運動量過大，導致了身心疲勞，應立即減少運動量。

◇ **合理安排孩子的生活**：兒童處在身體成長的時期，需要充足的睡眠。安排兒童體育活動，一般宜在清晨。清晨空氣新鮮，室外活動能使大腦皮層迅速消除睡眠時的抑制狀態，又可獲得大量的氧氣，對一天的學習、生活都有益處。早晨活動，不要起得過早，鍛鍊時間不宜過長，一般半小時就可以了。鍛鍊後的飲食也應給以額外的補充。

◇ **要觀察孩子鍛鍊後的身體變化**：家長可以從孩子的呼吸、臉色、汗量、聲音、動作等情況，掌握兒童的運動效果，以便靈活安排他們的鍛鍊內容。

此外，父母還應鼓勵兒童學點體育知識，有計畫地讓兒童看點體育表演和體育雜誌，培養兒童鍛鍊的興趣。節假日還可帶孩子出外郊遊、登山、跑步，跟大人一起活動孩子的興致會更濃。

5. 培養孩子持之以恆的意志力

孩子的意志力薄弱，不能持之以恆。許多孩子的家庭條件優越，自小就被寵愛，做任何事情都三天晒網，兩天捕魚，缺乏持之以恆的意志力。鍛鍊身體實際上是很艱苦的，它不僅要勞其筋骨，而且要苦其心志，尤其是要做到風雨無阻更為不易。因此，這些孩子總是為自己尋找客觀理由，躲避身體鍛鍊之苦、之累，實際上是不能克服心理上的薄弱意志。對鍛鍊身體有濃厚的興趣但意志力不夠堅強的孩子，父母應多鼓勵，制定鍛鍊計畫，並適當地創造獎勵條件，進一步鞏固強化孩子的興趣。

▍給孩子玩的時間

生活中，很多家長總擔心玩會分散孩子的注意力，使其無法專注地學習。為了孩子不玩物喪志，家長們成天把孩子關在家裡，以為只有這樣，孩子才能靜下心來，才不至於分心。

事實上，家長們誤解了「專注」的含義，「專注」是指在一定時間內高度集中注意力，而不是必須長時間地集中注意力。對於孩子來說，長時間集中注意力並不是一件好事。孩子天性好玩，讓孩子適當地玩一玩，不僅不會讓孩子分心，還有諸多的好處，表現在：

1. 玩耍造就強健的體格

孩子在玩耍的過程中，會有一些體力上的鍛鍊，有助於提高孩子的體能。

2. 玩有助於孩子創造力的發揮並提升孩子的應對能力

玩耍有助於孩子創造力的發揮，並能幫助孩子提升解決問題的能力。玩耍的過程中，孩子的注意力高度集中，左右腦同時運用，有利於智力的開發，促進孩子大腦發育。

玩耍讓孩子探索世界並逐漸形成了自己對世界的理解和看法，而且他們能透過扮演成人角色克服恐懼。

透過處理玩耍過程中的突發事件，提升兒童應對能力，孩子的自信心得到了極大的增強，挑戰的勇氣也會被激發出來，這正是成才所必要的特質。孩子在玩遊戲（如過家家）的過程中，可以一起合作，一起分享，他們彼此之間的矛盾也可以透過自己的方式得到解決。

3. 玩耍是童年最值得回昧的單純快樂

　　很多人都十分懷念童年時光，原因就是那種單純而美好的快樂一生只有那麼一次，所以，家長不應剝奪孩子玩的權利，體味快樂的權利。

　　玩的好處如此之多，因此，要想讓孩子達到專注的目的，家長應該遵循孩子的天性，把玩的時間還給孩子，根據兒童的特點讓他多接觸自己喜愛的事物，用新奇、多樣的活動吸引孩子的注意力，訓練孩子的注意力。

　　◇ **為孩子提供玩的場所**：現在的孩子，玩伴少了，場地小了，可玩具多了，誘惑多了。他們反倒不懂得玩。在這種情況下，家長不妨為孩子提供一個玩耍的場所，如，社區、體育場等，讓孩子自己去找一些年齡相當的孩子一起玩泥沙、玩球、玩賽車……孩子在大環境裡與小朋友們一起玩，其快樂感是在小環境裡自己單獨玩時所不能比擬的。

　　◇ **給孩子自由支配的時間**：每天，家長都要給孩子一些時間由他自己支配，玩什麼由他自己決定。如，一個人的時候，可以看書，看英語光碟，畫畫，做手工，搭積木，玩玩具，騎車，捉昆蟲，玩水……這些都玩膩了，也可以自己出去找朋友，當然，還可以邀請小朋友到自己家裡玩。在此期間，如果孩子邀請你加入，家長有時間也可以加入到孩子中間，和他一起玩。要注意，在這個時候，家長不要干涉孩子玩什麼，也不要表現出不耐煩的情緒。因為，孩子在玩中釋放、玩得開心最重要。

　　◇ **帶孩子一起玩**：週末的時候，家長可以帶孩子出去玩，比如去公園、去郊遊、去騎單車、去看電影、去發展業餘愛好……父母興致勃勃地享受生活，帶孩子參加一些健康的，有益的活動，能讓孩子體驗到生活的諸多樂趣，從而更加愛生活，也更加專注做自己該做的事情。

✧ **給孩子自主玩耍和鎖定目標的機會**：在自主玩耍的過程中，孩子的行為是受興趣支配的，因而最容易專注而持久，如果父母從自己外在的教育需要出發不停地干涉他們，他們就失去了專注於某件事物的機會。同理，帶孩子出去參觀遊玩時，如果孩子對某項事物發生了興趣，我們最好也給予充分的尊重，不去干擾他的注意力，哪怕這種專注讓我們做了極不合算的投資。比如，帶孩子去遊樂場時，如果孩子在某個遊樂項目中玩得不亦樂乎，家長不要因急於讓孩子玩到更多東西而不停地拉孩子去玩這個那個，否則孩子專注力的發展就會受到影響。

✧ **要引導孩子，學習也是另外一種意義的玩**：家長要想讓孩子像愛玩一樣愛學習，就應該引導孩子，讓孩子理解到，學習其實也是另外一種意義的玩。要想在學習上玩得好，玩得開心，就應該專心致志，就應該講究策略。如果孩子享受學習的樂趣，在學習的過程中又怎麼可能會分心呢？

讓孩子接觸大自然

　　談起讓孩子去戶外活動，很多家長總是以孩子學業忙，沒有時間為由，不允許孩子出去。以至於很多孩子除了學習，就是在家看電視，上網玩遊戲、聊天。他們很少有機會與大自然親近，更不用說走進大自然，體驗大自然了。

　　實際上，大自然的美好不僅可以刺激孩子大腦細胞，提高大腦興奮度，提高孩子的注意力；更可以讓孩子的情感得以抒發，情緒得以釋放，進而發揮更大的潛力。可以說，大自然是孩子學習知識，體驗「美」與「生命力」得天獨厚的課堂。在這一課堂中，孩子不僅可以感受到大自然的美好，更可以增長見識，鍛鍊自己的意志力。

第二章　把家庭變成孩子專注力成長的沃土

　　而成天把孩子關在屋子裡，讓孩子呆在狹小的空間裡，容易讓孩子在枯燥乏味的生活中變得鬱鬱寡歡，影響了孩子的專注力，還遏制了孩子各種能力的發展，影響其身心健康。因此，家長應把孩子從閉塞的空間裡解放出來，創造條件讓孩子去感知自然，體會自然的美麗和樂趣，讓孩子在自然的懷抱中健康成長，提高感受力與專注力。

　　對於孩子來說，大自然是他們學習、體驗、觀察、探索的最好場所，在這裡，他們的知識得以豐富，體驗得以增加，觀察力得以提高，而觀察所需要的專注力更得到很高的發展。因此，要想培養孩子的專注力，家長一定要懂得利用大自然這一豐富的資源。

　　英國生理學家埃德加・阿德里安（Edgar Adrian）的媽媽很早就對孩子進行啟蒙教育，尤其是帶孩子到郊外散步。在郊外，母親鉅細靡遺地教他認識和觀察花草，告訴他怎樣根據花蕊來識別花草，怎樣記住各種動植物的名稱。在這樣的環境薰陶下，埃德加・艾德里安從小就喜歡大自然，喜歡觀察。

　　他能夠連續幾個小時趴在地上觀察螞蟻的活動，觀察小鳥如何捕食，隨著知識領域的不斷擴大，他愛上了解剖小動物，經常抓一些小動物進行解剖，細心觀察，把觀察結果畫成圖畫。

　　從小從大自然中培養起來的觀察力與專注力成就了埃德加・艾德里安的輝煌。西元 1908 年，艾德里安獲得科學獎學金，進入劍橋特里尼蒂學院學習生理學。1932 年，艾德里安獲得了諾貝爾生理學及醫學獎。

　　埃德加・艾德里安的故事告訴我們，與其將孩子封閉在狹小的空間裡變得狹隘、無知，不如釋放孩子的身心，讓孩子在大自然中體驗、探索與學習，從而從中受到教益。

　　具體地說，家長可以做到以下幾點：

1. 把孩子帶到大自然中，感受自然之美，提高審美情趣

　　大自然的美是多方面、多層次的，家長要和孩子一起去欣賞、領略。高高的山峰好似巨人巍然屹立，堅不可摧，蒼松翠柏頑強地生長於懸崖峭壁，顯示了旺盛的生命力，急湍的河流飛瀉而下，似有千鈞不擋之勢；青青的小草平凡可愛……

　　自然界的美不僅表現為美麗如畫的景色，還有悅耳的音樂。這是一種特殊的樂曲，它是鳥的歌唱聲，樹葉的沙沙聲，流水的潺潺聲……這一切細細品味，韻味無窮。

　　在大自然中，孩子的身心得到了放鬆，其審美情趣更有可能得到提高。在美的薰陶中，孩子將會更加熱愛生活、熱愛生命。

2. 培養孩子的環保意識

　　透過欣賞大自然，更重要的是培養孩子熱愛自然、珍惜環境的意識，培養他們熱愛動物、保護花草樹木的情感，使孩子懂得保護生態環境的重要性，這才是欣賞大自然的真正目的。根據不同的地理位置、不同的季節、不同的時間來感受大自然的不同風貌。春天綠芽長出來了，給人滿目生機；夏天樹木長滿樹葉，為人們帶來片片蔭涼；秋天天高氣爽，讓人感到陣陣快意；冬天到處是銀裝素裹，使人體驗白色世界的純潔。這是四季不同的景色，在這裡春的生機、夏的炎熱、秋的涼爽，冬的淡雅，只要稍加觀察就不難發現他們的不同之處。這是父母指導孩子欣賞大自然時必須掌握的。

3. 平時，家中應購置一些旅遊類的書籍

　　閒暇時翻翻旅遊類的書籍，可增長見識，引起探索的欲望；也可與孩

子一起看看「人與自然」、「自然探索」、「動物世界」、「國家地理」等
關於大自然的電視節目，了解國內外的自然知識。

4. 經常帶孩子出去旅行

正所謂「讀萬卷書，不如行萬里路。」有條件的家長可以多帶孩子出
去旅行，讓孩子在旅行的過程中增長見識，提升能力，鍛鍊意志。

一位經常帶女兒出去旅行的母親，曾這樣介紹了自己的經驗：

女兒 5 歲那年，我在書店買了本介紹全國旅遊景點的書，每到一個地
方旅行之前，我都會先在書上看一遍，然後用兒童容易理解的詞語講給女
兒聽，讓她先有個初步的認識和了解。我想，讓孩子帶著問題去玩，不但
鍛鍊了身體，同時也可以增長地理、歷史等各方面的知識，這對孩子的身
心健康和語言及寫作能力都有好處。

隨著孩子年齡的增長，我除了讓她準備該帶的物品外，還特地為她準
備了一個能背著的小旅行包。其實我知道孩子所能承受的重量，裡面並沒
有裝很多的東西，目的只是讓她有合作的意識和小大人意識。

當我們在旅途中遇到不認識的路時，我就會坐在一邊請女兒來幫忙問
路，這樣孩子在旅行中不僅增長了許多的知識，還學會了與人交往的技
巧，更學會了如何處理問題。

如果家庭條件不允許或工作太忙沒時間，家長可以多帶孩子到郊外走
走，在戶外散散步等。這也是讓孩子親近大自然的一種手段。

▌培養孩子的忍耐力

常聽到一些家長抱怨自己的孩子：「我這孩子挺聰明的，可就是沒有
耐性。做事總是虎頭蛇尾，半途而廢。上課的時候沒坐幾分鐘就開始東張

西望，即便不東張西望，他也會這裡翻翻，那裡敲敲……」這種情況在孩子當中並不少見，許多孩子由於身心發展水準的限制，做事情缺乏耐性，不能將注意力長時間集中於一件事情上……正因為缺乏耐性，注意力不集中，孩子往往不能很好地學習，更不能有始有終地完成一件事情，長此以往，不僅影響到孩子的課業成績，更影響到孩子今後的工作和生活，其後果不容忽視。

其實，孩子注意力不集中，做事虎頭蛇尾。要改變這一狀況，家長唯有從小培養孩子的堅強意志，培養孩子的忍耐性！為了培養孩子做事的意志和耐性，家長應掌握如下的招數：

✧ **家長要做出榜樣**：家長首先要學會忍耐等待，才能讓孩子學會忍耐。許多孩子沒有耐心，是因為家長對孩子做事的要求往往也是虎頭蛇尾。所以，家長首先要注意不造成孩子半途而廢的行為習慣。在開始一種新的活動之前，必須讓他把正在進行的活動有個了結。如讓孩子去洗澡，應在開始燒水時就告訴孩子畫好這張畫後，就去洗澡。然後在孩子洗澡之前別忘了認真檢查畫到底畫完了沒有，這本身就是培養孩子做事有始有終的良好習慣。

✧ **為孩子設置點障礙**：家長應該有意識地為孩子設置障礙，為孩子提供一些克服困難的機會。因為耐心是堅強意志磨練出來的，越是在困難的環境中，越能鍛鍊孩子的耐心。要鼓勵他做事不能半途而廢，做好一件事要經過努力，才能完成。孩子經過努力完成一件事時，應該及時給予表揚，強化做事有始有終的良好習慣。

✧ **為孩子講有關意志力的故事**：家長可以經常為孩子講有關意志力的故事，告訴孩子，成功與失敗的差距往往只有一步之遙。只要咬緊牙關

堅持一下，勝利便在眼前。但是，許多人正是因為在前面的搏鬥中已經筋疲力盡，在最後的關頭，即使遇到一個微小的困難或障礙都可能放棄，最終功虧一簣。

✧ **培養孩子的信心**：培養孩子的信心，使孩子了解並發揮自己的長處。天下沒有十全十美的人，而正在成長的孩子們就更需要時間來體驗挫折，享受成功，進而認知自己。家長應該從孩子小的時候就給他一定的空間，讓他大膽嘗試，並允許他在嘗試中犯錯誤來獲得經驗。

家長在鼓勵孩子大膽嘗試的時候要注意，把焦點放在嘗試的過程和孩子付出的努力上，不要過分強求一個完美的結果。家長要經常表揚孩子，讓他有機會了解自己的優點和長處。這樣，當孩子遇到挫折時，就不會一蹶不振，輕易放棄了。

✧ **對孩子進行堅持力的訓練**：家長要經常告訴孩子，堅持就是勝利。對孩子堅持做事的習慣，家長應給予及時鼓勵，要求並督促孩子將每一件事情做完。在鍛鍊孩子意志的過程中，家長要盡量制定與孩子的身心發展相一致的任務。

✧ **讓孩子獨立解決問題**：無論是誰都不喜歡困難的問題和費力的事情，看到孩子做題慢或不能做出來而將答案告訴孩子的辦法是錯誤的。應該培養孩子獨立解決問題。

✧ **玩益智玩具**：讓孩子玩一些具有開發智力功能的玩具，例如：積木類。一個個小木塊堆積在一起組成不同的形狀，在這個過程中鍛鍊了孩子的耐性。此外，剪紙同樣也是一種培養孩子耐性的好方法。沿著畫好的線小心地裁剪，自然而然地鍛鍊了孩子的耐性。

✧ **從容易的教材入手**：對於沒有耐性的孩子而言，一開始就接觸較難的教材，會使孩子喪失學習興趣。如果從簡單的教材入手，等孩子能很

好地理解時再稍增加難度，這樣一來，孩子在一點點獨立完成學習任務的過程中便逐漸提高了耐性。

此外，要集中孩子的精力，使他們持久地沉浸在一種活動中。要讓孩子知道，生活中許多事是需要耐心和等待的。有時孩子餓了馬上要吃，渴了馬上要喝，想要什麼玩具當時就要買，家長可有意延緩一段時間，不要立刻滿足孩子的要求，以培養孩子的耐心。

「寶劍鋒從磨礪出，梅花香自苦寒來。」培養孩子的忍耐性，使孩子能夠集中注意力地完成學習和工作並不是一朝一夕的事情，也不是單靠幾件事情就能見效的，應該在生活的各個方面有意識地進行，堅持不懈地培養孩子堅強的意志力。這樣，孩子才能逐漸變得堅忍而自制！

▌別讓孩子沉溺於電視

電視是孩子認識世界的又一視窗，好處是顯而易見的。但如果孩子成天沉溺在電視中，對孩子的健康則是不利的。這是因為當孩子把大量的時間用於看電視時，他（她）與外界交往的機會就大大減少。長時間獨處，會使孩子的心理發育產生障礙。當孩子不看電視時，他就會變得焦躁不安。更有甚者，有一些孩子離了電視便茶飯不思。在這種嚴重的「電視癮」的影響下，孩子無法做到安心學習，專心上課。此外，電視還有迷惑催眠能力，即使是那些幾乎無法長時間專心的孩子也能在電視機前待幾個小時。之所以會出現這種情況，是因為電視可以設計不斷變化的聲響效果、畫面以及場景把孩子吸引住，這樣，他們就很難對那些相對靜止的活動保持專注了。也就是說，長時間給孩子看電視，對發展孩子的專注力有害無益。

第二章　把家庭變成孩子專注力成長的沃土

　　日本兵庫教育大學針對上千名三歲幼兒進行的一項調查指出，幼兒長時間看電視或錄影帶，可能對其注意力造成不良影響。

　　問卷調查是針對 3 歲 6 個月幼兒的家長進行的，有 1,180 人做了回答。

　　調查結果顯示，一天看電視不超過 4 小時的幼兒中，96.3％可注意到爸爸媽媽下班回來時的動靜，從而有一些迎接爸爸媽媽的舉動。如：幫爸爸媽媽拿拖鞋，幫爸爸媽媽拿水果等。而看電視超過 4 小時的只有 80.2％。

　　一天看電視不超過 2 小時的幼兒當中，有 95.1％可以耐心排隊等候盪鞦韆，2 ～ 4 小時的人也有 96.3％會耐心等待，但看電視超過 4 小時的只有 76.5％的人有耐心等。

　　看電視不超過 2 小時的幼兒當中，84％會主動幫助、照顧其他幼兒，2 ～ 4 小時有 86.4％，4 小時以上只占 60.5％。

　　數字是最有力的說服證據。看了以上的調查資料，身為家長的你，還會讓孩子沉湎於電視中嗎？

　　其實，長時間看電視並不是孩子內心的真正需求。很多媽媽可能會說：「不對呀！我家孩子最喜歡看電視了。」其實，孩子對電視如飢似渴的「需要」是因為內心空虛而引起的。

　　孩子也會內心空虛嗎？答案是肯定的。美國兒童心理學家普林格爾認為，兒童生來有愛的需求，有了解新事物的需求。從成人那裡獲得充足安全感的愛對孩子來說是第一位的。有了安全感，他才會充分利用自己的各種感官去感知周圍的事物，積極發展自己的才能。對於周圍的環境來說，孩子是一個真正的「參與者」。如果這些基本的、深層次的需求得不到滿足，孩子會退而求其次，透過別的方式來滿足自己內心的需求。

　　如同大禹治水，要疏堵結合才能見效。孩子幾乎是不可能不看電視

的，而且看電視對他的成長也並非有百害而無一利。家長要注意不放任孩子，不要讓他想看什麼就看什麼，以免他會盲目、隨意地找一些並不適合他的節目來看。不要讓孩子看太多複雜的成人節目，比如言情片、武打片、警匪片，因為孩子很難理解。有兩類節目較適合兒童去觀看，一類就是兒童文學，像一些兒童文學名著，童話改編的故事、卡通影片都是很好的；另一類就是知識類的，比如說大自然探險、動物世界、科學奧祕等節目對孩子也很有好處。讓孩子看這樣的電視節日，對他們的身心發展是很有益處的，因為兒童的觀察是一種直觀性的，年齡越小越不喜歡文字而喜歡畫面。

此外，可以引導學齡兒童多看一些新聞時事節目。在調查中發現，有些孩子由於學習壓力過大，沒有時間看電視，也沒有時間看課外書，結果孩子生活貧乏，連一些最基本的常識都不知道。

甚至，家長還可以引導孩子看廣告。一個開放的世界，也是一個廣告的世界，廣告都會用藝術的、誇張的手法去展示自己產品美好的一面。要提醒孩子不要盲從廣告消費，在看廣告時要引導孩子判斷哪些資訊是正確的、有用的，用其利而防其弊，這樣才可謂是成熟的廣告教育。

一定跟孩子商定看電視的時間，並嚴格遵守。當然時間的規定應和孩子認真地協商，然後定一個規則，定了規則之後就不能夠違反，一定要說話算話。如果孩子違反了，要有懲罰。例如：只要超過了時間，那就以兩天不能看電視，或者一個星期不能看電視為懲罰。一定要讓孩子遵守規定，做到說話算話，讓孩子對自己負責。

許多年輕的家長會說，孩子由於年齡小，對於不讓他看電視的要求往往以哭鬧來對付，聽著孩子的哭聲，許多家長只能「束手就擒」。其實，家長應該先申明規矩，如果孩子不遵守，就可以採取暫時冷落孩子的方

法。孩子因為看不上電視吵鬧，首先應不理他，如果孩子任性地摔東西，就要嚴肅地警告他：損壞東西要賠，並且更長時間不能看電視。

當然，家長也要約束自己。要求孩子有節制地看電視，家長當然要以身作則。現實生活中確實有部分家長缺乏其他消遣愛好，將所有的閒置時間都花在看電視上，如果自己不分時間看電視，卻要求孩子少看、不看電視，這是很困難的。

最後，家長應該將孩子的活動盡量安排好，使孩子不必用電視來填補時間的空白。如起床、三餐、點心、就寢、午休、戶外活動、室內活動、講故事、搭積木時間以及和小朋友玩耍的時間等，要有規律，要讓孩子的生活充實起來。

第三章
讓專注成為一種習慣

所謂「習慣」是指在長時期裡逐漸養成的、一時不容易改變的行為、傾向或社會風尚。從某種意義上說，一個孩子是否專注，取決於他（她）是否養成了專注的習慣，是否形成了專注的能力。一個習慣於專注的孩子，做任何事情都能自然而然地做到專心、投入，沿著既定的軌跡進行。因此，如果你總為孩子上課恍神、做事拖遝沒效率一類的事情煩惱的話，不妨從習慣入手，培養孩子的專注力。

第三章　讓專注成為一種習慣

▎習慣不好影響孩子的專注力

　　習慣之所以稱之為習慣，是因為它是經過長期重複地做，逐漸養成的，不自覺的行為活動，它具有延續的慣性。生活中，我們每個人每天的生活在很大程度上都是在沿著習慣的軌跡，做著機械重複的運動。孩子是否專注也一樣。如果孩子養成利於專注的好習慣，那麼，他做任何事情就都能夠專心致志；反之，如果孩子養成了不利於專注的壞習慣，自然也就沒有辦法不分心了。

　　樂樂小的時候，與大多數孩子一樣不喜歡吃飯。奶奶為了能讓寶寶多吃一口飯菜，常常追著他跑，而他也總是心不在焉的，一邊玩手裡的玩具一邊吃東西，或者一邊看電視一邊吃東西。

　　等樂樂上了一年級以後，媽媽發現，樂樂不管做什麼事情都不專心。比如說吃飯吧！他總是眼睛一直盯著電視，一頓飯將近一個鐘頭才能吃完，即便上課都快遲到了，他也一點都不著急；過馬路的時候，他總是這邊瞅瞅、那邊看看，走走停停；上課的時候他更是無法集中精神，他會一邊回味電視裡的情節一邊笑，或者一個人搞弄筆盒，把筆盒當車子開，渾然不知這是在課堂上……老師多次找樂樂的媽媽反映此情況，然而樂樂的媽媽卻一點辦法也沒有，如何才能讓樂樂專心點呢？她為此十分煩惱。

　　樂樂之所以過馬路心不在焉，上課分心，是因為他從奶奶追著他吃飯那時候開始就已經養成了不專心的習慣。這種習慣根深蒂固，要改正的話，是需要一定的時間與耐心的。

　　生活中，有很多不良的壞習慣影響到孩子專注能力的發展。具體展現在以下幾個方面：

✧ **生活雜亂無章**：一些孩子生活缺乏秩序感，自己的東西從來不整理，玩過的玩具和書包、本子一起堆在書桌上，也沒有整理書包的習慣，以至於書包裡放了哪些東西都不知道。上課時間總會因為找一件東西而大費周章，使注意力分散，影響到聽課。

✧ **做事情喜歡許多事情同時進行**：比如，有一些孩子習慣於一邊寫作業一邊吃東西，或者是一邊看電視，一邊吃東西……因為沒能做到一心一意，因此，他做什麼事情都拖拖拉拉，缺乏效率。

✧ **做事情沒有主次觀念，缺乏條理性**：有時孩子分不清什麼事情是主要的，什麼事情是次要的。比如做勞作與做作業，很明顯，做作業是主要的，應該先完成，而勞作是次要的，而且比較花費時間，應該等作業做完以後再做。可他偏偏不是這麼安排的，非要先做勞作。因為勞作花費的時間多，所以他往往是一邊做一邊著急，這樣既耽誤了時間，又沒有把事情都做好。

✧ **缺乏時間觀念**：缺乏時間觀念是很多孩子的通病。比如，週末的作業，他原本可以星期六早上就完成，但一心貪玩，就把作業放一邊了，等到星期天晚上，實在拖不下去了，才開始做作業。這個時候，一大堆的作業一起做，心裡著急，難免就亂做，於是越做越錯，越錯越做，心浮氣躁，更沒有辦法集中精神了。

還有的孩子好拖拉，本可以一個小時完成的作業，他偏偏這裡坐坐，那裡碰碰，拖到兩個小時乃至三個小時才完成。注意力不在學習上，怎麼能做到專心致志呢？

生活中影響孩子專注力的不良習慣還有很多，身為家長應該認真觀察，找出影響孩子注意力的各種壞毛病，加以修正，加以訓練，慢慢就能讓孩子改變壞習慣，形成好習慣。

第三章　讓專注成為一種習慣

一般來說，對孩子行為習慣的教育要抓住兩個轉化，即從理解向行為的轉化，從行為向習慣的轉化。對已經形成不良習慣的孩子，要抓住三個轉化，即從不良行為及錯誤理解向正確理解的轉化；正確理解向正確行為的轉化；正確行為向良好習慣的轉化。對已形成不良習慣的孩子，家長要更耐心。因為孩子由不良習慣轉到正確行為，既需要提高理解，又需要行為矯正。特別是需要孩子的意志努力和家長的嚴格訓練。

▌培養孩子做事的條理性

平平是一年級的小學生了，可是他一直不會整理自己的學習用品，經常忘帶課本、作業、文具和其他物品，家人替他送過好多次，為此老師還批評過爸爸媽媽。另外，在家裡平平也從不整理自己的用品，書架亂得一塌糊塗，家裡到處都是他的書，媽媽光收拾他的東西就得花上半天，可是過不了一兩天，又會亂成一鍋粥。

像平平這樣的孩子在我們的周圍並不少見。這些孩子缺乏條理性，他們的學習用品經常亂擺亂放，沒有次序沒有方法不分場合：書架上，橫豎站臥各種姿勢的書都有，長短大小各種規格的書都有，古今中外各種內容的書都有，床頭、窗臺、茶几、餐桌、沙發、鞋架到處都有沒看完的書，寫完作業後，課本、作業本、草算本、字典、鉛筆、文具盒、橡皮、尺子、轉筆刀、墨水瓶擺了一桌子，書包扔在地上，沒課表、沒作業記錄本，紅領巾、校服、鞋套、學具等亂扔一通。正因為如此，他們總丟三落四，不講秩序，不會整理，為自己的生活帶來了諸多的麻煩。

專家認為，孩子之所以養成了這些不良習慣，跟家庭教育是有很大關係的。

✧ 家長自己沒有好習慣，給孩子做了一個不好的榜樣。

✧ 家長對孩子的習慣養成不重視，忽視了生活細節對孩子的影響，沒有從小給孩子培養好的整理習慣。

✧ 對孩子過分溺愛，總是在替孩子「善後、擦屁股」。如，孩子學習完了，家長幫忙收拾；孩子的鉛筆斷了，家長幫孩子削鉛筆；孩子的筆盒落在家裡了，家長很及時地送去學校等。類似的做法讓孩子產生了極大的依賴性。從而養成了不整理、不善整理、不樂於整理的生活習慣。這對孩子的獨立性的培養是不利的。

對於孩子來說，從小培養其整理習慣，能使孩子做事更有秩序更有條理，這對孩子今後的工作與生活將有很大的幫助。

有一位年輕人，他大學畢業後去了一家圖書公司做編輯，他說：「生活有秩序幫了我的大忙，平時，桌子上的稿子非常多，我將它們一一分類，採用的、不用的、需要我本人修改的，從不混淆。改稿子的時候，我精神高度集中，不會因為忙亂而分心。」正因為如此，他的工作效率很高，工作很出色，很受器重。

正因為如此，家長應改善自己的教育方式，從小培養孩子自己的東西自己整理的好習慣。而要讓孩子養成整理、做事有條理的習慣，家長應做到以下幾點：

✧ 不能過分溺愛孩子，別總是代替孩子做他已經力所能及的事情。要從小處著眼著手，給孩子培養一個自己整理學習用品的好習慣，從小就鍛鍊孩子獨立的動手能力，這將使孩子受用終生。

✧ 演習遊戲。讓孩子在亂七八糟的書架和條目清楚的書架上找書，體會有條理帶來的好處。要出門旅遊了，卻找不見火車票、照相機、水壺，體會做不好準備帶來的麻煩。

第三章　讓專注成為一種習慣

✧ 讓孩子定期整理書包。孩子最好每月整理、刷洗一次書包。因為書包是孩子每天都要攜帶的，經常清洗可以清除細菌。同時，它的整潔也關係到個人的衛生面貌。背上乾乾淨淨的書包，會給自己一個好心情。

✧ 讓孩子和爸爸媽媽一起做家事，體會家長的辛勞，知道亂放物品是一種非常不好的習慣。

✧ 讓孩子整理自己的書桌，還要注意不要在書桌上堆放與學習無關的東西，這樣能讓孩子在學習的過程中保持專注。

✧ 讓孩子在自己的學習場所準備好所需的所有用具：紙、筆、直尺、草稿紙、削好的鉛筆、橡皮擦等。這樣，孩子學習的時候順手拈來，有助於提高學習效率，並從中體驗到整理為自己帶來的諸多便利。

✧ 家長可以有意帶孩子參觀書架、書包等用品整理得好的同學家，並且極力誇獎該同學，使孩子因不服氣而產生超過他的動力並付諸行動。

　　孩子只有養成做事情有條理的習慣，才不至於遇到問題手忙腳亂，才不至於因為缺乏條理性而分心。因此，家長應從小培養孩子做事有條理的好習慣。

▍要求孩子做事應一心一意

　　有一個《猴子摘玉米》的寓言，說的是 ——

　　有一隻猴子在田裡摘玉米，剛摘下一個，覺得前面的更好，就扔下手裡的去摘另一個。另一個到手，覺得還有更好的，到手的又扔掉，去摘那個「更好的」。不知不覺走到了地的盡頭，這時候，天色已晚，這隻猴子只好慌慌張張隨便摘了一個回去。回家一看，發現自己摘到的竟是一個爛玉米，可是，後悔又有什麼用呢？

　　看了這個故事我們也許會笑那隻猴子太傻。其實，這不是智力問題，

而是做事的態度問題，是牠做事態度太浮躁。生活中，有很多孩子就像這猴子一樣，做什麼事情都毛毛躁躁，根本無法專心做一件事情。比如，做作業時，他們會一下子做做數學，一下子做做國語，一下子又看看課外書，因為老是邊做邊玩，或者做著這件事情又想著那件事情，以至於他們做作業的效率低，本來一個小時就能完成的作業，往往要拖到兩三個小時才能完成。

那麼，如何才能改變這種現狀呢？其實，要改變這種狀況並不難，家長只要教給孩子正確的做事態度即可。一般來說，要想孩子把一件事情做好，家長應要求孩子一次只集中精力做好一件事情，當這一目標完成以後，再做另一件事情，這樣才能達到事半功倍的效果。如果總是做著這個，想著那個，其效果自然不佳。當孩子理解到這一道理，並將之付諸行動，自然就能提高他們的學習效率，從而取得優秀的成績。

要想孩子改變浮躁的做事態度，一次只集中精力做好一件事情，家長應做到以下幾個方面：

1. 根據作業的難易程度為孩子安排作業順序

研究表示，孩子開始學習的頭幾分鐘，一般效率都較低，隨後上升，15 分鐘後達到頂點。根據這一規律，家長可建議孩子先做一些較為容易的作業，在孩子注意力最集中的時間做較複雜的作業。如此一來，孩子的注意力也就跟了上去，學習的效率也因此得到了提高。

2. 培養孩子的耐心

要想讓孩子一次只做一件事情，家長還需要培養孩子的耐心。對於孩子來說，他們的自覺性和堅持性是與他們的耐心相連繫的。一個耐心越強的孩子，他的自覺性和堅持性就越高，辦事能力也就越強。

第三章　讓專注成為一種習慣

在日常生活中，當孩子出現缺乏耐力的表現時，往往是培養耐性的最好時機。家長可以抓住機會與孩子做幾個能夠吸引孩子注意力的遊戲，引導孩子加強耐性。

遊戲 1：玩拼圖

拼圖是一種趣味性較強的智力遊戲，不僅可以吸引孩子的注意力，也可以提高孩子的思考力。對於年幼的孩子，可以先玩一些簡單的拼圖，讓孩子在玩的過程中能夠獲得成就感，隨著孩子年齡的增大，逐漸玩一些複雜的拼圖。

遊戲 2：找不同

比較兩張圖或者兩件相似的事物，找出不一樣的地方。

遊戲 3：扮鬼臉

與孩子一起扮鬼臉，看誰扮同一個鬼臉的時間長。

在做遊戲的過程中，家長應該陪同孩子一起進行。當孩子的耐性增強的時候，家長要及時鼓勵孩子，可以給孩子設立獎勵卡片、獎勵表格，讓孩子從自己的進步中獲得成就感。

3. 從小培養及督促

從孩子能理解大人的話開始，家長就要注意幫助孩子逐步學會正確評價和判別自己行為的適宜度，讓孩子慢慢明白，什麼事應該做，什麼事不應該做。家長可從小就教育孩子，不管做任何事情，都應該一心一意，不能三心二意。只有集中注意力做一件事情，才能把事情做好。此外，家長還可以用《小貓釣魚》等故事教育孩子，啟發孩子。

4. 讓孩子明白一次只做一件事情，且認真做的好處

　　家長應該告訴孩子，一次只做一件事情，而且認真做的話，就可以省去做錯了重新再做的麻煩，這能提高自己的辦事效率。此外，這種只關注自己完成情況的工作態度，會幫助我們建立一種輕鬆愉快的心情，在自己的成就中快樂地完成任務。

5. 家長做出表率

　　有人做過一個試驗：讓幼兒看有關媽媽耐心做一件事情的錄影。結果，這部分幼兒比沒有看過錄影的幼兒更能專心致志地畫畫或者寫作業。可見，要想讓孩子一次只集中做好一件事情，家長是孩子的好榜樣。如果家長自己能以身作則，一次只專心做好一件事情，那麼，孩子的做事態度將隨之變得不再浮躁。

▌向孩子提出切實可行的要求

　　很多孩子因為身心發展的規律與特點，一般無法做到專心致志地做好一件事情。因此，要想讓孩子注意力集中地做某件事，家長應給孩子提出切實可行的要求。有位家長是這麼做的：

　　劉煒的爸爸聽老師說，劉煒在上課的時候經常注意力不集中，很多時候，老師問問題他都答非所問。為此，爸爸要求劉煒上課的時候必須全神貫注，具體地講就是要做到以下幾點：

◇ **眼睛盯著老師**：老師的動作、板書、推導和演算過程，都不能遺漏。

◇ **耳朵跟著老師**：老師講課的重點、講解的問題、強調的細節都必須聽清楚，弄明白。

第三章　讓專注成為一種習慣

◇ **筆頭要跟上**：聽課時的一些要點、聯想、感受，甚至靈感要隨手記下來，在書上也要有標注。

◇ **注意相關知識**：要邊看邊聽邊思考，注意相關知識的關聯，想得廣一點、深一點，總結出規律和方法。

爸爸意味深長地對劉煒說：「眼在、耳在、神在，那才叫上課。」

劉煒按照爸爸說的那樣做，上課注意力集中以後，再認真做作業，到期末考試，好像不用怎麼複習，拿出課本和筆記本一翻，老師講的都在眼前了。正因為如此，後來，劉煒的課業成績非常出色。

為此，劉煒深有感觸地說：「如果我爸爸只會要求我說『上課要集中精神，要聽老師的話，考試要考 100 分』，卻不告訴我具體該怎麼做，那我必定是一頭霧水。爸爸告訴了我，怎麼做才是全神貫注的表現。而我按照爸爸說的做了，也成功把注意力集中到學習上！」

劉煒的例子告訴我們，身為家長，與其因為孩子的注意力渙散指責孩子，不如對孩子提出切實可行的要求。

那麼，什麼樣的要求才算是切實可行的呢？一般來說，只要在孩子力所能及的範圍之內或者透過一定的努力能夠做到的要求，都是切實可行的。當然，對孩子提的要求，不僅要做到切實可行，還應該做到以下幾點：

◇ **對孩子的要求要始終如一**：也就是說，家長應該堅持執行始終如一的規章和紀律。如要求孩子每天放學以後，應該先做什麼，再做什麼，要形成制度。這樣，孩子就知道在某一時間該做什麼事情了。當這些事情做完以後，可以讓孩子自由安排自己的時間。如果家長對於孩子的要求總是一再變更的話，那麼，孩子必然會感到無所適從，從而逐漸漠視家長提出的要求。

✧ **對孩子提出的要求要明確、具體、簡潔**：孩子的思維具有形象、具體的特點，因此，家長對孩子提要求時要做到具體、明確、簡潔．切忌籠統、模糊或要求太高。否則，孩子對父母的要求不能正確理解，無法達到要求，或者乾脆置之不理。有兩位媽媽是這麼對孩子提要求的：

· **小麗的媽媽**

　小麗的媽媽外出前對小麗說：「今天你把自己的房間整理整理！」說完，媽媽就出門了。可是，小麗的媽媽回來後發現，小麗沒按照要求做，房間依舊亂七八糟。媽媽很生氣，把小麗教訓了一頓。小麗很委屈：「房間這麼多東西，你叫我如何收拾啊？」

· **言言的媽媽**

　言言的媽媽要外出了，在出門前，言言的媽媽對言言說：「言言，做完作業以後，你把書放到抽屜裡，把玩具放進紙箱，把衣服放到櫃子裡。」媽媽回來以後，言言果然已經按照媽媽的要求把這些事情做好了。

言言和小麗的例子告訴我們，要想孩子按照自己的要求把事情做好，最好的辦法就是告訴孩子該怎麼做，如果沒有給孩子明確的指令，那麼，孩子無論如何也不能把事情做得合乎大人的要求。

此外，對孩子的要求要有梯度，不要五六個要求一下子全提出來並讓孩子完全做到。有效果的辦法是讓孩子一個一個來，從最容易的做起，其他方面提醒他一下就可以了。

第三章　讓專注成為一種習慣

▎為孩子制定合理的作息時間表

　　我們經常聽到許多家長抱怨，自己的孩子整天坐在書桌旁學習卻沒有好的成績，真不知道這孩子學習的時候在做什麼呢？其實，家長們可能忽視了一個問題，孩子雖然整天坐在書桌旁，但不見得他們都在專心地學習。這是因為，孩子心理過程的隨意性很強，自我控制能力較差。因此，他們可能只是坐在那裡發呆，捧著書本卻心繫別處，或者望著天空想入非非。這樣的狀態，怎麼能夠學好知識呢？

　　對於孩子來說，合理作息尤其重要。休息好，孩子才能有足夠的精力去學習，提高學習效率。因此，合理安排好孩子的作息時間，會讓孩子覺得學習是一件快樂的事。如果家長整天讓孩子學習，不給孩子放鬆、休息、娛樂的時間，孩子自然就會對學習產生厭倦的情緒，導致學無成效。

　　任何一個孩子，他們的各種習慣都是從小養成的。科學合理的作息制度可以幫孩子養成好習慣，對孩子的生活和學習都是有利的。因此，家長應與孩子一起制定一個合理的學習時間表，讓孩子自己遵照執行，家長要做的，無非是給予孩子提醒。一般來說，孩子對根據自己喜好訂立的時間表，會比較主動地遵照執行，遇到管不住自己的時候，家長提醒，也不會叛逆，做起功課來效果也就好得多。

　　為孩子制定的作息時間表一定要考慮孩子的個性特點和實際情況，最好是讓孩子自己參與制定。下面的例子應該可以給我們的父母一些有益的啟示：

　　喬治的媽媽替喬治訂下了一個她認為十全十美的作息時間表：早晨 6 點起床；中午放學回家，吃完午飯後，做 1 小時功課，然後上學；下午回家，先補習 1 小時歷史，再看媽媽替他錄的卡通節目，然後有半小時的自

由活動時間；晚飯後可以休息一下或到附近公園散步；之後，回家溫習功課，然後上床睡覺。

喬治的媽媽以為這樣的作息時間表，對喬治的幫助肯定很大，誰知實行了沒幾天，她便發現喬治的功課愈做愈慢，有時候還打瞌睡；有時喬治的功課還未完成，他的同學布迪便打電話來問他有沒有看某個電視節目；每天晚上的散步也似乎令喬治疲累過度，根本不能在晚上集中精神學習了。

明智的媽媽發現時間表確實有問題，於是果斷地作出改動，午飯後讓喬治有點午睡時間，下午看了兒童節目才開始做功課，晚上的散步時間也視孩子的需求而增多或減少。時間表變得更具彈性，喬治的學習興趣也比從前增加了。

家長在為孩子制定時間表時，要注意長期、短期計畫相結合。長期計畫是在一個較長的時間內應達到的目標，長期計畫的第一步，是要注重孩子內在的思想和感情，而不只是關心他們表露在外的不滿和反抗。短期計畫雖然也是每天的具體作息表，卻應該注重「模糊概念」，比如不要具體規定幾點幾分起床、睡覺，幾點幾分吃飯、看電視、做作業，而應該是在幾點之前休息，幾點至幾點起床，作業必須在看電視之前完成，看電視不超過多少時間等。

總之，制定一個有彈性的、適合孩子性格特點的時間表，才會有助於孩子養成有規律的學習和生活習慣。

值得注意的是，在孩子高品質高效率地提前完成學習任務之後，家長千萬不可以再追加作業，這樣會造成孩子的反感，從而對學習感到厭煩。正確的做法是表揚孩子的高品質學習，並獎勵孩子一定的時間來休息和娛樂。

第三章　讓專注成為一種習慣

　　當然，家長在培養孩子作息有規律的良好習慣時，也應對自己提出遵守時間的要求：說好 6 點起床，絕不賴床到 7 點；說好 9 點睡覺，就不要因為有好看的電視節目而拖延時間。同時，家長在工作、生活、行為等方面都要盡量做遵守時間的榜樣，辦事不拖拖拉拉，還可以幫助孩子把重要的事情用圖畫、做標記的形式記在日曆上。

　　在引導孩子養成遵時守時的好習慣時，家長和孩子不妨相互監督。不管是誰，如果沒有做到遵守作息制度，就應該有一點小懲罰。如果孩子遵守了作息制度，就應該給予小獎勵。當然，不管是獎勵還是懲罰，都應該及時兌現。只要孩子掌握了一定的作息規律，一定能夠變得勤快而有效率起來。

▍讓孩子做時間的主人

　　愛因斯坦認為，人與人之間最大的區別就在於怎樣利用時間。因為每個人對時間的處理態度、安排內容、使用方式不同，所以他們的收穫也有不同。善於管理時間的人，能把一分鐘變成兩分鐘，一小時變成兩小時，一天變成兩天，能用有限的時間做很多的事，最終換來了成功。而不懂得管理時間的人，就只能任光陰虛度。

　　生活中，不善於利用時間的孩子有很多。比如，一些孩子在做功課時，沒有養成專注、集中精力的習慣，他們容易把本來一個小時可完成的作業，拖到數個小時，並且越拖心裡越覺得膩煩，越拖越懶得學習、懶得寫作業，就越不能專心。因此，要想改變孩子做事沒有效率、不專心這壞習慣。家長應從小培養孩子的時間意識，幫助孩子學會合理、有效地利用時間，做時間的主人。

　　一般來說，家長可以從以下幾個方面入手：

1. 讓孩子認識時間，從小培養孩子的時間觀念

家長應該讓孩子從小就理解到時間是每個人都擁有的，但也是最易失去的資源。把握時間、珍惜時間，就是掌握現在，不浪費時間。

2. 讓孩子遵循一定的作息規律

如讓孩子按照一定的時間睡覺、起床。如果孩子沒有時間觀念，連最基本的生活作息都會一團混亂，這樣，孩子上學遲到、曠課的事情就會經常發生。

家長可以和孩子一起制定一張作息時間表，什麼時間起床，洗漱要多長時間，吃早餐要多少時間，放學後先做什麼，然後做什麼，幾點睡覺等，都可以讓孩子做出合理的安排。只有把作息時間固定下來，形成習慣，孩子才能對時間有一個明確的理解，才能形成良好的時間觀念。

3. 正反利用孩子的「大腦興奮階段」

珍惜時間，不等於說學習時間越長越好，不舍晝夜，有張無弛，疲勞轟炸，只會導致神經衰弱，影響身體健康，學習效果自然也不會好。須知貪玩是孩子的天性，家長可以透過定期與孩子交流對時間的了解來準確了解其大腦皮層的最佳興奮時段。

每個人的最佳興奮時段是不太一樣的，比方巴金喜歡挑燈夜戰，艾青早上會詩興大發，福樓拜（Gustave Flaubert）則慣於通宵寫作。家長可與老師配合，把一天中比較重要的學習任務在這一時段交與孩子完成，這樣花較少的時間可以完成較多的工作，讓孩子產生一種有效利用時間的成就感。與此同時，有意識地將孩子玩的時間安排在大腦皮層的興奮處於抑制狀態的時間段，長期如此，會讓孩子產生一種「玩原來也這麼無趣」的心

第三章　讓專注成為一種習慣

理，從而在一定程度上截斷其貪玩費時的心理路徑。培根說得好：「合理安排時間，就等於節約時間。」此種方法亦有功效，而且長此以往還能逼迫孩子培養一種高效利用時間的習慣。

4. 指導孩子按照任務的輕重緩急安排學習順序

孩子往往分不清自己要做的事情的重要程度，他們的事情通常是由父母和老師來安排的。這是造成孩子不善於利用時間的一大原因。

事實上，只有充分理解到自己要做的事情與自己的關係，才有可能把這些事情都處理好。父母可以指導孩子每天把自己要做的事情按照重要程度和緊迫程度排列順序，保證把重要的事情都完成，把自己的時間和生活安排得井井有條。

5. 教育孩子掌握現在，馬上行動

家長對孩子的「身教」非常重要。在孩子面前，只要有了目標，家長就應該立即行動起來，即使尚未準備就緒也不要管它，重要的是行動本身。孩子耳濡目染，自會意識到：立即行動，才能真正掌握今天和現在。這樣可以讓孩子對時間產生一種緊迫感，做事不拖逗延宕，意識到時間是一逝而過的，抓不住，時間就溜走了。大畫家柯洛（Jean-Baptiste Camille Coro）曾對一位向自己請教，並表示「明天全部修改」的年輕人激動地說：「為什麼要明天？你想明天才改嗎？要是你今天晚上就死了呢？」所以家長應該告訴孩子：「如果你決心珍惜時間並想有所作為，那麼現在就行動吧！」

6. 每天尋找一個贏得時間的新技巧

　　培養孩子節約時間的意識能夠讓孩子對時間產生一種珍惜之情。如告誡孩子不要把時間浪費在對沒有做的事情的內疚上，也不要因後悔失敗而浪費時間。同時教孩子逐步養成一種習慣，那就是努力讓自己不要去浪費別人的時間，從而也為自己節約了時間。另外，還可將手錶撥快幾分鐘，以使孩子每天都能趕在時間的前面。還可讓孩子在閒暇時有意識地問自己：「此時此刻，如何才能最好地使用時間？」

7. 利用榜樣的力量

　　周曉波剛上小學的時候，沒有時間觀念，在時間的分配上，沒有輕重緩急之分，經常是玩累了，才想起還有遺留的作業。爸爸媽媽經常督促他，但效果不大。

　　後來，爸爸媽媽發現孩子喜歡找一個比他大幾歲的哥哥一起玩。這個小哥哥很自律，如果他沒有做完作業，哪怕周曉波打電話約他出來玩，他也斷然拒絕。曉波的媽媽趁機因勢利導，用讚賞的話語誇獎那個小朋友懂事，有時間觀念，能分辨輕重緩急。

　　從那以後，曉波慢慢地有了時間觀念，不再像以前那樣玩起來什麼都不顧了。

　　可見，要想孩子學會珍惜時間，做事有效率，家長應該懂得孩子的喜好，了解孩子，只有了解孩子，才能更好地教育孩子。比如，周曉波的爸爸媽媽就知道利用孩子的榜樣達到教育目的。

8. 採用獎勵制，促進有序安排

　　田田上三年級以前，經常放學回家後，先看課外書或玩，到喜歡的電視節目播放了，就看電視。電視看完後吃晚飯，晚飯後再做作業。這樣有兩大弊端，一是當作業較多，同時身體疲勞的時候，寫作業無法集中精力；二是學習效率低，使得他做事疲遝、品質不高。

　　從三年級開始，媽媽要求他放學後，抓緊時間獨立完成作業。晚飯後再完成需家長配合的作業，比如聽寫、背誦等。晚上 9 點睡覺前，多餘的時間可自己安排，比如看電視，上網等。而且，每星期都根據他的表現給予獎勵，比如，一週內，每天表現都很棒，假日帶他去吃一次肯德基。這樣一來，他的積極性瞬間提高了很多。漸漸地，他做事情、寫作業的效率變好了，基本上每天都能有一小時左右的時間可自由支配。

　　田田媽媽的做法是值得大家效仿的，但有一點需要注意，那就是，給孩子的獎勵不要過於頻繁，俗話說，物以稀為貴，分寸掌握的好，教育效果才會好。

▍教孩子學會自制

　　什麼是自制能力呢？自制能力是指在改造客觀世界中控制主體自身的一種特殊的能動性，是非智力因素或非智力心理特質的重要方面，是人的自覺能動力量。它不是消極的自我約束，而是內在的心理功能，使人自覺地進行自我調控，積極地支配自身，排除干擾，以合理的行為方式去追求良好的行為效果。

　　自制能力總是展現在自制行為中，自制行為是有意識的意志行為，它具有以下特點：

✧ 這一行為是指向個體自身的，而不是環境的。

✧ 這一行為是為了改變以後可能出現的行為反應。也就是說要求為長遠考慮，而不是只考慮眼前利益。比如，是先去看電視或去玩呢還是先做作業？自制能力強的孩子會先完成作業然後再去看電視或玩。

✧ 這一行為是為了相對長久的行為後果，而控制目前的行為。很典型的自制行為是學習。

✧ 在自我控制的行為中，相對於近期的後果，個體一定更偏重遠期的後果。

✧ 自我控制行為是現在與未來之間連繫的橋梁與仲介。

由此可見，自我控制總是產生於終止當前對我們最有吸引力的、誘惑力的、最直接的活動，它總是為了一個更長遠的目標或更大的滿足而終止眼前的小的滿足。只有抑制這些當下的活動才有可能使我們進行比較、記憶與決策。通俗地說，做任何一件有意義的事情，都需要具備堅強的意志、能夠抵禦一切誘惑的心理特質和精神。所以，自制能力不僅包括對行為的自制，也包括對情緒的自制。

孩子因為年紀小，自制能力差，當有新異刺激出現時，成人可以約束自己不去關注它，但孩子卻很難做到。可以說，自制能力差是導致孩子注意力分散的一個重要原因。

劉明今年上國中一年級，最近也不知怎的，他上課總是一副精神恍惚的模樣，課業成績也下降了不少。從劉明的媽媽那裡，老師了解到，原來劉明最近迷上了網路遊戲，回到家裡，他作業不做，書也不看，連晚飯都不吃就開始昏天黑地地打遊戲。有幾次，劉明的媽媽一大早就發現劉明待在電腦前玩遊戲，還差點因為打遊戲上學遲到。為此，劉明的媽媽沒少責備他。但劉明表面上答應媽媽不再玩遊戲了，可一轉身就把對媽媽的承諾

第三章　讓專注成為一種習慣

忘得一乾二淨。最近劉明的媽媽工作比較忙，也沒時間管劉明，所以，這種情況越發嚴重了。

為此，老師找來劉明談話，劉明也向老師承認自己迷上網路遊戲不好，但總是無法控制自己。

孩子能不能控制自己的行為是非常重要的。一個孩子如果沒有自我控制能力，就會盲目做事，很難做好與自己的發展密切相關的事情。比如，臺大一名大二的學生以優異的成績考進臺大以後，迷上了網路遊戲，從此一發不可收，整天耽誤功課，課業成績也是每況愈下，最後各門功課都不及格，導致被學校開除。

在生活中，這樣的例子並不少見，孩子因為不能自我控制做出傻事的也不在少數。而因為缺乏自制能力導致注意力分散的例子更是屢見不鮮。一般來說，孩子因為自制能力差導致注意力分散具體表現為：思想不集中；做事虎頭蛇尾，不能始終如一；或想到了，但做不到；或所謂「三分鐘熱度」。凡此種種，嚴重影響到孩子的做事效率和課業成績。因此，要培養孩子的注意力，家長應有意識地提高孩子的自我約束能力。

眾所周知，人的情感、欲望和興趣這些非智力因素是人的行為動機和毅力的重要因素，但這些因素又帶有自發性。情感如不經過自制機制的加工處理，任性而動，任情而為，就會出現一種非理性的行為，必將偏離正確的軌道，很難收到預期的效果。這說明自制能力具有一種特殊功能，它能調動其他非智力因素的積極方面，消解它們的消極方面，使一個人按著理性的要求去行動，從而克服各種放任、散漫、無恆心、無決心的情況。因此，我們也可以說自制能力在這個非智力因素的動力系統中有著一種樞紐的作用，從一定意義上，還可以說它是這個動力系統的調節器和保險閥。自制能力，能夠保證人的活動經常處於良性運行的軌道上，從而可以

積極、持久、穩定、有序地實現一個又一個目標。

對此，每位家長都要有足夠的理解，但是也不必為此過分著急。因為這是一般兒童的通病，只要從他們的實際出發，不放過每一個時機，嚴加訓練，持之以恆，孩子的自制能力就一定能逐步增強起來。例如：早起、鍛鍊、按時作業、有節制地花錢等等，都要明之以理，使孩子們能立下志願，加強自制，注意訓練，養成習慣，從而在習慣中形成優良的特質。具體地說，家長可以從以下幾個方面入手增強孩子的自制能力：

1. 要教會孩子自制

家長應向孩子展示自制，因此你要當一個活生生的自制榜樣。

有個心理學實驗，讓幼兒看有關「自制力」的錄影，比如等媽媽來了再吃餅乾、公共場所不亂跑、參觀畫展時不亂摸等，結果這部分幼兒比沒看錄影的幼兒自制力強。可見，自制需要榜樣。

生活中孩子最容易模仿的對象是父母，父母的自制力表現會影響孩子自制力的發展。比如有位媽媽跟朋友打牌，孩子就坐在電視機旁做作業；週末你沒按時起床，孩子也趁機躺在床上看小說，放棄英語早讀；父母忙起來顧不上整理房間，孩子書桌上講義、卷子、本子也越堆越亂……所以，一個衝動的、情緒不穩定的、行動缺少自制的父母，必須先教育自己增強自制力，才能幫助孩子建立自制力。

2. 不要讓孩子接觸暴力的電視、音樂、電影和電子遊戲

要注意電視、音樂、電影和電子遊戲上暴力的等級，然後明確無誤地對孩子定下要求，而且以後要堅持實踐這些要求。

許多孩子知道迷戀遊戲不好，但屢戒屢犯。可見自制力是一種毫不含糊的堅定和頑強的毅力。有的女孩子一度沉迷言情小說，不僅成績下滑，

還精神不振。但有的孩子意識到問題的嚴重性後，說不看就不看，克制力非常強。孩子強大的自制力並非天生，而是得益於我們從小對其進行的意志力培養。一般來說，家長會在孩子成功之後給予讚美和鼓勵，對孩子活動過程中的自制和努力也不會視而不見。

有位父親是這樣教育孩子的：孩子自制力很差，做事丟三落四，學習用品亂扔亂放，看電視沒完沒了，作業馬馬虎虎，弄得學習和生活都一團糟。父親決定透過規則和紀律，來幫助兒子擁有自制力。他先找兒子談心：「有人作息沒規律，損害身體，進而影響學習，甚至弄得心情很差。可見，不按時睡覺、起床的小缺點也會造成嚴重的後果。」

孩子說：「我也想改正缺點，但就是控制不住自己。」

父親說：「那就讓規則來牽制你。」

經過討論，父親和孩子簽下暑期規則：每天只喝一次冷飲；每天看半小時卡通；做完一門功課，收拾好課本再做另一門功課；晚上 9 點 30 分上床，背兩個單字後熄燈；平時打籃球 1 小時，自己洗運動服。

規則不多，只有 5 條，但訂了就堅決執行，不隨便不遷就，更不允許恣意妄為。兩個月時間，孩子進步神速。

因此，對孩子訂立規則，要求他持之以恆地執行規則，對於自制力的培養十分有益。

3. 透過特殊訓練來培養孩子的自制能力

為了更好地培養孩子的自我控制能力，家長可以對孩子進行某項特殊訓練，如透過練琴、書法、繪畫等活動來培養孩子的自制力。訓練時，最好固定時間、固定地點進行，因為這樣可以形成心理活動定向，即每當孩子在習慣的時間和地點坐下時，精神便條件反射地集中起來。

4. 透過獎勵的辦法鼓勵孩子提高自制力

例如：一個平時寫字總拖拖拉拉、漫不經心的孩子，如果你承諾他認真寫字，按時完成任務之後，會給他一些他喜歡的禮物，他一定會沉澱下來，集中注意力認真地學習。值得注意的是，家長盡量不要對孩子的努力給予可觀的報酬。

幫助孩子建立一種內在的獎勵制度，這樣他就能對自己做好的工作感到滿意。比如，帶孩子到商店去以前，要預測到孩子要求買玩具而哭鬧，父母事先要和孩子講好條件，只准看，不准買，不聽話就不帶你去。如果孩子表現好，答應他回家後給予糖果以示獎勵。

5. 透過遊戲或者活動強化孩子的自制力

家是孩子透過不斷摸索學會控制衝動最好的場所。要在遊戲與活動中，不斷強化孩子的自制力，使他最終能應付自如。

有這樣一個例子：孩子剛上學，還不適應小學生活，加上性格外向、急躁，更加難以控制自己。有的時候上課插嘴、坐不住，甚至搶同學的文具。對 7 歲左右的孩子，說教很難發揮作用。後來，孩子的媽媽發現在家庭的遊戲和活動中培養孩子的自制力效果極佳。比如讓他當老師，他就很有耐心和禮貌；學校安排安全教育活動，讓孩子當交通警，他竟能站 15 分鐘「指揮交通」而不亂動。活動和遊戲能讓孩子的自制行為日益累積，內化成為習慣。因此，家長應鼓勵孩子參與活動和遊戲，孩子便能在自然生動的條件下提高自制力。

6. 透過道德操練增強孩子的自我控制能力

孩子需要操練作出道德上的決定，因此要幫助孩子思考可能產生的結

果，然後引導他去作出安全正確的決定；這樣，他最終將學會在沒有幫助的情況下正確行事。

　　家長也要讓孩子知道「為什麼要這樣做，不要那樣做」，讓孩子逐漸具有評價自己行為和情緒的能力，掌握相應的規則。有的家長總覺得和孩子講道理是白費力氣，不如直接命令，其實真正的自制恰恰來自於孩子的理解。家長既不能無原則地遷就孩子，也不能放棄說服教育。堅持說服教育，孩子就會掌握一套評價自己行為的規則，達到真正的自制。

　　當孩子為自己的需求得不到滿足而煩惱時，家長可以有意識地引導孩子形成積極的思維：這一切都是暫時的，自己的需求過不久也會獲得滿足。例如：孩子和別的小朋友爭搶玩具，在沒有得到玩具時，你可以教他這樣安慰自己：「現在讓給他玩，過一下就可以輪到自己了。」

　　總之，在管教孩子的過程中，家長要注重把對孩子外在的約束力轉化為他自己內心的自我控制能力。這樣，孩子才能逐漸提高自我控制能力，使注意力變得集中。

▌培養孩子的思考習慣

　　德國物理學家普朗克（Max Planck）曾經說過：「思考可以構成一座橋，讓我們通向新知識。」喜歡動腦筋思考的孩子內心充滿了好奇與求知的欲望，在求知欲的驅使下，這些孩子更加熱衷於學習與求解。學習的主動性更強，而注意力也更集中。可以說，培養孩子思考的習慣，等於為孩子的能力安上了「驅動器」，在未知的驅動下，孩子必然能成為一個注意力集中，優秀而傑出的人才。

　　因此，家長應該鼓勵孩子以積極主動的態度對待學習，在學習時善於開動腦筋思考問題，學習時要多動腦筋，多提問題，這樣學習的效率才會

提高，學習的能力才能加強。那麼，家長應該怎樣培養孩子勤於動腦、思考的習慣呢？

專家建議：家長可以從以下幾個方面培養孩子的思考習慣：

1. 不要直接回答孩子的問題

低年級的孩子總有問不完的問題，而且喜歡打破沙鍋問到底。有些家長為了省事，直接把答案告訴孩子。這樣的確能馬上「打發」他們，但從長遠來說，對發展孩子的智力沒有好處。因為家長經常這樣做，孩子必然依賴家長的答案，而不會自己去尋找答案，不可能養成獨立思考的習慣。因此，當孩子提出問題時，應該啟發孩子，提醒他們運用學過的知識、看過的書、查找到的資料等去尋找答案。當孩子自己得出答案時，他們會充滿成就感，也更願意自己動腦。

2. 讓孩子經常處在問題情境之中

家長不但要學會耐心地回答孩子的提問，還要主動、積極地發現一些問題去問孩子，引導孩子觀察事物，激發他的質疑興趣和欲望。向孩子提出問題時，要符合他的年齡特點和知識範圍，如果問題提得過難或過易，都會挫傷孩子思考的積極性。當孩子圓滿地回答了家長提出的一個個問題後，他會感受到獲得成功的喜悅。

此外，家長還可放下架子向孩子「請教」一些問題，還可以在家庭遇到一些疑難問題時去和孩子商量。這些做法，可以促使孩子主動思考。

3. 參與到孩子的思考中

要培養孩子勤於動腦、獨立思考的習慣，家長還要善於發現孩子的問題。在孩子遇到問題，並表達給家長的時候，家長要積極參與。

第三章　讓專注成為一種習慣

如果你陪孩子去參觀一個攝影展覽，對於展出的作品，你可以發現他的興趣點，可以一起去討論，去評價，更可以問他一些問題：為什麼認為這個作品好，你的理解是什麼，別人的理解是什麼，為什麼不同等等。

如果你陪孩子參觀一個科技展，他的問題會更多，這是什麼材料，這個設施有什麼功能，為什麼等等。對於這些，可以鼓勵他多問問展臺的工作人員，當你碰到孩子提的問題一時難以解答時，千萬不要厭煩或簡單化處理，最好是告訴孩子：「這個問題還真難，我也不太清楚。等我查查書，或問問其他朋友後告訴你。」注意要說到做到。當然，現在有網路，可以和孩子一起查查感興趣的問題。

平時，父母要利用機會與孩子交談，透過交流激發孩子思考。但是，要注意的是，討論問題時，要盡量談一些有利於孩子獨立思考的問題，而不是代替孩子去思考。無論是當孩子碰到問題時，還是給他們提一些具體的建議，家長都要引導孩子獨立地進行創造性的思維，用自己已掌握的知識和經驗，針對要解決的問題，發現新的具有創造意義的解題方法。

5 歲的晨晨是個愛問問題的孩子。有一次，晨晨從幼稚園回來，神祕地問媽媽：「媽媽，你知道唾液是什麼味道嗎？」

「不知道。」媽媽坦白地說。

「唾液是臭的！」晨晨肯定地告訴媽媽。

「你是怎麼知道的？」媽媽好奇地問道。

「我把唾液舔在手心，一聞，真臭！」說著，晨晨還做了個示範。

媽媽煞有介事地聞一聞，皺著眉頭說：「果然很臭，這是一個重大發現！唾液在我嘴裡待了這麼多年，我怎麼都不知道呢？可能是『久聞不知其臭』吧！」

晨晨一聽媽媽這麼說，非常得意。

「可是，唾液為什麼會這麼臭呢？」媽媽不解地問晨晨，「媽媽也不知道，你說該怎麼辦？」

晨晨歪著腦袋想了想說：「那我們上網查一查吧！」於是，母子兩人忙開了……

從此，每次從幼稚園回來，晨晨都要問媽媽一些莫名其妙的問題。

長大後，晨晨很有創意，做事也有自己的主張，從來不會人云亦云。

一個成功的家長，總是善於引導孩子去思考！晨晨的媽媽無疑就是這麼一位成功的家長！她在參與的過程中，充分調動了孩子思考與發現的積極性，讓孩子從思想上獨立出來！

4. 讓孩子自己獨立去思考、去判斷

在生活中，家長應該提供一些機會給孩子，讓孩子自己去思考、去判斷：什麼是對，什麼是錯，什麼應該做，什麼不應該做。能不能全面而深入地思考問題，決定了一個人思維的深度和廣度，也決定了結論的正確性。

美國物理學家利奧‧雷恩沃特（Leo Rainwater）小時候非常善於思考，他能夠從其他人熟視無睹的事物中想到一些更深層的問題。

雷恩沃特上小學的時候，在一次國語課上，老師問道：「同學們，你們說 1 加 1 等於多少？」

「等於 2。」同學們異口同聲地回答。

只有雷恩沃特若有所思地看著老師，沒有回答。

老師有點疑惑，就問他：「雷恩沃特，你怎麼不回答呢？難道你不知道這個問題的答案嗎？」

雷恩沃特想了想，對老師說：「老師，我不是不知道 1 加 1 等於 2，只

第三章　讓專注成為一種習慣

是，您為什麼要問我們這個簡單的數學題呢？您是不是有其他的答案？」

聽了雷恩沃特的話，老師感到非常高興。因為，老師提這個問題的目的被雷恩沃特言中了！老師微笑著對大家說：「同學們，雷恩沃特說得沒錯。從數學的角度來說，1 加 1 等於 2，但是，從其他角度來說，1 加 1 未必等於 2。就像我們今天要學的這篇文章裡所說的，兩個人互相幫助，兩人的力量就大於他們的力量之和。所以，我們要互相幫助，互相關心，樂於助人。」

在鼓勵孩子獨立思考方面，家長有很多事情可以做，最簡單的就是傾聽孩子敘述自己的想法。儘管孩子的想法常常是天真、幼稚，甚至可笑的，但家長一定要按捺住想改正他的衝動，抓住他談話中有趣的、有道理的論點，鼓勵他深入闡述，讓他嘗到思考的樂趣，增強自我探索的信心。

5. 跟孩子一起收集動腦筋的故事和資料

他的問題會更多，這是什麼材料，這個設施有什麼功能，為什麼等等，

動腦筋的故事和資料很多，家長和孩子共同收集，整理好放在家裡。閒置時間，大家可以翻閱這些資料，互相討論感興趣的問題。

6. 舉辦家庭智力競賽

利用節假日進行家庭智力競賽，家長和孩子輪流做主持人，準備小獎品或其他獎勵。為了增加氣氛，可以請親友或其他小朋友參加，這樣既可以令家庭充滿溫馨，也可以讓孩子在遊戲中體會到勤於動腦、獨立思考的樂趣。

總之，為了培養孩子勤於動腦、獨立思考的習慣，家長要經常創造動腦筋的氛圍，鼓勵孩子多想、多問、多實踐。

給孩子規定任務和期限

歡歡是個貪玩的孩子，他總是一回到家裡就把書包一丟，匆匆忙忙到社區裡找小朋友玩，常常玩得連作業都忘記了。

剛開始的時候，歡歡的爸爸媽媽認為孩子還小，貪玩是正常的，等孩子大了以後就會有所好轉。然而，歡歡貪玩的性格非但沒有改過來，反而愈演愈烈。老師在上課，他在想著下課跟誰玩、玩什麼。好不容易在家寫作業，他也是皺著眉頭，三心二意，對著窗戶探頭探腦的，擔心社區裡的小朋友出來時，找不到他。

總之，歡歡的注意力全在玩樂上，功課則拋到九霄雲外。

在這個案例中，歡歡之所以學習缺乏注意力，貪玩，與家長的疏忽有很大關係。事實上，如果孩子從小就建立起一種任務感，就不至於發生以上這樣的事情了。

相信不少家長都有過這樣的經驗，如果主管要求你在 3 天內完成某項工作，這時你就會集中精力，全力以赴，提高工作效率。相反，如果主管說這項工作什麼時候做出來都行，你可能就很難集中精力來做這件事，工作效率也不會高。同樣，孩子學習時間或內容也應該有個明確的規定，這樣，他就會把全部注意力集中起來，傾注在規定的期限之內，從而提高學習效率。有些家長不知道這個道理，只是一味地要求孩子坐到他自己的小桌子旁，只要孩子坐在那裡，他們就以為孩子在學習，就感到心滿意足了。有的家長則只是一味地督促孩子看書，至於看什麼，看到什麼時候則沒有明確要求，可憐的孩子不知道何時才能結束，他會感到特別累，易生疲倦，自然不容易集中注意力。

因此，要想孩子學習有效，且能做到注意力集中，家長在督促孩子學習的時候，一定要明確告訴孩子這次的學習任務是什麼，應該在什麼時間

第三章　讓專注成為一種習慣

內完成。當孩子明確了自己的學習任務與期限以後，就會產生一定的緊迫感，從而做到集中注意力，提高學習效率。

當然，如果孩子完成了規定的任務，家長就應該讓他休息，或者讓他做些別的事，千萬不要再重新為孩子安排作業。因為那樣，孩子就會覺得爸爸媽媽說話不算話，就不會再信任家長了，以後再給他任務，他就不聽了，有的甚至會故意拖延時間，或者心不在焉地學習。到那時，再想讓孩子集中注意力來學習就很難了。

此外，家長還應該控制孩子每天需要完成的作業量，如果家長為孩子安排的作業過多，超過了孩子注意力穩定的時間，應該讓孩子一部分一部分地來完成，使孩子的學習有張有弛，這樣有利於孩子集中注意力，提高學習效率。如果家長不允許孩子中途休息，長時間地讓孩子做作業，甚至坐在孩子的旁邊監督，還嘮叨不停，就容易使孩子產生牴觸心理，從而失去學習的興趣，注意力也就不能集中。

除此以外，家長還應該給孩子玩的時間。許多家長認為孩子由於作業做得太慢而沒有了玩的時間，因此就不斷地催促孩子、埋怨孩子，甚至懲罰孩子更長時間地學習，其實，孩子是因為父母把自己的時間安排得滿滿的，完全沒有自己支配的時間，才會不珍惜時間，才會拖拖拉拉的。在這種沒有希望、沒完沒了的學習過程中，孩子的心態是消極的，沒有目標，沒有興趣，往往心煩意亂、錯誤百出，時間又拖得很長，結果造成了惡性循環。

給孩子一定的自由支配時間，讓孩子去做自己想做的事，注重培養孩子的學習興趣和主動性。比如，有的家長要求孩子每天放鬆一小時。在這一小時內，孩子可以玩、聽音樂、休息等，不管做什麼，家長都不去干涉，等孩子情緒比較穩定和愉快，有了學習的興趣和主動性時，就會比較願意開始較長時間的艱苦學習，學習效果也會更加理想。

教育孩子做事要有計畫

在生活中，常常聽到一些家長抱怨孩子做事、學習效率低下，沒有主次觀念，生活無規律等。那麼，如何能夠讓孩子高效學習、規律生活呢？很重要的一點就是幫助孩子學會有計畫地做事情。

德國人非常注意做事的計畫性，在子女教育問題上，他們也是十分注重引導孩子做事講究計畫。

如果一個孩子對爸爸說：「爸爸，我週末想去郊遊。」他的爸爸不會直接說「好」或者「不好」。他會問孩子：「你的計畫呢？你想跟誰一起去？到什麼地方去？怎麼去？要帶什麼東西去？」如果孩子說：「我還沒想好。」爸爸就會對他說：「沒想好的事情就不要說。如果你要去，就要先做計畫。」從這個例子可以看出，德國人做事嚴謹，做事之前往往都會有周密的計畫，這是從孩童時起由家庭教育培養出的習慣。

「凡事豫則立，不豫則廢。」做事有計畫對於一個孩子來說，不僅是一個做事的好習慣，更重要的是反映了他的做事態度，是孩子能否取得成就的重要因素。對於孩子來說，做事有計畫是一種需要終生保持的良好習慣。因為它可以幫助孩子有條不紊地處理學習和生活中的事情，而不至於手忙腳亂、無從下手。做事沒有條理的孩子，不僅無法很好地料理自己的生活，也無法很好地進行學習！如果孩子在長大成人之後，依然做事沒有條理、沒有計畫，肯定會比其他人走得更辛苦、更艱難，在成功的路上也更容易遇到障礙。可以說，讓孩子從小學習有計畫地做事情，對他們的一生大有裨益。

那麼，家長應如何培養孩子做事有計畫的好習慣呢？

第三章　讓專注成為一種習慣

1. 告訴孩子做事情要分清先後

　　要想孩子養成有計畫做事的好習慣，家長就應該讓孩子知道，任何時候做任何事情，都應有主次之分。一般情況下，主要的、重要的事情要先做，不重要的事情、次要的事情可以放在後面完成。如果孩子懂得了這一原則，做事就會變得有條理起來。

2. 和孩子一起做計畫

　　要想孩子養成做事有計畫的好習慣，家長可以把自己在工作和生活中制定的計畫示範給孩子，讓他們觀摩領會。把自己的家庭計畫告訴孩子，徵求孩子的意見，讓孩子幫著作計畫。比如，「春節」來臨了，可以這樣對孩子說：「我們來制定一下這幾天的計畫吧！第一天去看望你的姥姥，第二、第三天去郊遊，第四天去動物園、海洋館參觀，第五天去書店購書，第六天到兒童活動中心去玩，第七天在家休息。你注意觀察和學習，把這一長假的見聞記下來，你覺得這樣安排好不好？」

　　如果孩子對家長的計畫提出了疑問或者孩子有了計畫的意識後，那麼，家長就可以讓孩子來安排、計劃一下了。比如，郊遊時，孩子喜歡到有動物、有果園的地方去，家長可優先安排到這樣的地方去；去公園遊玩，孩子往往會喜歡玩一些新奇刺激的活動，像碰碰車什麼的。於是，可以讓孩子將一些活動，如划船、拍照、玩碰碰車、釣魚，按次序和時間來安排，既要照顧大家，也要考慮個人的喜好。如果孩子安排的合理，就按照孩子的安排去做；如果安排的不合理，就要告訴孩子為什麼。

　　這種實踐性的鍛鍊最能培養孩子做事有計畫的習慣。這樣不僅可以幫助孩子理解計畫的重要性，還能讓孩子學著去安排自己的事情。

3. 讓孩子按計畫辦事

當家長和孩子一起制定了某項計畫後，必須讓孩子按計畫辦事，不能隨意更改，也不能半途而廢。對學齡前的孩子來講，家長應該要求他們在玩的時候把玩具拿出來，玩完以後自己把東西收好；對小學生來說，就要要求他們看書做作業的時候要認真，寫完以後才能去玩；對於中學生來說，應該要求他們做事有責任心，自己掌握做事的進度。

當然，有時，因為事前對任務的難度和所需要的時間估計不足，計畫也會有不當之處，這時家長可以引導孩子學會調整計畫，使其更合理。

4. 教會孩子事前作計畫

如果一個孩子對媽媽說：「媽媽，我週末想去打球。」媽媽可以模仿德國家長的做法，不直接說「好」或者「不好」。而應該問孩子：「你想跟誰一起去？到哪個地方去？怎麼去？要帶什麼東西去？」如果孩子說：「我跟曉明一起去，但具體怎麼去我們還沒商量好。」這個時候，家長就應該告訴孩子：「那你們先商量好了，計劃好了，再來告訴我！」慢慢地，孩子就會養成做事嚴謹的習慣，在做事之前會擬出一個比較周密的計畫。

還有，當孩子提出某項請求時，家長可以問孩子：「你的計畫呢？」不僅如此，身為家長要耐心地與孩子討論他的計畫，並使計畫切實可行。久而久之，孩子就能養成良好的習慣。

5. 在家事中培養孩子做事情有計畫的習慣

在日常生活中，一些小事不能輕視，因為這些小事有助於培養孩子有計畫做事的好習慣，特別是一些家事。例如：打掃房間，房間擺設井井有條，用過的東西放回原處，以免需要的時候卻找不到；晚上睡覺之前整理

好書包，準備好第二天要穿的衣服等。當然，讓孩子養成做事有條理的習慣不是一朝一夕的事，需要家長的耐心和恆心，還要善於抓住教育的契機進行適時引導。

6. 教育孩子做事情有計畫還要克服惰性

有計畫地做事，還需要克服惰性，當天的事要當天做完。如果難以完成的事情不斷累積，最後越積越多，計畫就會被弄得亂七八糟，很可能要花費數倍的時間完成要做的事情，這樣做事很容易不了了之。

7. 計畫應張弛有度

不能急於求成，做好一件事情也需要一步一步地來。一個好的計畫應該是適當休息、有張有弛的。時間安排得太滿，會使孩子長時間處於緊張狀態，得不到放鬆，並因此積蓄壓力。時間安排得太鬆，又會使人懶散。

張弛有度的節奏能幫助孩子更有效率地達到目標。所以幫助孩子制定計畫的時候，不能太心急，一定要根據孩子的實際情況確定節奏，如果在實施過程中覺得不是很妥當，還可以根據實際的進程進行調整。

總之，培養孩子有計畫做事，不能著急，讓孩子逐步養成先計劃後辦事的習慣後，孩子也就在無形中養成了良好的做事習慣，不再盲目行事。

▎適當休息才能更專注

王穎今年國三，她的目標是上北一女，因此學習非常刻苦。在學校裡，她上課注意聽講，下課除了上廁所外，從來不出去，有一點時間就擠出來看書。晚上也會學習到深夜才休息。爸爸媽媽看著孩子如此刻苦，心裡非常欣慰，以為孩子如此努力，考重點高中肯定沒有問題。

　　然而，令人失望的是，升學考試成績出來後，一向名列前茅的王穎不但沒有考上北一女，名次還跌到全年級 20 名之外，與她嚮往的北一女擦肩而過。王穎的父母實在想不通，女兒幾乎把所有的時間都用在了學習上，為什麼成績卻變差了呢？

　　事實上，王穎之所以勞而無功，是因為沒有注意適當休息導致的。

　　從生理學上來說，大腦活動的基本規律是興奮與抑制的轉換。因此，要注意學習與休息的交替。合理地安排學習、工作、課外活動和休息的時間，能調節大腦各個區域和諧的活動，使工作、學習效率提高。所以家長在家輔導孩子學習時，要注意適當休息。

　　首先，適當休息有利於孩子提高學習效率。腦是全身新陳代謝最活躍的器官，對氧的需求量很大，約占全身氧消耗量的 1/4。當人們從事艱苦、緊張而又繁重的腦力活動時，大腦皮層處於高度興奮狀態，對氧的需求量劇增。長時間用腦會使全身血液循環減慢，流經大腦的血量減少·引起暫時的「腦貧血」，致使大腦疲勞。這時，生理上表現為感覺遲鈍，動作不協調、不準確，肌肉痙攣麻木等；心理上表現為注意力不集中、思維遲鈍、反應速度降低、記憶力下降等，長期下去，就有可能導致神經衰弱症。可見，只有按照大腦活動規律，合理科學地使用大腦，才能提高學習效率，而科學使用大腦的最佳方法是適當休息。

　　其次，適當休息有利於孩子穩定情緒。孩子大腦疲勞過度的突出表現是情緒躁動、憂慮、厭煩、倦怠，甚至感到無聊；產生不良心境、厭學等。

　　情緒是因由客觀事物是否符合主體的需求與願望而產生的情感體驗。情緒具有兩極性，表現在積極的增力作用和消極的減力作用上。積極的增力性情緒能提高人們的活動能力。愉快的學習情緒能鼓舞孩子堅持進行學習活動，甚至於忘我地奮鬥。然而，這種奮鬥一旦過度，引起大腦疲勞，

第三章 讓專注成為一種習慣

就會出現消極的作用。而消極的減力性情緒則會降低學習能力和學習效果，並且有害於健康。當孩子在學習過程中出現過度緊張狀態時，家長應引導孩子進行一些其他活動來轉移情緒指向，使緊張的情緒鬆弛穩定，逐漸恢復良好愉悅的心境，然後再重新學習。

第三，適當休息有利於孩子增強記憶力。學習作為智力活動，必須以良好的記憶力為基礎。有的孩子由於用腦過度，違背記憶規律，結果事與願違。學習時間持續太長，就會抑制記憶，造成遺忘，反而得不償失。所以家長在輔導孩子學習時，要注意利用記憶規律，保證孩子有清醒的頭腦進行記憶活動。還要注意記憶方法的多樣化，記憶方法得當，不但可以提高記憶效率，而且可以節省腦力，延緩腦力疲勞的發生。

適當休息如此重要，因此，家長要教孩子學會適當休息、科學用腦，合理安排學習時間，有計畫地進行學習。這樣不但能夠提高孩子的學習效率，增強孩子學習的積極性，還能增強孩子的記憶力，穩定孩子的不良情緒等，為孩子的學習進步打下牢固的基礎。

要想讓孩子做到適當休息，高效率地學習，家長需要從以下幾方面做起：

1. 學習要聚精會神

曉棟平時學習總是心猿意馬，看樣子是在學習，其實他的心裡想的卻是出去找小朋友們玩，旁人有什麼舉動或者說了什麼話，他都會受到影響。因為曉棟心思沒放在學習上，他的作業也常常錯誤百出，一些很簡單的題目也會做錯。

曉棟的爸爸看著孩子心不在焉的樣子，再看看孩子的課業成績，知道這樣下去孩子不會有任何進步。於是，他要求孩子學習時要聚精會神地

學，否則就不放他出去玩，並且有意識地訓練孩子的注意力。經過一段時間，曉棟在學習時用心多了，學習效率也提高了很多。

曉棟的事例告訴我們，家長應該讓孩子學會專心地學習，使其學習時盡量不被外界的事情干擾。只有學會科學地用腦，孩子的學習效果才會有顯著的提高。

2. 玩就踏踏實實地去玩

小亮愛玩，喜歡與小朋友一起打鬧，也喜歡獨自打遊戲、看卡通等。但是，小亮玩的時候不能盡情地玩。因為小亮的父母對他寄予的期望很大，希望他好好學習，將來能考上理想的大學。小亮是一個懂事的孩子，他知道父母對自己的期望，想好好學習，但又禁不住玩的誘惑，玩時又擔心被父母看見，怕他們傷心。

這樣，小亮雖然在玩，卻沒能玩好。後來，小亮的父母知道了孩子的心理狀態，就告訴他玩時可以盡情去玩，但必須以學習為主，把成績提高。小亮愉快地答應了。以後，小亮學習時特別用心，玩時也能放開去玩，很快，他的成績就有了明顯的進步。

愛玩是孩子的天性，大多數孩子都和小亮一樣禁不住玩的誘惑，因此，家長不能禁止孩子去玩，並且要像小亮的父母那樣，在孩子應該玩的時候，讓孩子踏踏實實地去玩，這樣孩子學習時才會有比較高的效率。

3. 避免孩子晚上熬夜

強強的課業成績不好，他想儘快提高成績，於是就開始晚上熬夜學習。強強晚上開夜車，雖然當時能夠記住一些東西，但第二天上課的時候就開始打瞌睡。一段時間後，強強的成績反而下滑了兩個名次。

父母看到強強的這種狀況，知道孩子需要足夠的休息，第二天才能精力充沛地去聽課、學習，於是讓強強放棄晚上學習的做法，同時教給孩子一些有效的學習方法，讓孩子在上課時集中注意力聽講。如此，強強的成績逐漸提高了。

勤奮學習也要做到適當休息，這樣才能提高學習效率，有更大的收穫。如果勤奮得不當，像強強那樣本末倒置，主次不分，課業成績不僅上不去，還會急劇下降。因此，父母要盡量避免孩子晚上熬夜學習。

4. 合理安排孩子學與玩的時間

每個人集中注意力都有一個固定的時間，它與大腦的興奮期是一致的。孩子在學習的時候應遵循這個規律，用休息或玩耍進行調節，以利於孩子再次集中注意力投入到學習中去。

一般來說，孩子集中注意力的時間在 30 ～ 40 分鐘左右，這與學校上課的時間也基本吻合。因此，孩子在家裡學習時，父母也要以這個時間為基準，在孩子學習了 40 分鐘左右時，就讓他玩 10 ～ 15 分鐘，這樣孩子的大腦就能得到充分的休息，也才會高效率地學習。

▎教給孩子專注的方法

蔣洲與李航是同學。蔣洲的學習不算太好，上課分心是家常便飯。通常是老師上著課，他聽著聽著就不知不覺天馬行空地胡思亂想起來，其實蔣洲也是個努力上進的好學生，他對自己心猿意馬的狀態非常煩惱。他發現自己的朋友李航上課特別專心，狀態非常好，這是怎麼回事呢？

「專注」意味著專心致志，把注意力集中到一個問題上，完全鑽進去。要做到注意力高度集中，專注地做一件事情，也是需要方法的。有經

驗的人，只要用幾分鐘到半小時就能進入精力高度集中狀態，而且這種狀態一口氣能持續幾個小時。而沒有方法，缺乏經驗的人，要達到這樣的程度是不可能的。比如，故事中的李航就屬於那種懂得專注的人，而蔣洲想專注，但苦於沒有辦法。因此，要想孩子專注地學習，家長應教給孩子專注的方法。

那麼，家長應教給孩子哪些專注的方法呢？以下是專家的建議：

✧ **清理桌面**：這個方法非常簡單，也就是讓孩子在上課或者在家中複習功課的時候，要將桌子上那些與自己此時學習內容無關的其他書籍、物品全部清走，不讓它們停留在自己的視野裡，以免讓自己心存雜念。這是一種空間上的處理方式，是讓孩子訓練自己專注力初始階段的一個必要手段。如果孩子一坐在書桌前，就能把無關的內容置之腦外，這就是高效率。

✧ **保持適度地緊張**：過於緊張容易導致情緒焦慮，但過度散漫無疑會耗損寶貴的注意力。保持適度的緊張感則恰恰能夠讓一個人的注意力集中起來，提高辦事效率。

從醫學角度來看，適度的緊張可以增強人類大腦的興奮程度，提高大腦的生理功能，使人思維敏捷，反應迅速。而且，當一個人處於適度緊張的生活或工作狀態中時，心臟就會透過強收縮以排出更多的血液來供給全身器官組織的需求，血管舒張、收縮功能也隨之改善，帶動人體各方面機能。簡單來說，適度的緊張，會讓人體進入一種興奮狀態，這種興奮會刺激我們懶惰的頂葉皮層，促使它加班加點工作，讓人可以持續地在長時間內集中注意力。

因此，家長應告訴孩子，要想做到上課精神集中，就應該讓自己保持適度的緊張，不要過於放鬆。例如：不要靠在椅背上聽課，不要趴著

第三章　讓專注成為一種習慣

聽課，過於鬆弛、放鬆的狀態不利於專注。

✧ **給自己集中注意力的心理暗示**：有的孩子對自己上課恍神不能集中精神感到非常著急，自己也想專注聽講，但就是不由自主分心。實際上這是潛意識消極暗示的結果，老在心裡對自己說：「怎麼我就是集中不了精神呢？」結果就真的集中不了；相反，如果告訴自己：「上課了，我要集中精神了！」那麼就可能很快地進入狀態。因此，家長應教孩子多給自己積極的心理暗示。

✧ **積極行動**：當老師開始講課了，有的孩子書本還沒找出來，這樣的狀態下讓他快速集中注意力是不可能的。注意力有賴於積極行動的引導，鈴聲一回應回到座位，並立刻找出本節課要用的書和資料，迅速看一下老師要講的內容，哪些是重點，哪些自己理解有困難，這些問題會促使孩子專注起來，在老師開講後便能全神貫注投入學習。

✧ **把注意力放在老師身上**：若是在課堂上，能快速收起玩心集中注意力的最簡單方法就是讓孩子的注意力快速放在老師身上，讓老師帶著孩子的精神走，隨著老師的講授思考，自然而然就進入到了專心學習的狀態中。尤其是某些授課風格幽默的老師，更容易吸引孩子們的注意力，而對於孩子們來說，這無疑是個不用費太多力氣的討巧辦法，值得一試。

✧ **適當的壓力**：我們常說「化壓力為動力」，這是有道理的，完全沒有壓力的狀態，勢必帶來散漫；適度壓力，則會帶來高度的注意力。如果孩子習慣上課聽 60%，家長可以拜託一下老師，多給孩子一些課堂提問；又或者，在孩子做家庭作業時採取一些監督對策。

✧ **教孩子不要在困難上停留**：很多時候，孩子對自己理解的事物、有興趣的事物，會比較容易集中注意力。反之，如果缺乏興趣且又缺乏足

夠的了解，就有可能注意力分散。

因此，家長應該引導孩子在遇到自己不理解的問題，即困難時，不要有過多的停留，這一點不懂，沒關係，接著聽老師往下講課。可能慢慢地就理解了。如果還是不理解，等課後再請教老師也不遲。如果這個時候被困難擋住，進而對之後的內容望而卻步，就根本不可能做到專心致志。

✧ **讓孩子做些放鬆訓練**：家長可以讓孩子舒適地坐在椅子上或躺在床上，然後向身體的各部位傳遞休息的資訊。先從左腳開始，使腳部肌肉繃緊，然後鬆弛，同時暗示它休息，隨後命令腳脖子、小腿、膝蓋、大腿，一直到軀幹全部休息，之後，再從腳到軀幹，然後從左右手放鬆到軀幹。這時，再從軀幹開始到頸部、到頭部、臉部全部放鬆。這種放鬆訓練的技術，需要反覆練習才能較好地掌握，而一旦你掌握了這種技術，會使你在短短的幾分鐘內，達到輕鬆、平靜的狀態。

當然，家長能夠把這些方法傳授給孩子是不錯的事情，但如果能鼓勵孩子自己開發一兩種放鬆方法出來，那就更圓滿了。

第三章　讓專注成為一種習慣

第四章
給孩子專注的「動力」

所謂「動力」指的是推動學習、工作、事業等前進和發展的力量。對於培養孩子的專注力而言,動力有著不可忽視的重要作用。具有內在動力的孩子,能集中注意力做好自己想做的事情;反之,缺乏內在動力的孩子,很難做到專心致志、心無旁騖。因此,如果你希望自己的孩子變得專注起來,請不要忘了給孩子的心靈安裝激發專注力的「引擎」。

第四章　給孩子專注的「動力」

教孩子用目標指引專注的方向

潛能大師布賴恩‧特雷西（Brian Tracy）曾說過：「成功等於目標，其他都是這句話的注釋」。事實也是如此，一個人的意志作用往往與他對預定目標的明確性、牢記目標的持久性和實現目標的迫切性相連繫。目標對人生有巨大的導向性作用，能使人的注意力產生聚焦作用。

相傳二戰時期，美軍要派遣一支偵察兵到德軍後方進行偵察和破壞，因為任務緊急，只有一個星期的時間學習德語。如果學不會道地的德語，就很容易被抓住。結果，一週之內，所派偵察兵全都學會了德語日常用語。

由於實現目標的迫切性促使這些美軍有了極大的危機感和緊迫感，在這種危機感與緊迫感並存的目標作用下，他們的注意力高度集中，從而產生了驚人的效果。這就是目標的力量。對於孩子來說，有明確、急需完成的目標同樣重要。有目標的孩子通常知道自己要達到什麼樣的目的，要執行什麼任務。這樣，他就能集中注意力，調控和制約自己的行為，不會在學習或者活動的過程中半途而廢。相反，孩子如果沒有計畫，缺乏目標，就會把精力放在瑣碎的事情上，從而導致注意力不集中，情緒不穩定，意志力薄弱。輕則影響到孩子的課業成績，重則影響到孩子一生的發展。因此，家長應該幫孩子明確活動或學習的目標。當孩子瞄準目標以後，他內在的動力系統便開始啟動，而內在的動力是調動孩子有意注意和持續注意的關鍵，能夠激發起孩子無限的潛能，使孩子逐步走向成功。

有一位聰明的媽媽是這麼為孩子定目標的 ——

年輕的媽媽發現孩子在學習彈琴的時候總是沒有計畫，彈了不久就去看卡通了。

有一天，媽媽對孩子說：「你每天必須彈半小時的鋼琴，剛回家的時候彈也行，吃完晚飯彈也行，但是，彈的時候你不能中途停止，一定要彈滿半小時。」孩子考慮了一下，因為晚飯前有一個他喜歡看的卡通要播放，於是他選擇了吃完晚飯再彈。結果，他確定自己的計畫後，居然一直執行得非常好。

過了一陣子，媽媽告訴他：「你計劃每天練習半個小時的鋼琴這件事情做得很好，但是我不知道你打算用幾天的時間把一首曲子彈得熟練呢？」

孩子想了想，很有把握地說：「照我目前練習的情況來看，我覺得一週練習一首曲子，而且把曲子彈好是沒有問題的。」

媽媽聽了孩子的話，滿意地不住點頭。

事實上，當孩子有了這樣的目標以後，學習與彈琴這兩件事情都做得非常好。因為他懂得了制定計畫、確定目標的好處了！

聰明的媽媽總是在生活中尋找各種靈感，採取一些看似簡單實則智慧的方法幫助孩子把精力集中在學習上。那麼，在日常生活中，我們應如何幫助孩子確定目標，用目標引導孩子的專注力呢？專家以為，家長可以從以下幾個方面入手：

1. 讓孩子理解到目標的重要性，激勵孩子實現目標

孩子一般都不願意關注自己不喜歡的東西，但是發展的需求要求他們必須去學習他們不喜歡的課程。家長和老師必須使孩子充分地理解到這些課程的重要性。低年級的孩子以自己做的事情能否讓別人高興、能否獲得別人的認同作為評價自己行為對錯的標準，家長可以告訴他，學好某一門課，爸爸、媽媽、老師、親戚、朋友都會更喜歡他；對於高年級的孩子，

第四章　給孩子專注的「動力」

家長可以對他說，只有學好這門課，才能升上理想的中學，將來才能成為他理想中的人物。此外，家長可以經常為孩子講述他（她）所崇拜的人，小時候為了成就事業而刻苦學習的故事，這對孩子會產生很好的激勵作用。

2. 讓孩子按計畫辦事，實現自己預定的目標

在日常生活中，家長要向孩子強調計畫的重要性，並為孩子的各項任務制定計畫。當然，這些計畫的制定應該讓孩子參與進來，與家長一起完成。

當計畫制定了以後，孩子必須按計畫辦事，不能半途而廢。對年幼的孩子來講，家長應該要求他們在玩的時候自己把玩具拿出來，玩完以後自己收好；看書做作業的時候要認真，寫完以後才能去玩；做事應該有責任心，自己掌握做事的進度。

一位小學生做事非常怠慢，本來沒有多少作業，卻非要拖到很晚，媽媽又氣又急。

有一次，媽媽想了一個辦法。她與兒子約定，做作業的時間只有半小時。然後，媽媽把鬧鐘調好，接著兒子開始做作業。半小時一到，鬧鐘就響了，兒子還差兩道題目沒完成，向媽媽投來求助的眼神，但是，媽媽毫不猶豫地說：「時間到了，不要做了，睡覺吧！」

第二天，媽媽把兒子沒完成作業的原因告訴了老師，老師也支持媽媽的方法。這天晚上，媽媽又調好了鬧鐘，兒子才剛開始做作業就很注意時間，效率明顯提高，居然順利地在半小時內完成了作業。

往後，兒子做作業的速度和品質都提高了。而且，做其他事情的時候，他都會有意識地為自己設定一個時限，有計畫地去執行。

3. 隨時讓孩子給自己制定積極小目標

家長可以引導孩子給自己制定小目標，這樣做可以讓孩子靈活地調配自己的注意力，比如：背誦一篇課文，先背熟第一段；學一個解題方法，先學會前兩步……這些小目標會時刻鼓舞孩子全神貫注地投入到學習當中，追求自己的成就感，自然而然避免了分神、分心。

4. 讓孩子養成把計畫和目標寫在紙上的習慣

美國著名的商業大學哈佛大學在西元 1979 年對應屆畢業生做了一個調查。在調查中，他們詢問應屆畢業生中有多少人有明確的人生目標，結果只有 3% 的人有明確的人生目標並且寫在了日記本土。他們把這些人列為第一組；另外有 13% 的人在腦中有人生目標但沒有寫在紙上，他們把這些人列為第二組；其餘 84% 的人都沒有明確的人生目標，他們的想法是完成畢業典禮後先去度假放鬆一下，這些人被列為第三組。

10 年後，哈佛大學又把當初的畢業生全部召回來做一次新的調查，結果發現第二組的人，即那些有人生目標但沒有寫在紙上的畢業生，他們每個人的年收入平均是那些 84% 沒有人生目標的畢業生的兩倍。而第一組的人，即那些 3% 的把明確人生目標寫在日記本上的人，他們的年收入是第二組和第三組人的收入相加後的十倍。也就是說如果那 97% 的人加起來一年賺一千萬美元，那麼這 3% 的人加起來的年收入是一億。

這個調查很清楚地顯示，確定明確人生目標並寫在紙上的重要性。白紙黑字，具有巨大的開發潛能的力量。如果你不把目標寫下來，並且每天溫習的話，它們很容易被你遺忘，就不是真的目標，只是願望而已。實踐證明，寫下自己目標的人比沒有寫下目標的人更容易成功。而實際目標需要制定一個詳細的計畫。如果沒有一個切實可行的計畫，你的目標只能是

第四章　給孩子專注的「動力」

空中樓閣、海市蜃樓。

5. 用獎勵機制鼓勵孩子達到目標

比如：一個平時寫字總是拖拖拉拉、漫不經心的孩子，如果你承諾他認真寫字，按時完成任務之後就送一件他一直想得到的禮物，他一定會靜下心來，集中注意力認真地寫字。

6. 透過遊戲，用遊戲目標來訓練孩子的注意力

有一個深受孩子們喜愛的傳統遊戲叫「偷象棋」。把棋子嘩啦一下倒在棋盤上堆成一個堆，然後用食指輕輕地將棋子一顆一顆地拿走，發出聲音就算失敗了。這種遊戲很容易集中精神，因為孩子都有征服和獲勝的欲望，他可以透過達到不讓棋子發出聲音這個目標而得到成功後的快樂。

在日常生活中，家長還可以訓練孩子帶著目的自覺地集中和轉移注意力。如問孩子：「媽媽的衣服在哪裡？」「桌上的玩具少了沒有？」，或是叫孩子畫張畫送給媽媽做生日禮物等，這樣有目的地引導嬰幼兒學會有意注意，可讓他逐步養成圍繞目標、自覺集中注意力的習慣。

當然，培養兒童專注力的方法有很多，具體實施辦法也不盡相同。家長可根據孩子專注力發展的特點，採取適當的方法，有計畫、有目的地訓練和培養孩子的專注力。只要採取科學的方法和態度，努力去做，一定會取得成功的。

▎用興趣吸引孩子的專注力

心理學研究顯示，孩子的注意力以無意注意為主，注意的穩定性較差，注意的目的性不專一，很多時候，他們的注意力受興趣的左右。孩子對某一事物的興趣越濃，其穩定、集中的注意力就越容易形成。比如，孩

子在看自己喜歡的圖畫書時，不用提醒也能聚精會神、專心致志。反之，如果孩子對某一事物缺乏興趣，其注意效果就差。比如，孩子在家長的逼迫下看書，他往往會這裡瞅瞅，那裡看看，一點都不專心。因此，要培養孩子的注意力，家長要有目的、經常性地發現孩子的興趣點，發展孩子的有意注意。因為興趣是孩子保持專心的首要條件。

當日本著名的教育家伏見猛彌發現自己兩歲的孩子十分喜歡汽車和火車時，他不僅買這些玩具當做禮物送給孩子，更有意識地幫助孩子發展這一興趣。例如：引導孩子學畫、學做交通工具。結果，這個孩子的注意力變得非常集中，觀察力也相當棒。

當時，日本小學五年級的學生才開始學習「近大遠小」法透視，而伏見猛彌的孩子在 3 歲時就自然掌握了。他畫出來的各種汽車簡直就像要從畫裡跑出來一樣。不僅如此，他還剪下厚紙板，把它們組合成火車頭等東西。

正是伏見猛彌對兒子興趣的培養，使得他的兒子從小養成了對喜歡的事情持之以恆的性格，他甚至獲得了一個驚人的成果：在上小學二年級時，他對蝴蝶標本產生了興趣，並首次發現了在日本未被記載的，一種生活在荷蘭加瓦島的蝴蝶。

可以說，伏見猛彌的兒子是幸運的，他遇到了一位尊重自己、了解兒童心理的好爸爸。與伏見猛彌的爸爸一樣，葉小欣的媽媽也是一個懂得利用孩子的興趣點培養孩子注意力的媽媽。

與很多注意力不集中的孩子一樣，葉小欣的注意力也很容易受到外界的干擾，興趣也總在不停地轉換中。

有一天，媽媽帶葉小欣到野外郊遊。不久，小欣就興高采烈地跑來告訴媽媽，她摘了幾朵雛菊。說完得意洋洋地向媽媽舉起了手中的花。聰明

第四章　給孩子專注的「動力」

的媽媽沒有放過這個快樂的時刻，她引導葉小欣觀察雛菊，並對孩子講解了起來：「你看，雛菊有淡黃色的眼睛，白色的睫毛圍繞著它，它整天躺在草叢裡，張著大大的眼睛，仰望著紅紅的太陽，可是，它卻不能像我們的小欣一樣眨眼睛。這就是為什麼人們把雛菊叫做『白天的眼睛』的原因。」

聽了媽媽的話，小欣感到興致勃勃，她眨著眼睛問媽媽：「那小雛菊晚上做什麼呢？」媽媽笑盈盈地反問道：「你覺得它在做什麼呢？」於是，小欣自己開始想像：晚上，小雛菊也像小男孩、小女孩一樣，閉上了眼睛，睫毛上沾上了晶瑩的露珠，它一直睡，睡到第二天早晨太陽再出來時才睜開眼睛。

媽媽高興地表揚了小欣，而小欣則開心地把小雛菊放在自己的胸口，溫柔地親吻著它。

如此一來，小欣的媽媽不但發現了讓孩子對任何事物都感到有興趣及樂趣的方法，還因此培養了孩子的觀察力、想像力與注意力。這對孩子今後的發展來說是大有裨益的。

強迫往往導致叛逆，讓人失去興趣。因此，家長對孩子要少點強迫，多點引導和啟發，讓孩子在興趣引導下做事，培養孩子專心致志的習慣，才能讓孩子專注於學習，不斷提高自己的內在。

那麼，家長應如何發現孩子的興趣點，並做到以孩子的興趣點吸引孩子的專注力呢？

1. 家長應有敏銳、善於觀察的眼睛

要想以興趣點培養孩子的注意力，家長自己首先要有一雙敏銳、善於觀察的眼睛，這樣，才能更好地了解孩子，做到因材施教。比如，你發現自己的孩子對顏色感覺敏銳，愛繪畫，對事物有想像力，喜歡搭積木，對

圖畫有良好的記憶力等，家長就可以多讓孩子做些模型、搭配衣飾等活動。再比如，你發現自己的孩子對數學問題很感興趣，具有良好的邏輯思維，喜歡心算、速算，對事物要求明確，喜歡抽象事物，就應該多讓孩子計算數量，帶領孩子親自觀察事物或多讓他歸納事理等……

2. 尊重孩子的興趣

有一個小男孩，他從小就對汽車非常著迷，卻很少對其他事物特別感興趣。小男孩的爸爸媽媽覺得他的興趣似乎太單一了，想盡各種辦法試圖讓他轉移興趣，但收效甚微。

後來，爸爸改變了策略，不但不阻止孩子去喜歡汽車，還充分地滿足孩子的興趣。散步時觀察社區停著的車；陪他站在陽臺上「研究」路上的車；周末還帶他乘坐公車；親子溝通的內容也多是與汽車有關的知識。

不久，孩子就對汽車的種類、顏色、形狀、大小、快慢，甚至公車沿途站名都非常熟悉，連坐哪路車到什麼地方都能講得頭頭是道，眼界開闊了許多，興趣也不知不覺地變得廣泛了。

現在，這位小男孩還迷上了手工製作，研究地圖，對兵器及其他交通工具也有興趣，連性格也變得開朗了。

小男孩的例子告訴我們，身為家長，我們不但要尊重孩子的獨特興趣，還可以利用孩子的這一興趣發展孩子的其他興趣，這對孩子的健康成長是有益的。

3. 不對孩子設限

小亮亮1歲多就握筆塗鴉。亮亮的媽媽將筆和紙交給他，充分滿足他的「作畫」需求。從來不去干涉他畫的是什麼。媽媽的不設限讓小亮亮愛

第四章　給孩子專注的「動力」

上了畫畫，現在，他畫的畫在各類兒童畫競賽中頻頻獲獎。試想，如果亮亮的媽媽不斷地干涉孩子的活動，常常因為孩子畫得不夠好而責備他的話，孩子也許早就厭煩了畫畫。更不要說能夠獲獎了。

4. 用誘導的方式激發孩子的興趣

培養孩子的興趣，要採取誘導的方式去激發。比如培養識字的興趣，你可以利用小孩子喜歡故事的特點，給小孩子買一些有文字提示的圖畫故事書。讓小孩子一邊聽故事一邊看書，並且告訴孩子這些好聽的故事都是用書中的文字編寫的，引發孩子識字的興趣，然後認一些簡單的象形字，從而使孩子的注意力在有趣的識字活動中得到培養。

皮奈特是一個缺乏耐性的孩子，他只愛看電視和玩遊戲，對書本不感興趣。

一天，父親拿了一個沙漏，對他說，這是古時候的鐘錶，裡面的沙子全部漏下去，正好用三分鐘。

皮奈特想玩玩這個沙漏。這時，父親說：「想玩沙漏可以，不過你要答應爸爸一個條件，那就是以沙漏為計時器聽爸爸講一個故事，以三分鐘為限。三分鐘後，如果你能認真聽完故事，那麼，這個沙漏就讓你玩 12 分鐘。」皮奈特很高興地答應了。

第一次，皮奈特果然靜靜地坐下來聽爸爸講故事。但事實上，他根本沒有留意聽故事，而是一直看著那個沙漏，三分鐘一到，他便立刻拿著沙漏跑出去玩了。

但是，皮奈特的父親沒有生氣，他決定多試幾次。這樣數次之後，皮奈特的視線漸漸由沙漏轉移到故事書上了。雖說約定三分鐘，但三分鐘過後，因為故事情節吸引人，皮奈特聽得特別入神，他要求延長時間，但父

親堅持「三分鐘」約定，不肯繼續講下去。皮奈特為了早點知道故事情節，就自己主動閱讀了。

在這裡，皮奈特的父親實際上是透過引導孩子的興趣，讓孩子的注意力在一定時間內專注於某一事物，久而久之，孩子的閱讀興趣便被激發出來，從而能夠主動而有意識地學習了。

5. 讓孩子感受到進步的快樂

興趣培養，家長需保護孩子的積極性，這樣可以讓孩子感到爸爸媽媽永遠在關心他，承認他付出的努力。

曾有一位家長讓自己的孩子學繪畫，原意是培養孩子的興趣，但當家長看到孩子在繪畫上缺乏天分時，就忍不住說孩子「太笨了！你學什麼才能成功呀？」還有一位家長看到孩子在作文中有不恰當的比喻時，就對孩子大加諷刺。家長這樣的態度對孩子學習的積極性肯定有很大打擊。

對於孩子來說，家長是他們心目中第一個有權威地位的評價者，他們特別渴望得到家長的肯定，可是家長往往沒有意識到這一點，經常毫不負責、輕而易舉地摧毀了孩子的求知欲望。因此，要想孩子對某一事物保持濃厚的興趣，家長應多支持和鼓勵孩子，在孩子做得好時，表揚孩子；在孩子做得不好或者失敗時，要先發現孩子有創造性的一面，然後鼓勵孩子。這樣，才能保護孩子的積極性。

6. 循序漸進，適度發展

育人如同種莊稼，不能急功近利，追求速度。培養孩子的興趣應循序漸進，不能違背兒童成長的自然規律。在這個過程中，要看到孩子的進步，一點一滴的表揚他、鼓勵他；同時還要讓孩子感受到自己的進步，多

第四章　給孩子專注的「動力」

採取一些方法，如把作品保存下來，讓他自己看看、聽聽，自己比較，體驗進步；讓孩子給家長或別的小朋友當小老師，促進其興趣的發展；在適當的場合給孩子一個展示自我的機會等。學習的過程中，要注意保護孩子的自尊，增強孩子的信心，讓孩子建立決心。

▌好奇促使孩子專注

什麼是好奇心？好奇心就是人們面對新奇刺激時，產生驚奇而要探明現狀和原因的一種傾向。它是人類認識世界、探索自然和社會奧祕的重要心理特質。

很多著名科學家從小都具有超出常人的好奇心和旺盛的求知欲。牛頓對萬有引力的發現離不開對蘋果自由落地的好奇。瓦特對水開了蒸汽會頂起鍋蓋而感到疑惑，結果發明了蒸汽機；法布爾（Jean-Henri Fabre）從小就對昆蟲有濃厚的興趣，最終成了著名的昆蟲學家……

好奇能讓一個人的注意力保持高度的集中，從而取得良好的學習效果。因此要培養孩子的專注力，家長應珍視孩子的好奇心，並設法進一步激發這種好奇心，讓孩子的專注力始終停留在自己好奇的事物上。以下是專家的幾點建議 ——

1. 抽時間多給孩子介紹周圍的世界

父母不管多忙，都應該盡量多抽時間給孩子介紹周圍的世界。與大人不同的是，孩子對周圍了解得越多，對世界的好奇感就越強烈。因為孩子的求知欲很強，在掌握一定的知識技能後，能注意到、接觸到的新事物更多，反而會大大地激發孩子的好奇心。孩子喜歡做沒做過的事，嘗試沒玩過的遊戲，並能從中表現出他們的創造力。因此，父母應在各種可能的場

合，盡量多為孩子介紹周圍的世界。父母在為孩子介紹一些新事物時，要相對簡潔，跳躍性強，注意力要跟隨孩子的視線做一些調整，這是因為年幼的孩子注意力難以長時間集中於同一事物。

2. 充分利用家庭環境激發孩子的好奇心

在家庭生活中，有許多事情可以激發孩子的好奇心，例如：當水燒開的時候，可以問問孩子為什麼水壺裡會發出「嘟嘟」聲；可以讓孩子摸摸不同質地衣服的手感，讓他們比較出不同；或者電視機圖像不清楚時，讓孩子看一看插頭是否插好、VCD 是否插入、連線是否與電視機連接好等。家庭裡有許多事是孩子感興趣的，關鍵是抓住機會，讓孩子從看似平淡的生活中找到興趣點。

3. 多為孩子講故事

講故事能夠激發孩子的好奇心。孩子一般都愛聽故事，不管是老師或父母講故事，還是廣播電臺或電視臺播放故事，他們總是會專心致志地聽，特別是繪聲繪色地講故事最能吸引他們。父母多為孩子講故事，不僅能夠激發他們的好奇心，開闊他們的想像空間，還可以利用故事對他們的吸引來幫助他們學習知識。

4. 利用大自然誘發孩子的好奇心

父母可以經常有意識地引導孩子到大自然中觀察日月星辰、山川河流。大自然千變萬化，是孩子看不完、看不夠的寶庫。春天可帶孩子去觀察小樹以及其他植物的生長情況；夏天帶孩子去爬山、游泳；秋天帶他們去觀察樹葉的變化；冬天又可引導他們去觀察人們衣著的變化，看雪花紛飛的景象。父母可以和孩子一起猜雲彩的形狀會如何變化；聽鳥啼婉轉，

第四章　給孩子專注的「動力」

猜唱歌的小鳥長什麼樣；為什麼螞蟻在搬家；為什麼向日葵總是朝著太陽等等。

除此之外，父母還應該指導他們參加一些實踐，如讓孩子自己收集各種種子，做發芽試驗，栽種盆花，也可飼養些小動物。隨著孩子年齡的增長，可以啟發他們把看到的、聽到的畫出來，並鼓勵他們閱讀有關圖書，學會提出問題，學會到書中找答案。這樣，既滿足了孩子了解新事物的好奇心，又擴大了他們的知識面。

孩子透過參加各種大自然活動，既開闊了眼界，又提高了學習興趣，學習能力也在不知不覺中得到了提高。

5. 用書本知識誘發孩子的好奇心

對於大一點的孩子，可以用書上的知識來誘發他們的好奇心，讓他多動腦、動手，可以提高和激發孩子的好奇心。其實，孩子愛搞「破壞」屬天性使然，是其創造萌芽的一種展現。他們對各類陌生事物充滿新鮮、好奇，並身體力行，欲用自己的雙手探求未知世界。合理利用孩子這種天性，多方引導、鼓勵，孩子的創造萌芽就會得到進一步深化。反之，要求孩子老實聽話，家庭雖少了「破壞」氣氛，大人安心，但孩子的天性卻被抹殺了，培養出的孩子多半循規蹈矩，缺少創新，依賴性強，泯滅了孩子愛動、好奇和勇敢，甚至是冒險的天性。

6. 鼓勵孩子多動手

在動手的過程中，孩子會不斷有新的發現，他們的好奇心也得到保持和發展。而且，孩子在動手做事情的過程中，手的動作會在腦的活動支配下進行，這也是孩子觀察、注意等能力的綜合運用過程。同時，手的動作

又刺激腦的活動支配能力，促進觀察、注意等能力的發展。動手做事不僅可以激發和滿足孩子的好奇心，也是孩子成長發展的基礎，是開發孩子智力的基礎。

讓孩子體驗成功的快感

要想孩子成功，先抓孩子注意力；要開發孩子的智力，同樣先提高孩子的注意力。在孩子智力開發的過程中，有一點是不可忽視的：讓孩子體會成功的樂趣。注意力不集中的孩子遭受的挫折感往往比注意力集中的孩子多得多。因為注意力問題而引發的行為、學習、心理、人際關係等問題，扼殺了這類孩子的大部分活力，並成為孩子智力的「抑制劑」。

心理學家曾做過這樣的一個實驗：

把一條梭魚放養在有很多小魚的魚缸中，讓牠隨時可以吞吃小魚。一段時間後，心理學家用一片玻璃把牠與小魚隔開。這樣，梭魚再想去吞吃小魚時自然就遭到了一次又一次的失敗，隨著失敗次數的增加，牠吞食小魚的希望和信心也隨之逐漸下降，最後完全喪失信心。在實驗的最後，心理學家把玻璃拿開了，但那隻梭魚依然無動於衷，最終餓死在魚缸裡。

接著，心理學家又做了同樣一個實驗：

把一條梭魚放養在有很多小魚的魚缸中，在中間隔了一片玻璃板，當梭魚第一次、第二次要吃小魚時，心理學家並沒有採取任何行動，而是認真觀察，等到梭魚第三次游向小魚的時候，心理學家悄悄地拿走了那塊玻璃。於是，梭魚吃到了小魚。這樣的實驗在繼續進行著，之後，失敗的次數越來越多，但因為知道總有「吃到小魚」的可能，那條梭魚始終敗而不餒，充滿了旺盛的鬥志。

對許多孩子而言，學習本身就是一件痛苦的事，如果只是一味地苦

第四章　給孩子專注的「動力」

讀，卻嘗不到一點成功的回報，時間長了，勢必會像那條備受挫折的梭魚一樣，對學習產生厭倦。從教育學原理來說，讓孩子喜歡學習一點也不難：所有的孩子都追求成就感，只要孩子能夠在學習中體驗到成就感，他就會很有興趣也很努力地學下去，其努力程度會讓大人都吃驚。因此，要想讓孩子在學習的過程中有不竭的動力，家長必須讓孩子體驗到成功的快感。唯有體驗到成功的快樂，才能激發孩子學習的信心與上進的勇氣，從而全身心地投入到學習中去。

那麼，怎樣讓孩子從成功中獲得快樂的體驗呢？家長們不妨從以下幾個方面入手：

1. 為孩子創造學習成功的預感

心理學研究和生活經驗都告訴我們這樣一個道理：如果一件事情有很大的價值，透過我們的努力後又可以實現，那麼我們肯定會對它產生興趣，並願意作出努力。培養孩子的學習興趣時也應注意運用這條規律，那就是為孩子創造學習成功的預感。

小璐今年上小學五年級，她在五年級上學期末的考試國語成績不及格，以前她的國語成績在班上通常也處於最後幾名。小璐為此十分煩惱，她討厭國語課。

媽媽為了改變這種狀況替小璐安排了一項作業：每天把《格林童話選》抄寫一頁，並完成相關的字詞任務。媽媽告訴她只要耐心仔細地完成這項作業，就可以取得好結果。孩子對這項作業非常感興趣，因為它不同於平時完成的那些練習，她感受到，父母對這項新作業寄予了很大的希望，相信她的讀寫水準一定能夠提高。這就替孩子增添了力量，只過了一個半月的時間，大家就看到了成績的進步。她在童話中發現了自己前幾年

一直寫錯的詞並學會了許多新的語言表達方法，她現在開始仔細地閱讀其他文學作品，在裡面尋找好的詞、片語及句式。如此一來，小璐終於在國語默寫方面取得了滿意的分數。這更加鼓舞了她，增強了她把國語學好的信心。

2. 讓孩子發揮自己擅長的學科

有一位教育專家認為：「大腦猶如一條包巾：只要提起一端，便可帶動全體。為何擁有一技之長的人，通常其他方面也會有優異的表現呢？正因頭腦有如包巾般的特性，只要有一端被開啟，其他部位也會相應的活躍起來。因此，若對某一課題產生好奇心，集中精力去做，必能促進全腦的活性化。」

例如：有個學生數學方面的表現不理想，但是他語文成績獨占鰲頭。因此，他為擁有一門擅長的科目而充滿自信與快樂。

3. 鼓勵孩子獲得成功

對孩子不提過高的要求，讓孩子獲得成功，體驗到成功的快樂，孩子才會對學習有興趣。比如，低年級的孩子學會拼音和常用國字後，可讓他們寫封信給親戚朋友們，並請求遠方的親友抽空給孩子回信，讓他們體會到學習的實際效用，這樣能培養孩子的學習興趣，從而集中精神學習。

4. 讓孩子做老師

家長可以讓孩子做老師教自己，試著交換一下教和被教的地位，孩子站在教方的立場，會提高學習的欲望，同時，為了扮演好老師的角色，孩子會變得更加專注。

第四章　給孩子專注的「動力」

5. 試著讓孩子創造問題

　　孩子是學習的主體。如果總是被迫學習，被迫考試，處於被動狀態，時間久了，孩子對學習生厭是可以理解的。家長指導孩子學習時，可以換一種方法，不是經常讓孩子去解答問題，而是採取讓孩子創造問題的學習方法。這不僅會改變孩子的學習態度，而且會激發孩子的學習興趣。

　　試著讓孩子創造問題，孩子會考慮什麼地方是要點，家長也可以在指導孩子學習時以此為中心。另外，孩子一般會對自己理解的非常充分或自覺得意的地方提出問題，這對家長來說，就很容易掌握孩子在哪些方面比較擅長，在哪些方面還有欠缺。如果堅持這種學習方法，孩子就會在平常的學習中準確地抓住學習的要求和問題所在。此外，這還有助於提高孩子的表達能力，滿足孩子的自尊心，使其學習更加自覺、專心。

▌讓孩子永遠充滿希望

　　這是一個耳熟能詳的故事：

　　第一次參加家長會，幼稚園的老師說：「你兒子有過動症，在椅子上連三分鐘都坐不住，你最好帶他去醫院檢查。」回家的路上，兒子問她老師都說了些什麼，她鼻子一酸差點流下淚來。然而她還是告訴兒子：「老師表揚你了，說寶寶本來在椅子上坐不了一分鐘，現在能坐三分鐘。其他媽媽都非常羨慕我們，因為全班只有寶寶進步了。」那天晚上，她兒子破天荒吃了兩碗米飯，並且沒讓她餵。

　　兒子上小學了。家長會上，老師說：「這次數學考試，全班五十名同學，你兒子排第四十七名，我們懷疑他智力上有些障礙，你最好能帶他去醫院檢查一下。」回去的路上，她流下了淚。然而，當她回到家裡，卻對

坐在桌前的兒子說：「老師對你充滿信心。他說了你並不是個笨孩子，只要能細心些，就能超過你的同學。」

說這話時，她發現兒子黯淡的眼神一下子充滿了光，沮喪的臉也一下子舒展開來。他甚至發現，兒子好像長大了許多，第二天上學，去得比平時都要早。

孩子上了國中，又一次家長會。她坐在兒子的座位上等著老師點她兒子的名字，因為每次家長會，她兒子的名字在落後的學生行列中總是被點到。然而，這次卻出乎她的預料，直到結束，都沒有聽到。

她有些不習慣，臨別時去問老師，老師告訴她：「你兒子現在的成績，考上前幾志願有點危險。」

她懷著驚喜的心情走出校門，發現兒子在等她。路上，她扶著兒子的肩膀，心裡有一種說不出的甜蜜，她告訴兒子：「班導對你非常滿意，他說了，只要你努力，很有希望考上第一志願。」

高中畢業了。第一批大學錄取通知書公布時，學校打電話請兒子到學校去一趟。

她有一種預感，兒子被頂大錄取了，因為在報考時，她對兒子說過，她相信他能考取頂大。她兒子從學校回來，把一封印有臺灣大學招生辦公室的信封交到她的手裡，突然轉身跑到自己的房間裡大哭起來，邊哭邊說：「媽媽，我知道我不是個聰明的孩子，可是，這個世界上只有你能欣賞我……」

這時，她悲喜交加，再也按捺不住十幾年來凝聚在心中的淚水，任它打在手中的信封上……

有人說：「哪怕天下所有的人都看不起你的孩子，做父母的都應眼含熱淚地欣賞他，擁抱他，讚美他，為他自豪！」這個男孩是幸運的，他有

第四章　給孩子專注的「動力」

幸遇到了一位懂得欣賞自己，不斷給自己希望的好母親。無獨有偶，與這個男孩一樣幸運的，還有一位名叫周婷婷的女孩 ——

周婷婷1歲半的時候，因藥物中毒，聽覺能力全部喪失。身為父親的周弘也曾絕望過，但一想到孩子未來的命運，心底的偉大父愛就被激發了，他要讓女兒學會與命運抗爭。

周弘帶著女兒進行了一次又一次的針灸治療，周婷婷終於恢復了一點點聽力，這一點聽力可能是正常兒童的幾百分之一，可是周弘就是利用這一點聽力，運用適合孩子的家教方法，帶領孩子走上了成才之路。

周弘與其他家長不同的是，他不去管孩子的缺點，而是發現孩子的優點，並加以鼓勵表揚。

有一次，婷婷做數學應用題，10道題只做對了一道，在婷婷做錯的地方，父親不打叉，而是在對的地方打了一個大大的紅勾，然後真誠地、發自內心地說：「婷婷真了不起，第一次做應用題就做對了1題。爸爸像你這麼大時，碰也不敢碰！」

婷婷聽了父親的誇獎，非常自豪，越做越認真，一次比一次對的多，升國中時，婷婷的數學考了99分。

正因為婷婷的父親從來不拿孩子的缺點與別的孩子的優點比，婷婷愛上了學習，且學習越來越專心。可以說，一個懂得給孩子希望的家長才能造就一個讓自己充滿自豪的孩子。如果一個家長總是拿孩子的缺點與別人的優點比，只會讓孩子越來越灰心，最終失去信心。身為家長，愛孩子，就應該多發現孩子身上的優點，讓其發揚光大，讓孩子永遠都能看到希望。

某位物理學家常說：「身為父母是應該望子成龍，但要讓孩子知道父母相信孩子能夠成才，孩子需要這樣的支援。」

讓孩子永遠充滿希望

父母對孩子，要用正確的家教方法、熱情的態度教育孩子健康成長。望子成龍首先應該為孩子創造好的學習條件，同時要合理評價孩子的能力，根據孩子的能力來設置目標。家長千萬不可過於苛求孩子，這樣會使孩子在過高的期望下體驗不到成功的樂趣，失去對學習及周圍事物的興趣，進而變得無所事事、碌碌無為。

一名中學生曾就父母的行為說出了自己的感受：

我的心裡有許多的煩惱，有大的，也有小的。它們整天悶在我的心裡，干擾著我的學習和生活。其中，有一件最令我煩惱。

從我懂事開始，我就被別人比來比去。為此，我十分苦惱。

爸爸拿我和他小時候比，他越比我就越不如他，越比越覺得我沒出息。他總說：「我小時候，一放學就幫你奶奶工作，放羊、打豬草，什麼都做，可從來也沒有因為工作影響了成績，每次考試都是前三名。看看你，什麼事也不讓你做，你卻不能靜下心來學習，成績更是一塌糊塗，我怎麼有你這樣不爭氣的兒子。」

媽媽的比較似乎比爸爸更高一籌。她總拿我和她同事家的孩子比較，她覺得我沒有同事家的孩子好，成績沒有他好，沒有他聽課認真，沒有他作業做得工整，總之，一切都不如人家。媽媽整天嘮叨個沒完，但她卻不知道，她的每一句話都像一把尖刀，刺破了我的自尊和自信。

在爸媽的比較下，我變得越來越不求上進，即使有進步，他們也看不見，我在叛逆心理的作用下，到學校除了玩還是玩，上課也不再注意聽講，作業也不按時交，成績也下滑了。雖然我心裡也不願這樣做，但被我的爸媽逼成這樣，我幾乎看不到自己的希望了。

可以說，每個家長都有這樣的心願，希望自己的孩子完美無缺，希望自己的孩子勝人一籌。為此，他們不允許孩子有一點點過錯。為了能更好

第四章　給孩子專注的「動力」

地「激發」孩子的鬥志,「激勵」孩子自強不息。家長們經常用比較的方式教育孩子。殊不知,家長的這種做法嚴重地影響到孩子的自尊,傷害了孩子學習的積極性和自信心,這樣的孩子,又怎麼可能專心致志地學習呢?

因此,要想你的孩子能夠心無旁騖地學習,家長使用積極的語言鼓勵孩子,讓孩子看到希望,並願意為希望而奮鬥。

▎多鼓勵、讚美孩子

沒有種不好的莊稼,只有不會種莊稼的農民;沒有教不好的孩子,只有不會教的父母!農民怎樣對待莊稼,決定了莊稼的命運,家長怎樣對待孩子,決定了孩子的一生!農民希望莊稼快快成長的心情和家長希望孩子早日成才的心情完全一樣,但做法卻截然不同:莊稼長勢不好時,農民從未埋怨莊稼,相反總是從自己身上找原因;而孩子學習不行時,家長卻更多的是抱怨和指責,很少反思自己的過錯!為什麼會這樣呢?那是因為許多家長錯誤地認為,孩子需要的是教育,而教育更多的是訓導、指教和糾正。為了達到他們所謂的「教育目的」,這些家長在與孩子交流時,總愛指出孩子的種種缺點:學習不認真,沒有耐心,太粗心,做題馬虎,成績總上不去,不肯聽父母的話……在他們看來,唯有「糾正」孩子才能變得更好,而事實上是,過多的「糾正」與「指責」,只會讓孩子變得越來越「壞」。

小甜甜今年剛滿 5 歲,前陣子媽媽發現小甜甜的樂感特別好,所以就替小甜甜報了鋼琴學習班,學習鋼琴。可是,剛練了一些日子,小甜甜就開始鬧彆扭了,說是不想學了。這讓甜甜的媽媽很苦惱。

為什麼原本對音樂感興趣的甜甜突然就對學習鋼琴失去了興趣呢?

　　原來呀！媽媽認為，在剛開始練琴的時候，孩子的姿勢和手形特別重要，一定要從小就培養好。但小甜甜每次都會出錯，不太注意姿勢和手形。於是，在小甜甜練習鋼琴的時候，媽媽就會在旁邊監督，一發現小甜甜的手形不對，就馬上用一根小棍子挑起她的手腕，大聲訓斥她：「跟你說過多少次了，手形不對，你怎麼總是出錯啊？」

　　這樣，一而再，再而三，小甜甜變得煩躁而膽怯了。有一天，她哭著對媽媽說：「媽媽，我討厭學鋼琴，我不學了！」說完就跑進奶奶的房間躲進奶奶的懷裡。

　　從此，媽媽只要一說起鋼琴，小甜甜就會大哭大鬧，說什麼也不肯接近！倒是有那麼幾次，媽媽不在家的時候，小甜甜會偷偷地摸一摸鋼琴。

　　生活中，有很多家長像小甜甜的媽媽一樣，總希望自己的孩子什麼都好，什麼都比別的孩子強，對孩子表現出來的一些優點視若無睹，對孩子的缺點卻是不依不饒。比如，當遇到孩子回答問題，對孩子答對的部分不在意，而對答錯的部分則非常敏感，甚至對孩子進行責罵。有些父母經常對孩子這樣說話：「你怎麼這麼笨？」「連這個都不會？」「你看某某的孩子多好！」「我小時候比你強多了！」

　　在這些家長的觀念裡，孩子出現錯誤是不被允許的。為了孩子能表現得十全十美，他們經常會在孩子學習一項新事物時，密切注視孩子的一舉一動，一旦發現有錯，立即十分著急地加以糾正，甚至訓斥、打罵孩子，非要讓孩子做到分毫不差才行。這種做法嚴重地傷害到孩子稚嫩的自尊，挫傷了孩子學習的積極性，強化了孩子錯誤的行為，久而久之，孩子就產生了嚴重的自卑心理。認為自己沒有這方面的天賦與能力。嚴重的話，還可能影響到孩子其他能力的發展，對孩子的成長有害無益。

　　正確的做法應該是：對孩子多一點寬容、多一點鼓勵，多一點讚美，

第四章　給孩子專注的「動力」

讓孩子發揮出他們自身的潛能，為其日後的成才打下堅實的基礎，這才是每一位家長應該著力去做的事。在孩子注意力不集中的時候，另一位家長是這麼做的：

樂樂的作業寫得特別潦草，作業上的字不是多了一撇，就是少了一橫。爸爸看了，心裡非常生氣。但樂樂的爸爸知道，與其批評樂樂，不如激勵他。

於是，他努力克制住了自己的不悅，態度和藹而認真地對樂樂說：「你的作業太潦草，字寫得不夠認真。我知道你很想看卡通，所以做作業馬虎了，這很不好。我想你只能再重寫一遍了。因為我相信重寫一遍的話，你一定能寫得更好。你是想看完電視再重寫還是現在就重寫呢？」

樂樂一看時間差不多了，就跟爸爸商量：「我現在就看吧！看完以後，我一定認真重寫的。」

爸爸想了想，答應了樂樂的要求，並且與樂樂重新定了學習計畫。每天傍晚看完卡通以後再寫作業，但作業一定要認真，學習時注意力要集中，不然就取消第二天的卡通節目。

從那以後，樂樂的學習態度端正多了。注意力也相對比較集中，不會一邊寫作業，一邊豎起耳朵聽客廳裡的電視聲。

如果樂樂的爸爸也像甜甜的媽媽一樣，把目光聚焦在孩子的不足上，揪住樂樂的缺點大肆批評，並且不給樂樂選擇的餘地，要求樂樂馬上就重新寫作業，樂樂即便重寫了作業，也一樣會因為精神不能集中而亂寫，如此重寫出來的效果必定不好。樂樂的爸爸就聰明在，他了解孩子的心理，理解孩子自尊的重要性。因此他在批評孩子的時候，更多的是給孩子激勵，讓孩子明白自己的不足與潛在的優勢，並給了孩子選擇的權利。這樣，孩子不僅能夠心情愉快地接受批評，還會努力把事情做到最好，以不

辜負爸爸的期望。

　　值得注意的是，多鼓勵、多讚美孩子，不等於漠視孩子的缺點，明知道孩子有不足，還縱容孩子；也不等於不糾正孩子的錯誤，當孩子犯了錯誤時，家長為了不傷孩子的自尊索性什麼都不說；更不等於放任自流，讓孩子隨性而行。

　　要做到既能維護孩子的自尊，又能讓孩子改善自己的不足，家長可以從以下幾個方面入手：

✧ **要批評，也要肯定**：當孩子做了錯事，經父母的批評糾正，他們改正了錯誤。父母要給予足夠的肯定，使他們對自己的正確行為有信心。讓孩子在愉悅中學會好的行為，總比在責備中學習要容易得多。因為每個人對別人的斥責和約束都有內在的排斥性。過多的責備與管束會使孩子產生反感，會削弱效果，不如正面鼓勵效果好。

✧ **用讚美代替批評**：孩子由於受心理發展水準的限制，學習、判斷是非、記憶等能力較差，在犯了錯誤之後，雖經家長指出和教育，還有可能重犯。這種現象並不表示孩子不知道自己行為的錯誤，而是由於他的自制力不強，或已經形成了習慣和這種行為的結果多數能給孩子帶來好處或滿足等原因，因此一犯再犯。這時候，家長可以用讚美他的自制力方面的話鼓勵孩子，孩子為了得到更多的讚美，往往會朝著好的方向發展，使你的教育取得事半功倍的效果！

✧ **啟發孩子，讓孩子明白自己的過失**：孩子犯了錯誤，如果父母能心平氣和地啟發孩子，不直接批評他的過失，孩子會很快明白父母的用意，願意接受父母的批評和教育，而且這樣做也保護了孩子的自尊心。

第四章　給孩子專注的「動力」

◇ **換個立場**：當孩子惹了麻煩，怕被父母責罵時，往往會把責任推到他人身上，以此來逃避責罵。此時最有效的方法是在孩子強辯「都是別人的錯，跟我一點關係也沒有」時，回他一句：「如果你是那個人，你要怎麼解釋！」孩子會思考，如果自己是對方時該說些什麼。這樣一來，大部分孩子都會發現自己也有責任，而且會反省自己把所有責任推到對方身上的錯誤。

◇ **適時適度**：幼兒的時間觀念比較差，昨天發生的事對於他們彷彿過了好些天，加上貪玩，剛犯的錯誤轉眼就忘了。因此，父母責備孩子要趁熱打鐵，立刻糾正，不能拖拉，超時就發揮不了應有的教育作用了。

當孩子完成了一件事情以後，家長要及時進行鼓勵評價。如，告訴孩子「你真棒，剛才你注意力非常集中哦，以後也能做到吧？」「你上課的時候坐得多直呀！學得可認真了！」「媽媽發現你學習的時候從來不東張西望，真是好樣的！」……只要家長經常性對孩子進行正面的鼓勵和評價，孩子一定會在接下來的日子裡，表現的更加出色，也學得更加認真。

▎把獎勵變為孩子的動力

洋洋剛上一年級，沒有上過學前班的他，許多規矩都不懂：坐姿不正，小動作多，不認真聽講、不會舉手，排隊不站好……總之有很多毛病。洋洋的媽媽為了讓孩子改掉壞習慣，對孩子說：「如果你一星期都認真聽講，媽媽就幫你買改裝賽車的配件；如果你改掉某個壞毛病，媽媽就買玩具給你……」洋洋一聽，高興極了，他對媽媽保證，自己一定會表現好的。

從那以後，洋洋一放學就立刻跟媽媽彙報：「媽媽，我今天表現很好，老師都表揚我了……」

這時候，洋洋的媽媽就會鼓勵洋洋：「加油啊！才過去兩天，不要功虧一簣啊！」

在媽媽的引導與教育下，在獎勵制度的推動下，洋洋慢慢就養成了做事專注的習慣。

對於孩子來說，獎勵是他們的最初動力，身為家長，在對孩子進行獎勵時，需要考慮到孩子的年齡和興趣特點。只有讓孩子有新奇感，才能使孩子感受到獲得獎勵的可貴。

獎勵孩子的方法很多，而每個孩子的自身特點又千差萬別，家長只有根據自己孩子的實際，因人而獎，以材而勵，靈活運用各種獎賞和激勵孩子的方法，才能真正達到促使孩子進步和成長的目的。

喜歡獵奇是孩子的一大特點。當孩子對某一事物或說法接觸多次後，就會喪失新鮮感，逐漸失去興趣。對於父母給予的獎勵也是一樣，當父母經常用同樣的方法獎勵孩子時，會逐漸喪失效力。因此，父母獎勵孩子，可採用多種不同的方法，但無論如何，要符合孩子的年齡和他們的個性特點。

1. 根據具體的情況採取不同的獎勵方式

如果在大人和孩子之間已形成了親密無間的關係，那麼獎勵可以採用微笑、手勢、點頭或親切的言語，及時地說些鼓勵的話：「雖然你很小，但是你一向很勇敢。」「加點油，你就會成功。」「在小組裡大家都聽話，你當然也會聽話」等，所有這些都是讓孩子形成良好行為的有效方法。

有時為了獎勵表現良好的孩子，可以答應（既已答應，當然要實現諾言）帶他去公園、兒童樂園、看電影等。

第四章　給孩子專注的「動力」

2. 贈送禮物

　　進行獎勵的重要方法之一是贈送禮物。但是只有在特殊場合才採用這個方法，不然孩子出於自私自利的動機才聽話，易產生不良的後果。一般贈送給孩子的禮物應是玩具、書以及其他可供欣賞的東西。

3. 當著孩子的面褒獎他的良好品行

　　在家裡或在關心孩子的熟人中間，當著孩子的面褒獎他的良好品行，是一種獨特的獎勵方法。大家所談的一切會帶給孩子良好的影響，他的行為得到了好評，使他感到無比的愉快。

　　當晚上全家在一起喝茶的時候，媽媽可以說：「今天阿玲的行為使我感到高興，由於工作忙晚下班，耽誤了接她回家的時間，她沒有因此而感到無聊，還幫助阿姨打掃房間、收拾玩具。」

　　爺爺奶奶可以對剛下班的爸爸媽媽說：「我們的小蛋蛋真的長大了，今天他趁我在準備晚飯的時候，居然把屋子收拾得井井有條。」孩子聽到這樣的話，怎麼能不開心呢？

4. 讓孩子參與家事作為獎勵

　　讓孩子參加家事作為獎勵，這能給孩子良好而深刻的印象。許多孩子都渴望像父母那樣做家事。父母可以選擇一些簡單的工作作為獎勵，例如：洗手帕、幫助媽媽為客人擺好桌子準備吃飯、幫助爸爸修理自行車和無線電、檢查地板打蠟機是否良好等。參與大人所做的事，對孩子來說是極大的快樂。在幼稚園裡，我們經常可以聽到孩子對同儕說：「我和爸爸一起……」、「我和媽媽一起……」等話，此時孩子是多麼自豪啊！

5. 像上級對下級那樣為孩子分配任務

獎勵孩子時,可以使用這樣的方法:像上級委託下屬執行重要而光榮的任務那樣吩咐孩子。

不斷地委託新任務讓孩子負起責任,讓孩子產生責任感。孩子知道擔任上級指派的角色是不尋常的,在孩子看來這是光榮的、享有榮譽的事。這個方法對那些勤勞及聽話的孩子特別有效。

6. 預先進行獎勵

有時孩子還未開始行動父母就給予獎勵,也能收到良好的效果。因為這樣做會使孩子感到被信賴而充滿信心去行動。「不應該讓大人提醒才去好好地做,要知道你已經是個懂事的大孩子了!」「你是個認真、用心的男孩子,做這件事 —— 定會使我們感到滿意。」這種獎勵方式要建立在暗示、激發自強自愛的基礎上。

7. 透過別人之口賞識孩子

透過別人之口賞識孩子,對孩子正確理解自己在其他人心目中的印象以及與其他人的交往都有很大的幫助。當孩子不確定自己給別人留下的印象是好是壞,以及在與別人交往過程中出現困難和障礙時,適時傳達給孩子別人對他的正面看法和讚賞,不僅可以強化孩子的信心,更可激發孩子的潛力。

在孩子的社會交往中,時常傳達別人對他的正面評價,可以培養孩子正確理解他人、評價他人、與他人友善相處的良好習慣,有利於孩子建立良好人際關係,對孩子以後的生活也有很大的益處。當孩子聽到從你的口中傳達的別人對他的讚賞時,他會感到更加光榮和自豪。

第四章　給孩子專注的「動力」

8. 要辯證地對待獎勵

　　優點的背後往往是缺點，缺點的背後也往往是優點，對孩子不能只獎不罰，也不能只罰不獎。要獎罰分明，不能因為獎，而看不到孩子的缺點，也不能因為罰，而看不到優點。這裡，陶行知先生的一個故事值得我們借鑑：

　　陶行知先生在「育才學校」任校長時，有一天，他看到一名男生用磚頭砸同學，遂將其制止，並責令其到校長室等侯。陶先生回到辦公室，見男生已在等侯，便掏出一塊糖遞給他：「這是獎勵你的，因為你準時到了。」接著又拿出一塊糖遞給他：「這也是獎勵你的，我要求你不要打同學，你立即停住了，這說明你很尊重我。」男生半信半疑地接過糖。陶先生又說：「據了解，你打同學是因為他欺負女生，說明你有正義感。」陶先生遂掏出第三塊糖給他。這時，男生哭了：「校長，我錯了，同學再不對，我也不能採取這種方式。」陶先生又拿出第四塊糖：「你已認錯，再獎勵你一塊。我們的談話也該結束了。」

　　陶先生獎中有罰，罰中有獎，用辯證的眼光看待這件事，處理得實在高妙。

　　值得注意的是，獎勵孩子不僅僅是為獎勵而獎勵，還應該注意一些原則，這樣才能避免適得其反。那麼，在獎勵孩子的時候，應注意那些原則呢？

　✧ **要避免獎勵過於頻繁**：獎勵應該是點綴式的，偶爾來一次，不能什麼都實行獎勵制度，今天作業做得清楚；明天考試考得好；星期天做了一些家事，等等。獎勵過多過於頻繁，很容易產生負面效應，容易使孩子產生這樣一種心理：你不獎勵我就不做，我做了，你就應該給予獎勵，把獲取獎勵當作是自己的目標。凡是孩子應該做到的，比如作

業寫清楚、簡單的家事等都不應該給予獎勵，需要獎勵的應該是那些一般難以做到、表現突出的、進步明顯的行為。

✧ **獎勵不能失信於孩子**：說好要給予獎賞的就必須做到，說好多少就多少，不能把自己的承諾當作玩笑，也不能對獎品打折扣。有些家長，當時信誓旦旦，你做到怎麼樣，我一定怎麼樣，可待孩子真的做到了，又反悔了。這是很不好的，對孩子的傷害很大，對家長自己的威望也是極大的損害。

✧ **獎勵要及時**：孩子心理變化很快，時間一長就會忘了為什麼獎勵，這樣獎勵與良好行為不能形成一種連繫，獎勵的作用也就失去了。不及時獎勵會挫傷他們的積極性和自尊心，因為他們會感到自己在父母心中沒有位置，而不把良好行為堅持下去。

✧ **獎勵的目的要明確**：當父母獎勵孩子時一定要告訴他們原因。因為孩子得到某種獎勵時，如果對為什麼得獎不清楚，他就會只關心能否得到獎勵，和得到獎勵的大小。比如，孩子畫一幅畫，顏色用得非常豐富、準確，父母就獎勵了他。如果這時候父母不把原因向孩子講清楚，他們就會認為是因為畫畫得了獎勵。於是，為了得到獎勵，他會再畫大量的畫，卻不會注意畫的品質。顯然，父母沒有達到獎勵的目的。

▌自己選擇才能專注、才會投入

著名漫畫家蔡志忠的父親就很願意讓孩子做他們自己喜歡的事，而不是按照自己的意願設置一個目標，逼孩子去達成。蔡志忠上中學時，大部分時間都沉迷於漫畫世界，多門學科不及格，甚至面臨留級的命運。當時，臺北的一家漫畫出版社邀請蔡志忠去畫漫畫。蔡志忠不知道父親能否同意自己放棄學業。

第四章　給孩子專注的「動力」

　　一天晚上，父親像平時一樣坐在籐椅上看報。蔡志忠忐忑不安地走到父親身後，輕聲說：「爸，我明天要到臺北去畫漫畫。」父親沒有抬頭，邊看報邊問：「有工作了嗎？」「有了！」「那就去吧！」這一問一答中，父親一動也沒動，繼續看他的報，蔡志忠也沒走到他的面前。

　　或許，蔡志忠和他父親當時都未曾想到，這短短十秒鐘的對話，卻成了影響蔡志忠一生的關鍵時刻。如果當初父親一定要他留在學校接受留級的命運，他日後還可能因為漫畫而聞名全世界嗎？答案我們無從揭曉，但至少我們懂得，要讓孩子專注於一件事情，這件事情一定要是他自己選擇的，而不是家長強加的。

　　那麼，家長應如何做到放手讓孩子自己去選擇呢？家長不妨參照以下幾個方面：

◇ **父母要給孩子自由發展的空間**：父母要知道，每個孩子都是一個獨立的個體，他們有自己的觀念和判斷。或許他們沒有足夠的生活經驗，在某些事情上可能會出現錯誤的判斷。但這種錯誤是可以理解，也是必要的，他們需要從這些錯誤中吸取教訓。如果孩子沒有足夠的自由發展空間，沒有足夠的實踐，那麼，將來他們在需要做出自主選擇的時候就很可能會束手無策。

◇ **多與孩子溝通、交流，了解孩子的想法**：了解孩子的內心世界，知道孩子真正的想法，坐下來和孩子一起商量、討論，看看孩子的興趣在哪裡？也許你會發現自己其實並不十分了解孩子。孩子會有自己的想法和主意，應該尊重孩子。

◇ **給孩子權利，讓他自己去選擇**：孩子的自主性在他的自主選擇上表現得最為明顯。但不少家長怕孩子選擇錯誤，從來不給孩子選擇的權利。這樣的孩子長大後就不可能適應競爭激烈的社會生活。其實，家

長應主動給孩子選擇的權利，在把選擇的權利交給孩子前，家長可以先為孩子提供有關情況，幫他們分析各種可能，並且還要教育他（她）如果是自己選錯了，自己就要負責任。

有一位媽媽帶孩子報名才藝，媽媽本來的意願是讓孩子學鋼琴，可是卻發現她在舞蹈組門口看得出了神，原來孩子更想學跳舞。媽媽沒有反對孩子的選擇，但她慎重地告訴孩子：「既然你選擇了舞蹈，你就要對自己的選擇負責，一定要堅持，不管吃多少苦，都要把舞蹈學好。」孩子點頭答應了。而事實上，她也確實很努力，很有天賦。從來不對媽媽抱怨學習舞蹈很苦。

家長對孩子的尊重亦能換來孩子對家長的尊重與信任，從某種意義上來說還培養了孩子的責任心與獨立意識。這對孩子的成長是很有幫助的。

✧ **父母要適時為孩子提供必要的幫助**：自主選擇並不是讓孩子進行盲目的選擇，在孩子進行重大決定時，父母可以幫助孩子收集資料，了解和熟悉各個選項，這有助於孩子進行科學選擇。如果孩子沒有很強的自主選擇能力，父母也可以和他一起分析資料，找出各個選項的利弊，最後了解孩子做出選擇的動機。如果孩子有較強的自主能力，父母則可以讓他自主完成選擇。父母只要在重大的事情上幫助孩子把好關，防止出現重大錯誤即可。

✧ **開發潛能，培養所長**：每一個正常人都具備多種潛能，只是發展的程度和組合的情況不相同，如果在早期能發現其潛能的長處與不足，並適度發展或彌補其能力，就能幫助他發展個人潛能，激發興趣，培養能力。因而早期教育非常重要，開發潛能、培養興趣多是在幼兒時代。家長應注重引導，孩子是自己塑造自己的，要讓兒童自己開發自

己的潛能，展現兒童的主體地位和家長的主導作用，側重培養孩子的真正興趣愛好。

✧ **鼓勵孩子學習一樣新的技能**：比如你的孩子特別擅長體育運動，那麼不妨勸他學學音樂或者繪畫。告訴孩子，一個人應該有多方面的發展，不同領域會帶給你不同的知識和技能，應該盡量讓自己成為一個多面手。

✧ **對於孩子，期望值不要太高**：很多家長對孩子的期望很高，認為培養孩子的目的就是為了成名成家，家長應該走出迷思，從培養孩子的文化底蘊出發去培養興趣，比如學習音樂應是以音樂為手段，培養孩子心靈的美感，對音樂的興趣、欣賞能力，陶冶其情感，激發智力和創造性，發揮音樂活動對兒童身心兩方面發展的特殊功能。學習美術及其他學科也是如此。

✧ **培養孩子的自主意識，自己的事情自己做決定，自己的事情自己選擇**：一歲的孩子就有了獨立意識的萌芽，他們什麼都要來一個「我自己」，自己拿小湯匙吃飯、自己跌跌撞撞地搬小椅子。隨著年齡的增長，他們不僅要獨立穿脫衣服、洗臉洗手，而且還要自己洗手帕、洗襪子，自己修理或者製作一些玩具，甚至還想自己上街買東西，自己洗碗。對於孩子正在增加的獨立意識，家長一定要予以重視，並支持、鼓勵他們：「你只要好好學，一定能做好！」千萬不能潑冷水「你還小，做不了！」

此外，孩子的事應該由孩子自己去思考，自己去決斷。玩具放在什麼地方？遊戲角怎樣布置？和誰玩？玩什麼？這些孩子的事，家長不要作決定，要讓孩子自己去動腦筋，想辦法，作出決策。家長可以幫助孩子分析，引導孩子決斷，但不要干涉，更不要包辦，代孩子決策。

當孩子面臨一些難以選擇的問題時，家長可以對孩子說：「這是你自己的事情，你應該自己拿主意！」從家長的角度來說，應該把選擇的權利盡量讓給孩子，在做出關於孩子的決定時，也應該徵求孩子的意見。

有夢想才有動力

有這樣一個故事：

有一個美國男孩，他的父親是一位馬術師，他從小就必須跟著父親東奔西跑，一個馬廄接著一個馬廄四處奔波，男孩的求學過程並不順利。國中時，有一次老師叫全班同學寫報告，題目是「長大後的志願」。

他洋洋灑灑寫了 7 張紙，描述他的偉大志願，那就是想擁有一座屬於自己的農場，並且仔細畫了一張 200 畝農場的設計圖，上面標有馬廄、跑道等位置，然後在這一大片農場中央，還要建造一棟占地 4,000 平方公尺的豪宅。第二天他把終於完成的心血之作交給了老師，兩天後他拿回了報告，老師在第一頁上打了一個又大又紅的 F，旁邊寫了一行字：下課後來見我。

腦中充滿幻想的他下課後帶著報告去找老師，問：「老師，為什麼給我不及格？」

老師回答道：「你年紀那麼小，不要老是做白日夢。你沒有錢，沒有家庭背景，什麼都沒有，蓋座農場是個花錢的大工程，你要花錢買地、花錢買馬、花錢照顧牠們。你別太好高騖遠了。」老師接著說：「你如果肯重寫一個比較不離譜的志願，我會重新打分數的。」

男孩回家後反覆思考了好久，然後徵詢父親的意見，父親只是告訴他：「兒子，這是非常重要的決定，你必須拿定主意。」

再三考慮以後，他決定原稿交回，一個字都不改，他告訴老師：「即

第四章　給孩子專注的「動力」

使拿個大紅字，我也不願意放棄夢想。」

　　後來這位男孩真的完整地實現了自己的夢想，那位老師還曾經帶著自己的學生來到農場露營，離開之前對這位已經長大的學生說：「國中的時候，我曾經潑過你冷水，這些年來，我也對不少學生說過這樣的話，幸虧你有這種毅力去追尋自己的夢想。」

　　心有多大，舞臺就有多大。對於孩子來說，夢想是他們擁有的最有價值的珍寶，是誘發他們的求知欲的第一個媒介。有了夢想，孩子才能愉快地進入學習狀態，充滿憧憬地去面對學習、生活中的每一個困難；有了夢想，孩子容易把注意力集中到追求夢想的過程中，專心度就強；有了夢想，孩子就能在自我激勵下去做每一件事情。可以說，夢想是孩子成長的動力機。當孩子有了最初的夢想和選擇時，家長不要給孩子太多的壓力和暗示，這樣會讓孩子很容易失去信心，從而變得消極。正確的做法是珍視孩子的夢想，用夢想連結孩子的求知欲，鼓勵孩子追求夢想，把夢想轉化為學習、成長的動力。

　　具體來說，家長應做到以下幾點：

1. 想辦法讓孩子了解他夢想成為的那個人

　　比如，孩子想成為體育明星，那就讓他多見識體育明星；想成為音樂家，就讓他多接觸各種音樂作品。見不到真人也沒關係，可以讓他多看關於此人的書、故事或影片，讓他充分了解，展開想像，直到對那個人產生尊崇，把他當偶像。偶像的力量是無窮的，許多人會以偶像為榜樣目標規劃自己的一生。為什麼現在很多孩子，你問他想成為一個什麼樣的人，他總是無從回答？就是因為家長忽視了偶像的力量。

2. 培育孩子必備的成功特質

比如，經常帶孩子去看名山大川和寬廣的海洋，因為仰視大山，他會感到自己的渺小，俯視大山，他又會感到大自然的廣闊；當他置身於海洋，他看到大海的波瀾壯闊與變化莫測，這樣見識過名山大川和大海的孩子一般不會孤傲、自負、狹隘與淺薄。當孩子站得很高時，就會有廣闊的視野、無限的空間和開闊的思維。

同時，多帶孩子去參加各種體育運動，讓他充滿活力。只有充滿活力的孩子，才是活潑的，才能很好地與別人相處，運動是一種很好的溝通方式。

3. 明確和強化孩子的夢想

有了這些實現夢想的成功必備特質之後，就得讓孩子強化對自己夢想的理性認知，如讓他寫出盡可能多的理由，說說為什麼他想成為夢想中的那個人，這樣會使他的想法更明確化、深刻化；也讓孩子理性地思考他奮鬥的方向，從而更明確地朝著那個方向努力。孩子在很小的時候，想實現某種夢想的理由往往是很單純的，家長要不斷地豐富他想成為某種人的理由，這樣會加強他內心的動力，讓他自己說服自己，用自己的夢想激發自己。

此外，家長還可以讓孩子把他的夢想以及要實現此夢想的理由貼在牆壁上，讓他每天看，持續地看，不斷地刺激。其實人與人的差別，是受到刺激的差別，接受了什麼樣的刺激，就會有什麼樣的心態。

4. 與孩子共同探討研究如何實現夢想

與孩子共同探討研究實現夢想的必要條件以及努力方法，並將學習的意義建構在每一個夢想上。

第四章　給孩子專注的「動力」

很多孩子在接觸到新鮮事物時，會自然而然地萌發某種理想。身為家長，千萬不要對孩子潑冷水，而應該予以支持。但支持是以孩子的現實準備為基礎，進行適當的啟發和引導的。如讓孩子懂得確立理想和現在的學習、將來自己的發展和前途的關係，理想是指對未來事物的想像和希望，它是有根據的、合理的，與空想和幻想不一樣，只要孜孜不倦的追求，就有希望實現。有一位家長是這麼做的──

爸爸和上小學三年級的孩子一起看電視。

當孩子看到螢幕上出現奇妙和有趣的動物世界時，產生了興致。他對爸爸說：「爸爸，上學多無趣，我想當動物學家，去研究動物，那多有意思呀！」

爸爸看著8歲的兒子笑了，他拍拍兒子的腦袋說：「你想研究動物，爸爸支持你，只是你了解多少動物，拿什麼去研究動物呢？」

兒子聽了爸爸的話，就問：「那你覺得如何才有資格研究動物呢？」

爸爸溫和地說：「想當一個動物學家，首先需要掌握豐富的基礎知識，要學習很多方面的知識。如果你想成為一名動物學家，就應該從現在開始做準備，學好各門知識，一個沒有知識的人是不可能成為動物學家的！」

兒子聽了爸爸的話，高興地說：「我明白了，爸爸是要我現在好好上學，為以後研究動物做準備對嗎？」

爸爸欣慰地笑了！

5. 幫孩子確立切實可行的目標

孩子光有夢想是遠遠不夠的，因為夢想可能是比較遙遠、籠統的概念，只有把夢想細節化、具體化，才能在具體的實踐中付諸行動。而細節化、具體化的夢想就是目標。

6. 鼓勵孩子立刻採取行動

夢想重要，行動更重要。一張最精確的地圖，也不可能將旅行者直接運送到目的地。因此，採取行動是一切知識獲取、成長進步的關鍵步驟。

7. 灌輸一定能夢想成眞的信念

世上每一本宗教典籍都是在訴說信仰和信心帶給人類的力量和影響。只要孩子相信夢想會成真，就會充滿動力，充滿自信。自信對孩子來說非常重要。建立自信其實就是一個人戰勝自己心理障礙的過程。有了自信，他就會主動參與一切活動，主動跟人交往，在機遇面前比其他人善於爭取。信念猶如汽油，可推動人邁向卓越之境。同時，父母也必須與孩子保持一致的觀點和理念，要相信孩子一定能夢想成真。

8. 增強孩子的抗挫能力

幾乎所有的父母都在擔心孩子遭受打擊，陷入困境，害怕他有挫折感。但大多數成功的人都經歷過挫折，而且正因他們當初能坦然面對挫折，才成就了今天的事業。經歷困難挫折之後，才會得到真正的成長，而那些曾經的苦難經歷反倒成為人生一筆難得的財富。它磨練了人的韌性，煥發人的潛能。因此，當孩子失敗時，父母應教導他如何接受失敗。因為任何參與競爭的人都必須學會面對失敗，學會如何從失敗中走出來並繼續前進。從失敗中可以學到很多東西，沒有失敗，就等於從未嘗試。

9. 教孩子學會積極主動

積極主動是對環境刺激所做出的積極回應。凡事應該積極主動。當你積極主動時，是你讓事情發生；而當你消極被動時，是事情在你身上發生。對待夢想永遠要飽含積極主動的熱情。

167

第四章　給孩子專注的「動力」

當你問孩子他長大了想做什麼時，有的孩子會毫不猶豫地回答你，想當醫生、作家、工程師；有的可能告訴你，又想當舞蹈家，又想當畫家，又想當歌唱家；有的可能會搖頭，說沒有考慮，或者是不知道做什麼；有的則會笑笑說，做什麼由不得自己，讓我做什麼就做什麼吧！有個學校在1,200多名學生中作有關理想的調查，理想明確的只占21％，等待型的占26％。猶豫不決型，隨遇而安型，虛無懶散型的大有人在。鑑於目前孩子的思想現狀，家長必須及早關心，助孩子一臂之力，讓他們在心中建立起理想的航標。

注意力是為夢想服務的，孩子的夢想越明確，他的使命感就越迫切，注意力也就越持久。因此，要想孩子注意力持久，家長應該讓孩子明白這樣做的目的是為了實現夢想，孩子的願望越強烈，他的注意力就越能持久。

▌責任心是專注的心理動因

責任心，是指個人對自己和他人，對家庭和團體，對國家和社會所負責任的理解、情感和信念，以及與之相應的遵守規範、承擔責任和履行義務的自覺態度。責任心是孩子健全人格的基礎，是能力發展的催化劑，是讓孩子保持專注，並投入精力的最不可或缺的動力因素。要培養孩子的責任心，家長應該做到：

1. 家長要建立榜樣

孩子有對自己喜歡和崇拜的人進行模仿的心理傾向，而父母在小孩子心目中一般都具有絕對的權威。父母的言行舉止對孩子的影響是深遠的、巨大的。家長的所作所為，孩子是看在眼裡、記在心上，長期的耳聞目染

不由得孩子不受影響，父母只有在生活中嚴於律己，給孩子做好表率，才能更好地去影響和教育孩子。

世界著名化學家、炸藥的發明者諾貝爾（Alfred Nobel）強烈的社會責任感就是來自於父親的言傳身教。

一次，諾貝爾問父親：「炸藥是傷人的可怕東西，為什麼還要製造它？」老諾貝爾這樣回答孩子：「雖然炸藥會傷人，但是我們要用炸藥來開鑿礦山，採集石頭，修築公路、鐵路、水壩，為人民造福。」

聽了父親的話，諾貝爾接著說：「我長大了，也要製造炸藥，用它造福人類。」

可見，父親所具有的責任感極大地影響了諾貝爾的人生。

教育家陶行知說：「我希望我的兒子成為一個什麼樣的人，那我自己就該首先成為那樣的人。」同樣，要培養子女的責任感、事業心，家長首先就要有強烈的責任感、事業心。

2. 培養孩子的家庭責任感

家庭責任心主要是指能尊重其他家庭成員的權利，自願承擔家庭義務，為自己的行為承擔責任：一個具有家庭責任心的兒童，不僅能在現時的家庭生活中扮演好家庭成員的角色，在未來的生活中也有能力組織好屬於自己的家庭；他的一生不僅能享受到家庭生活的充實、快樂，同時也能創造出溫馨、和睦的家庭氣氛。

孩子，身為家庭的一名成員，既應該享受其權利，也應承擔一定的家庭責任，包括承擔一定數量的家事。父母可透過鼓勵、期望、獎懲等方式，督促孩子履行職責，培養責任心。

如，家長可以培養孩子幫忙做事的習慣，透過家事培養孩子的責任意

第四章　給孩子專注的「動力」

識。讓孩子在家裡有固定的工作，如洗碗、掃地、拖地板、擦玻璃、取牛奶、拿報紙等天天都要做的事情，分幾件讓孩子做，並且負責到底，這樣做有利於幫助他們了解生活，了解父母。更重要的是，讓孩子明白自己是家裡的一分子，需要承擔一定的家庭責任。

3. 讓孩子自己承擔責任

　　要培養孩子的責任感，家長應該要求孩子勇於對自己的言行負責，不論孩子有什麼樣的過失，只要他具備承擔責任的能力，就要讓他勇敢地去面對，不能讓他逃避和推卸，更不能由大人出面解決。比如孩子損壞了別的孩子的玩具，家長就應要求孩子自己去幫人修理或照價賠償；孩子一時衝動打傷了人家，家長就應要求孩子自己去登門道歉，並鼓勵孩子去照顧被打傷的孩子等。讓孩子明白，任何人都別想推卸自己的責任，讓別人替他們收拾殘局是不可能的。

　　西元 1929 年 7 月 4 日，美國國慶前夕，一個 11 歲的美國男孩拿到了一些被禁止燃放的煙火，其中包括一種威力巨大的鞭炮，叫做魚雷。一天下午，他走近一座橋邊，朝橋邊的磚牆放了一個魚雷大鞭炮。一聲巨響，讓男孩神采飛揚，但就在這時，員警來了，把男孩帶上了警車，去了警察局。員警雖然認識這個男孩和他的父親，依然嚴肅地執行煙火禁令，判定這個男孩要繳交 14.5 美元的罰金。

　　男孩當然繳交不起，只好由父親代繳。令人感慨的是，這位父親當時沒說太多的話，回到家後，他跟兒子說：「這件事是你惹出來的，你必須對這件事負責任。到了 16 歲後，你要透過打工來還我的錢。」這位男孩就是後來的美國總統雷根，他在回憶錄中寫道：「我打了許多零工，才還清了欠爸爸的那筆罰金。」顯然，這件事讓雷根懂得了什麼叫責任──

要對自己的行為負責。

像雷根的父親那樣，讓孩子自己承擔過失的責任，看起來似乎有點「殘酷」和不近人情，其實這才是父親深沉的愛。一般來說，當孩子有了過失的時候，恰好是家長教育孩子的最有利時機。不論孩子有什麼過失，只要他有一定的能力，就應該讓他承擔責任，而不是由父母大包大攬。

4. 約定責任內容

家長應該和孩子約定責任的內容，讓孩子明白該做什麼、怎樣做，否則將會受到哪些懲罰。孩子做事往往是憑興趣的，要讓孩子對某件事負責到底，必須清楚告訴他做事的要求，並且與處罰連繫在一起。如把洗青菜的家事交給孩子，要是沒做好，便不能吃所有的菜。這樣，孩子才知道一個人是要對自己的行為負責的。

5. 讓孩子品嘗挫折學會承擔

孩子處於成長之中，對一些事情表現出沒有責任感也是正常的，因為許多時候他不知道責任是什麼，所以為了培養孩子的責任感，家長可以適當地讓孩子品嘗一下辦事情不負責任的後果，教孩子如何去面對並接受失敗的教訓，從中獲得成長。如孩子在學校違規受罰，家長一定要支持老師的做法，不要想方設法去替孩子解圍。孩子接受到懲罰的後果，承擔能力也就增強了。

6. 讓孩子養成自己想辦法的習慣

從小讓孩子自己去解決自己的事情，遇到問題要自己想辦法，不要總想依賴別人替自己解決問題。在孩子沒有辦法解決自己的困惑時，才給孩子一些建議，多溝通與指導，不要把自己的某種願望強加給孩子。

第四章　給孩子專注的「動力」

　　總之，孩子的責任心來自於家長有意識地培養。明智的家長一定要分清楚誰應該來承擔責任，是孩子承擔的就應該讓孩子來承擔，如果孩子年幼還無法承擔，家長也需要讓孩子明白這是他的責任。孩子的責任心就是從小養成的，只有養成強烈的責任心，孩子才能夠把學習當作自己的責任，集中精神，全力以赴。

第五章
情緒穩定能使孩子更專注

　　心理學家研究發現，情緒的穩定與否同樣左右著一個人的專注力。一個善於調節自己情緒的人，不容易被不良情緒困擾，更不會因為不良情緒的影響導致注意力渙散。

　　因此，家長應教育孩子學會調控自身的情緒，幫助孩子處理生活、學習中可能會影響到情緒，破壞專注力的各種因素，使孩子將注意力集中到有益於自身成長、進步的事情中。

第五章　情緒穩定能使孩子更專注

▌激發孩子良好的情緒

　　心理學家相關的調查資料顯示，良好的情緒可以提高大腦和整個神經系統的活動，有益於孩子的健康成長，更有益於孩子專注。孩子情緒良好，他在課堂上的反應就積極，大腦的工作效率就高，注意力也就更容易集中。因此，要培養孩子的專注力，家長應學會激發孩子的良好情緒。

　　那麼，家長應如何激發孩子良好的情緒呢？

　　首先，家長要正確理解對孩子的愛，要理智地去愛孩子，滿足孩子合理的要求，而不是過分的溺愛和無原則的遷就。對孩子的保護和幫助是必要的，但不能過分。只要不是太危險的事就應該讓孩子去做，去嘗試。我們家長常常覺得應盡量滿足孩子，讓孩子快樂幸福。但如果讓孩子長時間生活在一種特別溺愛的空間裡，孩子對幸福的感覺就會越來越壓抑，逐漸變得畏縮、停滯不前。

　　再者，讓孩子對合理要求有選擇的權利。當然，孩子年齡小，判斷和選擇的能力都是有限的，家長可以幫助孩子分析，引導他做選擇，這樣可以保護孩子的自尊心、自信心，使孩子的主動性、積極性得到很好的發揮。這裡特別要強調，家長在培養孩子的興趣方面一定要尊重孩子的選擇，只有這樣，這種興趣才能成為孩子真正持久的愛好，為活潑開朗的性格提供精神動力。

　　要調動孩子積極的情緒必須注意調整孩子的心態。孩子年齡小，自我控制能力很弱，自我調節能力也很弱，家長要教孩子學會調節自己的情緒，保證孩子心情舒暢。特別是當孩子遇到困難時，別忘了要引導他以積極的態度去克服。

　　此外，應根據孩子個體情況有針對性地進行教育。好動、好奇、好模仿是孩子們性格中的共性，但每個孩子仍有獨特的性格特徵，所以家長要

注意分析自己孩子的性格特點，有針對性地做工作。

　　如果孩子自制能力較好，但行動畏怯，就要多肯定他的成績，培養他的自信心，激發他活動的積極性；如果孩子不專心、難於安定，就要培養他專心、認真、耐心做事的習慣；如果孩子反應遲緩、沉默寡言，就要鼓勵他多參加團體活動，引導他多與其他孩子交往，提高他參加各種活動的能力。

　　此外，要激發孩子良好的情緒，家長還應該避免在孩子出現情緒或行為問題時，出現以下錯誤的處理態度：

✧ **用有吸引力的事物使孩子終止某些消極的情緒**：如見到孩子悲傷時，馬上去買孩子喜歡吃或玩的東西，只要孩子停止那種消極的情緒，什麼條件都答應；或者不管孩子的情緒如何，刻意壓制其情緒的爆發，甚至對他們說：「如果你想別人看得起你，最好把這些不好的情緒埋在心裡。」

✧ **用責備、恐嚇或打罵來終止孩子的消極情緒**：這類家長把注意力放在孩子的情緒或發洩情緒的行為上，不去深究孩子產生不良情緒的原因，甚至動輒以批評的態度對待孩子。就算有時主動了解原因也只是為了作出反應：合理的原因會得到諒解，不合理的原因會受到責備，而非常不合理的原因會受到嚴懲。

✧ **當孩子出現消極情緒時，冷漠對待**：即雖接受孩子的情緒表現，卻不做出積極的反應或加以引導。這類家長不關心孩子情緒的變化，常會讓孩子感到孤獨和無助。

✧ **說教**：即不注意孩子情緒或行為的原因，反覆埋怨或囉囉嗦嗦地說教一番。這類家長的行為極易引起孩子的反抗或厭惡心理。

以上的 4 種處理方式，都對孩子情商的發展不利，必須加以克服。

要想妥善處理孩子的情緒，提高孩子的情商，家長必須善於透過情感上的共鳴或移情作用培養孩子感覺他人情緒的能力。如看到孩子流淚，就能設身處地地想像孩子的處境並感受其悲痛；看到孩子生氣，則感受到其失敗或憤怒。家長接受並與孩子分享這種感受，會使孩子更有信心面對困難，因為孩子感到身邊有可信賴之人的支持。家長不責備孩子，不嘲笑孩子的情緒，不主觀地否定孩子的意向，不拒絕他們的要求，孩子就會讓家長了解他們的內心世界。只要孩子覺得家長與自己的立場是一致的，就願意與家長一起解決問題，接納家長的意見。更有益於良好情緒的激發。

▌讓孩子遠離焦慮

教育心理學裡有這麼一句話：孩子注意力不集中，學習不好，百分之八十來自於壓力。這種壓力可分為兩個方面，一方面是來自於學習本身的壓力，另一方面則是家長和老師賦予的。在壓力的重壓下，越來越多的孩子正承受著焦慮的困擾。小凡就是其中一個——

小凡現在已經上國三了，上國一、國二時，小凡的表現相當優秀突出。但到了國三以後，他突然發現自己沒辦法靜下心來學習，對學習莫名的反感，心情總是煩躁不安。小凡自己也不想這樣，怕辜負了父母的期望，可是，他只要一拿起書，就感到喘不過氣。白天上課時，他更是昏昏欲睡，無精打采，為此，小凡的爸爸媽媽和老師都非常擔心，動不動就警告他：「小凡呀！這是很關鍵的一年，你可不能在最關鍵的時候失誤呀！」可是，誰能知道小凡的苦衷呀！

焦慮是孩子即將面對重要事情時經常會出現的一種情緒，它是伴隨人們生活的一種情緒狀態。心理學研究表示：在焦慮適中的情況下，孩子的

學習效率隨著焦慮的增強而呈上升趨勢。這說明，焦慮本身具有動力和促進作用，它能啟動孩子體內的有關物質和系統，從而激發孩子的潛在能量，推動孩子去積極地學習，使學習更有效率。可以說，沒有一點焦慮的學生是不會有好成績的。

　　然而，如果孩子承受的壓力過大，焦慮的情緒過於嚴重，就會帶來一系列的副作用。如學習效率隨著焦慮水準的增強不斷下降；注意力無法集中，煩悶，靜不下心來學習；如果在考試中出現焦慮情緒，則會導致不能發揮正常的水準而使考試成績不理想。

　　故事中的小凡之所以難以進入學習狀態，正是因為學習與外界的壓力使他身心疲憊、焦慮，從而導致他情緒低落、煩悶。因此，身為家長，一定要站在孩子的立場上理解孩子，關注孩子的心理變化，及時幫助孩子學會緩解自己的疲勞狀態，進行心理調整。

　　那麼，家長怎樣憑經驗觀察孩子是否焦慮呢？一般來說，家長可以從以下幾個方面觀察：

✧ **觀察孩子的行為**：當孩子過度焦慮時，他的行為表現常常有明顯的變化，比如，平時活潑好動的孩子突然變得文靜起來；平時安靜乖巧的孩子突然變得煩躁起來；孩子總是坐立不安，拿起這個，又放下那個等，這些反常的行為都預示著孩子可能正遭受著焦慮情緒的煎熬。

✧ **觀察孩子的言語**：當孩子比較焦慮時，性格外向的孩子往往能夠直接說出來，家長容易從孩子的言語中發現。但是，性格內向的孩子則會變得更加少言寡語，這時，家長就要關注一下孩子的反常了。

✧ **觀察孩子的神情**：孩子往往不善於掩飾自己的情緒，當孩子焦慮緊張時，家長可以從孩子的神情中發現異樣。

第五章　情緒穩定能使孩子更專注

✧ **觀察孩子的生理反應**：多數過度焦慮的孩子，往往會產生一系列的生理反應：不思茶飯、哈欠連連、頭痛、舊病復發等。當孩子出現這些反常的生理反應時，也許就是過度焦慮造成的。

當發現孩子過度焦慮時，家長可以透過調整學習方式來訓練孩子增強專注力，比如，用一些彩色筆勾畫書本，購買一些彩色版的相關學習資料，讓孩子聽聽喜歡的音樂，重新安排每天的作息時間，調整學習的順序和科目等，這些變化可以給孩子新的視覺、聽覺等感覺刺激，即使是學習相同的內容，孩子也會覺得有新鮮感，或多或少地能重新調動起孩子的學習注意力。

「解其症，才能治其病。」一個不了解孩子的家長非但不能幫助孩子解壓，還有可能因為方法失當讓孩子陷入更加焦慮的狀態中。因此，家長應細心觀察，了解自己的孩子。如果你的孩子此時正處於焦慮的情緒之中，身為家長，就應該幫助孩子學會緩解自己的焦慮。

專家以為，以下的方法，可以幫助孩子緩解壓力：

✧ **引導孩子正確理解焦慮**：孩子一旦出現了焦慮情緒，家長應該告訴孩子，焦慮是一種正常的情緒狀態，適度的焦慮能激勵我們發揮才能。出現過分焦慮，我們要學會認清其真面目，透過適當的放鬆調節，就能平靜從容地面對。孩子只要正確地理解到焦慮，就不會因為焦慮而長期處於惶恐不安的情緒中。當孩子學會了自我解壓，學會了正確與焦慮相處後，就能慢慢恢復到正常的學習狀態中。

✧ **讓孩子把自己的焦慮畫出來或者寫出來**：專家認為，讓孩子以畫畫或文字來表達當時的心情，能幫助孩子很好地宣洩自己的不良情緒。因為在這個過程中，孩子可以有機會重組事件經過，並有機會作出檢討和反思。

✧ **鼓勵孩子把焦慮說出來**：傾訴是緩解壓力的重要途徑，如果不能讓孩子學會傾訴，那麼，久而久之，孩子遇到什麼事情都不願向家長及他人傾訴，而是把心事悶在心裡，長此以往，就會造成孩子的心理危機。

傾訴可以緩解人的壓力，讓人把緊張的情緒釋放出來。要讓孩子學會透過這種途徑來排解情緒，在遇到衝突或挫折時，要鼓勵、引導孩子將事由或心中的感受告訴他人，以尋得同情、理解、安慰和支持。孩子對成人有很大的依賴性，成人對孩子表現出的同情或寬慰會減輕甚至清除孩子的心理緊張和情緒不安，即使在孩子的傾訴並不合乎情理的情況下，也要耐心地聽下去，至少保持沉默，等待孩子情緒的風雨過後，再與他細作理論。

✧ **幫孩子轉移不良的情緒**：轉移也是孩子宣洩情緒的良好途徑。當孩子遇到衝突和挫折時，不要讓孩子過多關注所遭遇的事情，而要引導其從這種情境中擺脫出來，儘早投入到自己感興趣的活動中去。例如：孩子因為與其他孩子出現爭執而受到老師批評，家長不要指責孩子不聽話，而要跟孩子談談心，講講老師為什麼要批評他，然後，可讓他到室外去踢一下球，在劇烈運動中將累積的情緒能量發洩出去。

✧ **幫助孩子發展負面情緒的管理技巧**：在美國有些中小學，在課程中加入冥想的練習，讓孩子坐下，閉上眼睛，意念集中靜坐 20 分鐘。而最近的實驗發現，靜坐冥想有助降低一個人的焦慮感，而且能夠強化注意力的集中，進一步提升學習效率。像這些設計得當，適合孩子的放鬆技巧，早早學會，對他們未來的抗壓能力就會有所幫助。

✧ **讓孩子的身心得到充分的休息**：讓孩子得到充分休息的有效方法是：睡覺、體育鍛鍊、體能活動。所以，家長不妨讓孩子多睡覺，或和孩

子一起做做體育運動，相約一起去爬山。當然也可以讓孩子幫助家長做點家事。真正充分的休息才能解除身心的疲勞感，迅速恢復體力和精力，這樣也可以增強孩子學習時的注意力。

✧ **讓孩子做放鬆情緒訓練**：當孩子出現焦慮情緒時，家長可以教孩子做一些放鬆訓練，如深呼吸、逐步肌肉放鬆法等。

正確的深呼吸方法要點是：緩慢吸氣，稍稍屏氣，將空氣深吸入肺部，然後緩緩地把氣呼出來，在深呼吸時應該可以感受到自己胸腔和腹部在均勻起伏。逐步肌肉放鬆法主要採用漸進性肌肉放鬆，透過全身主要肌肉收縮 —— 放鬆地反覆交替訓練，通常由頭面部開始，逐步放鬆，直至全身肌肉放鬆，最後達到放鬆的目的，並能夠對身體各個器官的功能產生調整作用。

▎避免讓孩子受到「情緒汙染」

什麼是「情緒汙染」？在一個特定的環境中，每個成員都會不自覺地覺察、體驗其他成員尤其是主要成員的情緒，然後改變自己的情緒狀態，這就叫做「情緒汙染」，也叫「情緒移入」。

在生活中，「情緒汙染」常常引起一系列的連鎖反應。如，爸爸在公司發生了一些不愉快的事情，於是就把這種不愉快的情緒帶回家中；恰好，媽媽煮了不合爸爸口味的飯菜，爸爸藉此機會數落了媽媽一番；而媽媽勞累了一天，回家還要洗衣做飯，本來就滿心委屈，不但不能得到丈夫的寬慰，反而換來一張黑臉，於是惱火異常，就與爸爸爭鋒相對。孩子恰好回家，看到爸爸媽媽爭吵的那一幕，嚇得號啕大哭起來，第二天上課精神恍惚、注意力不集中……

每個孩子來到這個世界上，最信賴、最愛的人是他的父母。在他的成長歷程中，他的自我建構是伴隨著他從周圍世界感知到的，父母對發生的事件所做出的反應來完成的。他會傾聽父母的話語，感受父母話語背後的態度以及情緒狀態是什麼。他可以從大人的語氣、語調、表情中覺察到發生了什麼，大人對事件的態度以及做出的反應直接影響著孩子。因此，家長應防止「情緒汙染」給孩子帶來的危害。在日常生活中，家長應該做到：

1. 不把不良的情緒帶回家中

為人父母，請盡量不要把不愉快的情緒帶到家裡，如我們常說：「煩死了」、「真累」……這樣的壞情緒往往會傳染給孩子。孩子年齡小，缺乏情緒的調節能力，如果總處在充滿抱怨和不滿的環境裡，孩子也會像大人一樣用消極的語言來宣洩自己的緊張和不滿，這對孩子今後的人際交往和生活態度非常不利。我們都知道，即便是大人，聽到抱怨，面對指責，或看到自己的另一半臉拉的老長，沒有笑容，都會控制不住自己，好情緒變壞情緒，更何況是孩子。所以請別做情緒的汙染者，在孩子和家人面前，請盡量保持快樂的情緒，讓家人受到感染。

如果家長在外面工作不順，要克制自己回家不亂發脾氣，盡量把不良情緒化解掉。如果回家恰好遇到孩子搗蛋、家人無理取鬧等不愉快的事情，應先平靜自己的情緒。若是在很激動的情況下，家長可以選擇沉默不語，以避免事態激化，對孩子造成不良影響。

2. 避免在孩子面前吵架

家長要盡量避免在孩子面前吵架。如果真沒辦法控制，吵完之後，一定要對孩子說，這只是大人之間對一些事情的看法不同，希望孩子不要介

意。另外，吵完架，千萬不要在孩子面前說對方的壞話，家長之間有些口角是分不清對錯的。

3. 笑臉迎人，家長要當「笑長」

孩子一回家，家長就要滿臉笑容地招呼他，並問他：「今天在學校有什麼有趣、好玩的事嗎？」千萬別劈頭就問：「數學考幾分？英語考幾分？」孩子一聽，馬上翻臉，怎麼笑得出來呢？

笑臉是最可愛的溝通橋梁，笑話是最甜蜜的開心果，家長有時也可講講笑話給孩子聽。家長變「笑長」，家園變「笑園」，孩子就天天樂翻天。

4. 別在孩子面前談對方的不是

小謝剛跟老公簽訂離婚協議，孩子——丁丁的撫養權歸小謝所有。當天，小謝便一直在數落丁丁的爸爸，要丁丁努力學習為媽媽爭氣，不要讓爸爸他們笑話等。

夜晚，丁丁怎麼也睡不著覺，他實在想不通爸爸媽媽為什麼要分開，為什麼爸爸不要自己了，為什麼媽媽說爸爸壞？想著想著，丁丁嗚嗚地哭了起來。從此學習無精打采，不跟同學一起玩……

很顯然，小謝的做法是不對的，孩子小，很難明辨是非，也不清楚箇中原因，只能從父親或母親的話中，靠自己幼稚的想法加以解析，因此極易受家長的情緒汙染。因此，要想讓孩子免受情緒汙染，家長應盡量不在孩子面前提及對方的不是，要告訴孩子：雖然父母不在一起了，但大家還是會很疼愛孩子的；對方有困難的時候，大家都會互相幫助，以此消除孩子心頭的疑慮。

5. 掌握好兩個時段的家庭氣氛

　　第一個時段是早餐時間，因為早晨時間很緊湊，吃飯看孩子一拖延，便很容易把火撒在孩子身上，影響孩子一天的心情；第二個時段是睡覺之前，在外面忙了一天，有不順心的事情，忍了半天，到最後功敗垂成，摔個盤子砸個門，孩子受到驚嚇，睡眠品質便直線下降。因此，無論如何，父母都要克制自己的情緒，如果意識到自己的情緒已經成了巨大汙染源，應該立刻想辦法切斷這個汙染源。

▌消除孩子的畏難情緒

　　當今社會是一個競爭激烈的社會，它要求每個渴望在社會中立足的人都具有專注、堅忍不拔的特質。然而，現在的孩子大多浮躁、不能靜心做一件事，或完成一樣東西；遇到困難就退縮，不能堅持。小豆丁就是這樣一個孩子：

　　5歲的小豆丁是個乖巧、懂事的孩子，但做事情沒有耐性，缺乏定性，最重要的是，他很怕麻煩，更不敢面對困難。比如，他學會剪直線了，媽媽為了鍛鍊他的手眼協調能力，就畫了條曲線讓他剪，剛開始剪了一點，有點難度，小豆丁立刻對媽媽說：「媽媽，我們剪點別的吧！」然後，就隨意地剪成小紙片。

　　再比如：他很迷戀寫字，自己喜歡很隨意地寫，媽媽想規範他一下，幫他買了練字本，要教他怎麼寫。可是，剛寫了兩個字，小豆丁就受不了了，皺著眉頭對媽媽說：「媽媽，寫字太難了，明天再寫吧！」總之，稍稍有一點困難，他就放棄，包括運動，如跳床，有一點點累，他就不做了。

第五章　情緒穩定能使孩子更專注

為此，小豆丁的媽媽非常苦惱。

其實，像小豆丁這種情況並不在少數。在現實生活中，很多孩子之所以今天熱衷於練舞蹈，明天又迷上了武術，可總不能長久，與他們內心浮躁，怕困難有很大的關係。

孩子有了畏難情緒，無論對學習還是對生活都是不利的。畏難情緒與自信心正好是相對立的。對於學習，有了畏難情緒，就可能考不出好成績；對於畫畫，有了畏難情緒，孩子沒有了這方面的心理需求，便會感到畫畫是沒有意思的事情；要是對生活有了畏難情緒，孩子會對生活失去信心。畏難情緒是孩子學習和生活的最大敵人。因此，家長應培養孩子專注做一件事情，遇到困難不退縮的性格，這樣，孩子才能在今後的事業中獲得成功。

孩子之所以產生畏難情緒，歸納起來有以下幾個方面的因素：

✧ 孩子從小被嬌慣，家長看到孩子有困難馬上伸手。孩子逐漸喪失面對困難、解決困難的勇氣和信心。

✧ 孩子從小沒受過挫折，一帆風順的。沒有面對過困難，更沒解決過什麼困難。

✧ 面對困難時多次失敗。多次失敗可能使孩子失去信心。

✧ 動機不夠，有的孩子好像對什麼都不感興趣，得了無興趣綜合症。

孩子的畏難情緒，並非表現在所有的事情上，往往只是對某件事情，或者是對一件事情的某一方面有畏難情緒。孩子的畏難情緒產生的主要原因是沒有興趣所致。而興趣的消失又主要是教育方法不對頭所致。畏難情緒的表現是，不願意做某件事情，沒有主動性；做事情沒有信心，對自己做的事情持懷疑態度；對父母要求做的事情和自己應該做的事情打怵，能

躲就躲，能藏就藏，就連自己原來最願意做的事情也沒有信心做好。長期下去能使孩子變得懶惰，有依賴性，甚至家長不給做，自己就不做。可以說，畏難情緒對於孩子的學習是一個危險的信號。

家長如果發現孩子有了畏難情緒，要採取積極有效的對策，消除孩子心理上的障礙，幫助孩子度過這一「危險期」。家長要針對孩子畏難情緒的表現進行全面綜合分析，看看是哪方面有了畏難情緒，是什麼原因造成的？

孩子產生畏難情緒，家長應該多從自身的教育方法上找原因，注意從調動孩子的思維積極性出發，加強對孩子情感、意志等心理特質的培養，還要加強對孩子的興趣培養，要讓孩子對所做的事情有感情，願意去做，然後再研究讓孩子怎樣做得好。還可以透過制定目標來培養孩子的自信心，但目標要切合孩子的實際，不要超過了孩子能達到的水準，造成孩子膽怯，產生新的畏難情緒。就是說制定目標的目的是讓孩子建立自信心，克服畏難情緒。

那麼，家長應如何幫助孩子消除畏難情緒？

✧ **家長應學會觀察，孩子對哪些事情產生畏難情緒**：一般說來，解難題要涉及多方面、多層次的知識和技能。最關鍵是解決難題的突破口。孩子面對不同難題會出現不同反應，這時家長就需要觀察，孩子解哪些難題較容易，解哪些較困難。觀察的目的是釐清孩子出現以上狀況的原因。

✧ **家長要等待適當的機會**：透過觀察找出原因需要一個過程，家長要在觀察中等待。如果省略這個環節，有可能導致兩種情況。其一，任何難題家長都幫助孩子解析，孩子將產生依賴心理，遇到難題便會產生

惰性。其二，任何難題都一股腦地逼迫孩子去想，孩子百思不得其解，會產生無助心理，見難題就害怕。因此先觀察孩子的表現，再有針對性地提供幫助。

✧ **家長應多鼓勵孩子，增強孩子的自信心**：查出原因，找到方法，再去幫助孩子會更奏效。比較容易攻破的難題，要放手讓孩子自己去想，在信任中鼓勵孩子，讓孩子在自主探索中體驗成功的快樂。對比較難攻破的難題，則適時適度地給予指導，牽手過難關，在關注中鼓勵孩子，孩子會有信心，有勇氣，逐步領悟解難題的規律。在放手與牽手之間，孩子的信心增強，更重要的是孩子掌握了「捕魚」的方法，這就是學習能力的飛躍。

✧ **家長要改變自己的看法**：克服孩子難教的畏難情緒，這是幫助孩子克服畏難情緒的前提。家長要有耐心，要善於做細緻的教育工作。在方法上要變強制孩子學習為啟發孩子學習，促使孩子接受家長的教育，最終把家長的積極性轉化為孩子主動學習和做事情的積極性。

值得強調的是，要改變孩子的畏難情緒，家長不要急於求成，開始時的目標可以定得低一點，然後逐步地提高要求，讓孩子逐漸適應。這就像跳高，孩子最高能跳 160 公分，一下子升到這個高度，孩子可能跳不過去，如果分為 120 公分、140 公分，最後再到 160 公分，安排 3 個臺階，跳過 160 公分就容易了。讓孩子實現目標也是這個道理。要幫助孩子實現學習目標，還要幫助孩子解決學習的目的問題。孩子有了明確的學習目的，就會積極主動地學習，把畏難情緒變為必勝的信心。家長在幫助孩子克服畏難情緒時，要注重教育的過程，不要過分強調結果，所以家庭教育更應該注重過程教育。過程教育與結果教育是密切連繫在一起的，沒有好的過程就不可能有好的結果。

✧ **讓孩子端正學習態度**：在學習方面，感到害怕、擔心學不會的人，碰到的最大敵人不是學習任務重、難度大，而是在遇到困難和挫折時所產生的心理情緒問題和動機障礙。

例如：有的孩子遇到課業成績不理想時，不能正確地面對，會產生焦慮情緒和自卑感，認為自己不是讀書的料，這種想法是萬萬要不得的。父母要讓孩子端正學習態度，對學習有一個明確的理解 —— 學習是在學習知識，而不是在受罪。

自信是專注的心理保障

一個人要想專心致志做好一件事情，他首先要做的，就是把頭腦中的所有負擔放下。缺乏自信心的直接結果就是讓人無法放下自己的負擔。因此，要想培養孩子的專注力，家長應從培養孩子的自信心入手。對於每個孩子來說，專注是他們成功的基礎，是孩子自信的直接表現。

要培養孩子的自信心，使其有專注的心理保障，家長應注意以下幾點：

1. 發現孩子身上的閃光點

事實證明，能力再弱的孩子也有自己的「亮點」，父母要從發現孩子的優點入手，及時地給予肯定和鼓勵，不斷地強化孩子積極向上的認同心理。

傑克·威爾許出生於西元 1935 年 11 月，1981 年 4 月成為奇異公司歷史上最年輕的董事長和執行長，2001 年 9 月光榮退休。從入主奇異公司起，他用 20 年的時間，將一個瀰漫著官僚主義氣息的公司打造成了一個充滿朝氣、富有生機的企業巨頭。在他的領導下，奇異公司的市值由他

第五章　情緒穩定能使孩子更專注

上任時的 130 億美元上升到 4,800 億美元。威爾許被譽為「最受尊敬的CEO」、「全球第一 CEO」、「美國當代最成功最偉大的企業家」。

威爾許從小就患有口吃。說話口齒不清，因此經常鬧笑話。威爾許的母親想方設法將兒子這個缺陷轉變為一種激勵。她常對威爾許說：「這是因為你太聰明了，沒有任何一個人的舌頭可以跟得上你這樣聰明的腦袋。」於是，從小到大，威爾許從來沒有對自己的口吃有過絲毫的憂慮與自卑。因為他從心底相信母親的話：他的大腦比別人的舌頭轉得快。

在母親的鼓勵下，口吃的缺點並沒有阻礙威爾許學業與事業的發展，而且這個弱點反而成為他的一種特有的標幟與資本。美國國家廣播公司新聞部總裁麥可就對威爾許十分敬佩，他甚至開玩笑說：「傑克真有力量，真有效率，我恨不得自己也口吃。」

威爾許的個子不高，卻從小熱愛體育運動。讀小學的時候，他想報名參加校籃球隊，當他把這想法告訴母親時，母親便鼓勵他說：「你想做什麼就儘管去做，你一定會成功的！」於是，威爾許參加了籃球隊。當時，他的個頭只有其他隊員的四分之三高。然而，由於充滿自信，威爾許對此始終沒有察覺，以致幾十年後，當他翻看自己青少年時代在運動隊與其他隊友的合影時，才驚訝地發現自己幾乎一直是整個球隊中最弱小的一個。

青少年時代在學校運動隊的經歷，對威爾許的成長很重要。他認為自己的才能是在球場上培訓出來的。他說：「我們所經歷的一切都會成為我們信心建立的基石。」在整個學生時代，威爾許的母親都始終是他最熱情的啦啦隊隊長。所有親戚、朋友和鄰居幾乎都聽過一個威爾許母親告訴他們的關於兒子的故事。而且在每一個故事的結尾，她都會說，她為自己的兒子感到驕傲。

2. 不把孩子的缺點掛在嘴邊

對於孩子來說，父母的話具有很大的權威性。父母不僅不要經常談論孩子的缺點，更不能對孩子說結論性的話，比如說「笨蛋……你真沒救了」等話。可能那些話對父母而言只是一時「脫口而出」，但在孩子的心目中卻常常會留下很深刻的印象。父母即使發現了孩子的某些缺點，也要採用暗示的方法告訴他，以避免對孩子產生心理壓力。

3. 適當誇大孩子的進步

孩子即使沒有進步，父母也應該尋找機會進行鼓勵。如果孩子確實有了進步，父母就應該及時誇獎他們「進步很大」。這樣一般都可以調動孩子心中的積極因素，促使孩子期望自己取得更大的進步，孩子就有可能取得事半功倍的奇效。

4. 幫助孩子建立自信心

俗話說，「笨鳥先飛」、「勤能補拙」。父母提前讓孩子掌握一些必要的知識和技能，等到與同伴一起學習的時候，他就會感覺到「這很好學」，在別的孩子面前就會揚眉吐氣，孩子就可能比別的孩子學得快，自然就會信心百倍了。

5. 告訴孩子「你能做到」

家長在教育孩子時，最容易犯的錯誤就是事先假定孩子什麼也不會做，什麼也做不好，所以事事都會阻止他們自己做，都要替他們做好。殊不知，這麼做的結果是使孩子慢慢地對自己失去信心，失去自己努力去探索、去追求、去鍛鍊的自覺性。這樣，大人們也忘記了只有透過各種鍛鍊

和磨練才能使孩子成為一個有用之人的道理。所以，要盡量避免這樣一種先入為主的錯誤，而應該用激勵的辦法去促使孩子主動做事情，不要以年齡為由去阻止孩子做某件事情。

「你能做好」，這是家長大腦中首先要設定的一個前提。應該相信，孩子和大人一樣也能把事情做好，孩子隨時隨地都應該學習生活的本領。雖然有成功也有失敗，但不能因為失敗而否定孩子自身的價值，關鍵在於孩子是否勇於嘗試，是否勇於面對失敗，同時不致使孩子的自尊心和自信心受到影響。所以應該鼓勵孩子主動做事情，既不能打擊孩子，也不要過分表揚，因為過分的表揚容易使孩子產生驕傲情緒。總之，要適當地對孩子進行鼓勵和表揚，讓孩子得到一種自我滿足，增強自尊和成就感，從而不斷增強自信心。

6. 給孩子表現的機會

一個人只要體驗一次成功的快樂，便會激起他無休止地追求成功的力量和信心。因此，引導孩子了解自己的長處和短處，就會揚長避短，增強信心。

如果家長能掌握每個孩子的亮點，點燃孩子的自尊心，打消孩子的自卑感，並以此激發孩子鼓足勇氣、建立信心，就能促進孩子的全面發展。

7. 適當的時候家長要示弱

兵兵剛上幼稚園，媽媽每次接他回家走到樓下時，他總會說：「媽媽，我很累！」媽媽一開始還真以為兒子剛上幼稚園中午睡不好，回家時會感到疲勞。因孩子年齡小，加上心疼兒子，媽媽便毫不猶豫地背起他爬上六樓。但接下來的幾天，只要一走到樓下，兒子就喊累，慢慢地，媽媽明白了兒子說累的真正原因：因為家住六樓，他不想自己走上樓。

　　有一天，快走到樓下時，媽媽靈機一動，心想：何不在兒子面前示弱一下？於是媽媽學著兒子平時撒嬌的樣子說：「兒子，今天媽媽也很累，你在媽媽心目中是一位男子漢，作為男子漢，你能幫媽媽做些什麼嗎？」聽媽媽這麼一說，兵兵上下打量了媽媽一下，用手抓抓頭，將媽媽手裡的包包接過去，說：「媽媽，我來幫你提包包，我拉著你上樓吧！」

　　說完就提著媽媽的包，拉著媽媽的手，「一瘸一拐」地上了樓。媽媽在後面裝出很沒力氣的樣子，一邊上樓一邊喊著：「兒子，走慢一點，我上不去了。」兵兵一副很照顧媽媽的樣子說：「我拉著你，你可以慢慢走！」以後的日子，媽媽時不時在兵兵面前示弱，總是能收到意想不到的效果。

　　兵兵現在快 6 歲了，自理能力很強，在媽媽面前總是表現出男子漢的氣魄。幼稚園老師也反應兵兵很會照顧弱小的同學，在班上很受小朋友們的喜歡。

　　現在的獨生子女更多享受的是多個成人對他們的愛、對他們的照顧，很容易養成自私、自理能力差、不會體諒別人、缺乏愛心等缺點。如果成人能經常在孩子面前示弱一下，讓他們感到自己有時也很能幹，也能幫助成人做很多事情，相信孩子會慢慢自信起來。

8. 不要因為失敗懲罰孩子

　　即使遇到最大的失敗，如升學考試落榜，也不能用嚴厲教訓或懲罰的方式對待孩子。相反，應該加以特別的關懷和安慰，還要用暗示的方法使孩子相信天無絕人之路，並用塞翁失馬的故事進行開導，使孩子相信有時壞事會變成好事。我們的孩子在成才的路上也曾經歷過幾次山重水複疑無路的時刻，我們就是用這種方法助他們度過難關，迎來柳暗花明又一村的境界。

第五章　情緒穩定能使孩子更專注

　　用愛去培養和保護孩子的自尊和自信，讓孩子一輩子保持著對成功的信心，保持有專注的能力，這是家長應該給予孩子的最好的禮物。

▌樂觀有利於專注力的發展

　　樂觀，是最為積極的性格因素之一。它不僅是一種心態，更是一種人生智慧。樂觀的心態，在人的一生中有著非常重要的作用。樂觀的孩子有顆積極向上的心，他們對未來充滿了信心和希望。他們能在困難中看到光明，在逆境中找到出路，儘快走出陰霾。樂觀的孩子比較容易發揮自己的專長，他們能在生活中不斷激勵自己的熱情，開掘自己的潛能。同樣，積極樂觀有利於孩子專注力的發展。

　　據心理學家長期的研究證明，樂觀的情緒能促進大腦的工作效率，促使一個人更加積極、主動、投入地完成一件事情。一個人如果長期處於積極樂觀的情緒中，那麼，他的注意力也就更容易集中。

　　在現代家庭中，獨生子女居多，而公寓大廈又阻隔了人與人之間、家庭與家庭之間的交往。一般情況下，家長是不會放心讓孩子自己一個人出去玩的，這就讓孩子與外界接觸的機會更少了，不少孩子因此變得孤僻、不合群，注意力不集中等。嚴重的，還有可能影響到孩子的心理健康。

　　孩子的樂觀首先來自家庭和諧、幸福的氣氛，源於父母的樂觀、自信、幽默、豁達，如果父母能夠切實地幫助孩子正確對待並戰勝他們面臨的困難，用自己的樂觀精神感染孩子。這樣，即使他們在以後的生活中碰到困難挫折，也能始終保持健康的心態，具備心理承受力，克服困難，實現既定的目標，因為父母已使他相信在困難和挫折後面，還存在許多美好的東西。總之，父母是孩子健康個性的塑造者。孩子的天性本是活潑開朗的，要想培養一個活潑開朗的孩子，並不是一件困難的事情。路遙的父母

是這麼培養孩子的樂觀性格的：

路遙出生在一個知識分子家庭，爸爸是一家化工研究所的副所長，媽媽是一位知名的小學教師。

小路遙出生的第二天，爸爸就為她買來了彩色的氣球、小搖鈴、一捏就能發出聲音的大公雞等。他們把氣球掛在孩子眼睛的上方，把小搖鈴、大公雞等放在孩子的小枕頭旁邊。幾天後，他們就有意識地引導孩子觀察氣球，訓練孩子的視力。搖動小鈴鐺，捏捏大公雞，訓練孩子的聽力。由於孩子比較健壯，眼睛比較靈活。不到 20 天，小路遙就能把臉轉向發出聲音的地方，而且還能盯著上面的彩色氣球看個不停。

小路遙稍大一些，父母就開始幫她買孩子最喜歡的圖書。《世界著名童話故事》、《世界著名神話故事》、《世界著名寓言故事》等擺滿了孩子的小書架。

書裡那些善良、聰明、擬人化的小動物以及誠實、開朗、勇敢、樂觀的孩子，成為小路遙成長過程中學習的榜樣。正是由於早期的閱讀，她上課注意力集中，取得了令同儕羨慕的好成績。

路遙的父母認為：一個活潑開朗的孩子，總能對自己的能力充滿自信，容易和周圍的人友好相處，課堂上能專心聽講，對未知的事物有著強烈的探索欲望。因此，父母應有意識地培養孩子活潑開朗的性格。

路遙的父母無論工作多忙，每天總會抽出一些時間陪伴孩子玩遊戲，在遊戲中與孩子交流感情。在和父母的遊戲娛樂中，孩子能學到一些與人交往的知識和技巧，特別能體會到父母對自己的關心和愛護。這樣，孩子在與同學交往時會更輕鬆，也增強了與他人交往的信心。

可見，要培養孩子樂觀的性格，家長首先要保持樂觀友好的態度，不要動不動就責罵孩子。這些都可能影響到孩子的身心健康與樂觀性格的養成。

第五章　情緒穩定能使孩子更專注

美國兒童教育專家塔尼可博士提出關於「培養孩子樂觀心態」的建議：

✧ **勿對孩子控制過嚴**：身為家長，當然不能對孩子不加管教、聽之任之，但是控制過嚴又可能壓抑兒童天真爛漫的童心，對孩子的心理健康產生消極作用。不妨讓孩子在不同的年齡階段擁有不同的選擇權。只有從小能享受選擇權的孩子，才能感到真正意義上的快樂和自在。

✧ **鼓勵孩子多交朋友**：不善交際的孩子大多性格憂鬱，因為時時可能遭受孤獨的煎熬，享受不到友情的溫暖。不妨鼓勵孩子多交朋友，特別是同儕。本身性格內向、抑鬱的孩子更適宜多交一些開朗樂觀的朋友。

✧ **教會孩子與人融洽相處**：和他人融洽相處者的內心世界較為光明美好。父母不妨帶孩子接觸不同年齡、性別、性格、職業和社會地位的人，讓他們學會和不同類型的人融洽相處。當然，孩子首先得學會跟父母和兄弟姐妹融洽相處，跟親戚朋友融洽相處。此外，家長自己應與他人融洽相處，做到熱情真誠待人，不勢利卑下，不在背後隨意議論別人，為孩子建立一個好榜樣。

✧ **物質生活避免奢華**：物質生活的奢華會使得孩子產生貪得無厭心理，而對物質的追求往往又難以獲得自我滿足，這就是為何貪婪者大多並不快樂的根本原因。相反，那些過著簡單生活的孩子，往往只要得到一件玩具，就會玩得十分高興。

✧ **讓孩子愛好廣泛**：一個孩子如果僅有一種愛好，就很難保持長久的快樂感覺。試想：只愛看電視的孩子一旦晚上沒有合適的節目時，心頭必然會鬱鬱寡歡。相反，如果孩子看不成電視時愛讀書、看報或做遊戲，同樣可樂在其中。

✧ **創建快樂的家庭氣氛**：家庭的氣氛，家庭成員之間的關係，在很大程度上會影響孩子性格的形成。研究顯示，孩子在牙牙學語之前就能感

覺到周圍的情緒和氛圍，儘管當時他還不能用語言來表達。可以想見，一個充滿了敵意甚至暴力的家庭，絕對培養不出開朗樂觀的孩子。

另外，父母要多留心孩子情緒上的變化。當孩子悶悶不樂時，無論多忙，也要擠出時間和孩子交談，鼓勵孩子表達自己的心境。當孩子不能輕鬆表達或者無法確切地表達自己的心境時，父母可以想辦法來轉移孩子的注意力，如拿出孩子平時最喜歡的玩具、圖書，或帶孩子去公園、郊外散步，自然界的景色尤其會分散孩子的注意力，使其在獲得新樂趣的同時，自然忘掉過去的不愉快。

▌積極的心理暗示促進專注

日本腦科專家七田真教授說過：每個孩子都會成長為父母們想像中的樣子，積極的態度塑造出積極的孩子，而消極的態度，也一定會塑造出消極的孩子。生活中，有些家長總是把對孩子的焦慮掛在嘴上：「我的孩子注意力不集中。」家長的評價使孩子產生對自己消極的理解：我的注意力是不能集中的，從而心安理得地散漫、不專心。以下的案例說明的正是這一道理：

一個春意融融的下午，小飛又一次被媽媽帶到了心理醫生面前。

剛剛坐定，小飛媽媽就開始訴苦：「我生小飛的時候不大順利，醫生告訴我孩子以後可能會有一些智力上的問題，也可能有其他的問題。」

媽媽嘆了一口氣：「他今年都9歲了，和別的孩子就是不一樣。先天不足，智力有問題，又不專心，椅子沒坐熱，就不知到哪裡去了，課業成績別提了，班級裡的倒數五名，真不知道他以後會怎樣。」

媽媽越說越激動：「我帶他去了不少的醫院，也作了檢查，也沒查出是什麼毛病。」

第五章　情緒穩定能使孩子更專注

「我估計還是他腦子有毛病。」

當醫生把目光轉向小飛時，小飛依然無動於衷！

媽媽推了推小飛，小飛不假思索地說：「媽媽說我腦子有毛病，我也覺得是，上課也無法專心聽課。」

不等小飛把話說完，媽媽又對醫生說：「醫生，你說該怎麼辦呢？」

但是，在心理醫生看來，小飛的「病情」並不是什麼智力問題。果然，經過智力測驗，小飛的智力完全正常，不存在智力低下的問題。

事實上，小飛之所以注意力不集中，課業成績差，與媽媽消極的心理暗示有很大的關係。在生活中，媽媽總在小飛面前提起，醫生說過小飛可能會有智力問題。因此，小飛將自己不能集中精神學習視為理所當然的事情。這是被暗示的結果。

每個孩子在學習和生活中總會接受這樣或那樣的心理暗示，這些暗示有的是積極的，有的是消極的，消極的暗示給孩子的學習和生活造成一定的負面影響，而積極的暗示則會促進孩子發展。因此，要想促進孩子專注力的發展，家長應杜絕有意無意地消極暗示，給孩子積極的，正面的，健康的心理引導。具體的做法是：

1. 相信孩子，給孩子以積極的期待

成人有益的幫助會導致兒童積極的發展趨向；反之，消極的期待則會導致兒童發展趨向於消極。如果一個家長認為自己的孩子不可能做好某件事，得到的結果通常就是如此。

趙明想參加學校足球隊隊員的選拔，爸爸覺得他才三年級，各方面的條件還不夠，於是對趙明說：「明明呀！我覺得你今年是選不上的，為什麼不等明年再參加呢？等到明年的時候，你的年紀大一點，技術更成熟一點，選上的可能性就很大了。」

　　但是，固執的趙明不聽爸爸的話，他堅持今年一定要參加。

　　爸爸見趙明這麼堅決，只好無奈地說：「好吧！那你想參加就參加吧！不過你可別說我沒有事先提醒過你。」

　　到了選拔時，「果然」如爸爸預料的，趙明沒有選上，他因此非常沮喪，覺得自己不是踢足球的料，從此對足球失去了興趣！

　　其實，故事中的爸爸並不是要洩他的氣，他只是希望趙明準備好以後再參加。然而，趙明卻覺得爸爸是在暗示自己沒有能力！在這種消極情緒的影響下，趙明的失敗是意料之中的事情！因此，如果你希望孩子專注，請相信孩子，給孩子積極的期待吧！告訴孩子「我相信你能專心聽課」、「我認為你做作業精神特別集中」、「我很喜歡你做事專心、投入的樣子」。諸如此類的語言暗示，能讓孩子時刻保持警惕，避免分心。

2. 不要過度強調孩子的毛病

　　比如，許多孩子知道自己有粗心大意的毛病，而且家長也會不斷提醒孩子不要粗心，因此，每次到考試的時候孩子就會很緊張，而過分緊張又會導致孩子更粗心。

　　針對孩子的這種狀況，家長不要經常提醒孩子有粗心大意的毛病，而要有意忽視孩子的粗心，加強孩子對感覺的訓練，在孩子沒有粗心的時候及時給予鼓勵和表揚，讓孩子不斷體驗成功，促進孩子更加認真細心。

　　對於粗心大意的孩子，家長可以給孩子一個本子，讓孩子把每次作業中的錯題抄在本子上，並找出錯誤的原因，寫出正確的答案。這個本子實際上成了孩子的集錯本。孩子在分析錯誤原因時會發現，大多是因為自己的粗心大意造成的，這樣有利於孩子理解到粗心的危害，下決心改正。讓孩子記錄自己的錯誤，是孩子進行自我教育的最好辦法。

3. 教孩子積極的自我提醒

如，當孩子參加一些競賽、考試等富有挑戰性的活動時，家長要教孩子在心裡暗暗提醒自己：「自信，沉住氣，我會取得成功的。」這樣，孩子就增強了自信，情緒就會恢復平靜，避免不良情緒造成的消極後果。

4. 告訴孩子，自我暗示要用正面積極的語言

比如說：「我一定能成功」。而不說「我不可能失敗」；說「集中精神對我來說很容易」，而不說「集中精神並不難」。因為正面的自我暗示在人的頭腦裡種下的是成功的因數，這樣，潛意識就會指揮你去爭取成功；而後者種下的是消極的種子，大腦的潛意識會為自己的失敗找藉口。

5. 透過表情給予孩子積極的暗示

神態表情是人心靈和內在情感的直接表現，家長可借助神態表情給孩子積極的暗示教育。孩子獨立完成一件事時，給孩子讚賞、肯定的眼神，讓孩子體會到成功的愉悅；孩子遇到挫折時，給孩子鼓勵、安慰、愛撫的目光，讓孩子感受到勇氣和力量。這些飽含情感和愛的積極暗示，能對孩子產生更大的影響。

6. 透過行為給予孩子積極的暗示

家長是孩子的第一任老師，家長的一舉一動時刻都影響著孩子，為孩子所效仿。如，家長在家看書的時候，專心致志，不要一邊開著電視，一邊翹著二郎腿，孩子同樣也會效仿家長的行為，做到做任何事情都專心。

教孩子建立良好的人際關係

每個孩子成長的過程都是一個社會化的過程。在這個過程中，同伴有著非常重要的作用。首先，同伴是孩子童年時期最重要的陪伴者，在團體中成長的孩子，比那些只生活在個人小圈子裡的孩子往往更健康、更活潑，也更加開朗、自信；其次，孩子需要在與朋友的交往中成長、學習，在與朋友的交往中緩解壓力，獲得愉悅的心理感受。第三，孩子需要與朋友一起合作與分享，競爭與分擔。對於他們來說，朋友是他們成長的重要元素。有了朋友，他們的心情有地方傾訴，他們的需求得到更多的認可與理解。

成長中的孩子正處在學習知識、了解社會、探索人生和事業的發展時期，與同齡朋友交往並建立友誼是正常的心理需求。一個不懂得與人交往，在團體中受排斥，被邊緣化的孩子很難建立起健康的人格與自尊，更難把注意力集中到學習上。

小慧的爸爸媽媽是做網咖生意的，他們居住的地方也就是網咖裡。小慧從小在網咖裡長大，爸爸媽媽很少帶她出去跟小朋友們一起玩，更沒有時間陪她聊天、講故事，小慧小小年紀就沉迷於玩電腦。導致小慧的語言表達能力、人際互動能力明顯比同齡孩子差。

在學校裡，小慧不與班上的同學一起玩，總是一個人坐在角落裡，顯得形單影隻。上課的時候，小慧總是一副心不在焉的樣子，老師說什麼她也不知道。

有一天，一位男生不小心碰撞到她的頭，她轉過身去，狠狠地揍了對方一拳，把老師和班上的同學都嚇到了，往後，班上的同學更與她保持距離。許多女生還取笑她有暴力傾向。小慧總覺得她們一起竊竊私語，在說

第五章　情緒穩定能使孩子更專注

她閒話，於是更不開心了。她害怕去學校，更害怕看到學校裡的同學，當然也就沒有辦法專心學習了。

仔細看這個案例就知道，小慧並非有暴力傾向，她只是不善於與人交往而已，因為不善於表達，她只能採取一些極端的方法處理人際關係，以至於她的人際關係更加惡劣，影響到情緒、影響到注意力，進而影響到課業成績。

小慧的故事告訴我們，想要孩子保持良好的情緒，專心學習，家長還應該教導孩子學會處理人際關係。具體地說，應該做到以下幾個方面：

◇ **創設良好的家庭交往環境**：在家庭中應創造一種民主平等、親切和諧的交往氛圍，以父母為中心和以孩子為中心的家庭都是不可取的，父母應該成為孩子的朋友，要讓孩子敢說、愛說，有機會說話。家庭中的大小事，孩子能理解的，應該讓孩子知道。適當地讓孩子參與成人的某些議論，有利於建立孩子的自信心，使孩子勇於與成人交往。家庭中有關孩子的一些問題，更應該聽聽孩子的意見，看看孩子的想法，不要一味地只是家長說了算。

◇ **提供更多的交往機會**：家長應適當地帶孩子進入自己的社交圈，讓孩子到外面去串門，找小朋友玩耍，也應該允許自己的孩子邀請小朋友到家裡來作客。家長可以引導孩子和同伴一起玩。例如：家裡買了新的玩具，家長可提醒孩子請鄰居家的孩子來一起玩。別的小朋友上門來玩耍，家長要講表示歡迎的話，消除他的恐懼心理，還要叫自己的孩子拿出好吃的東西招待他，拿出好玩的東西給他玩。要讓孩子有充分的時間和小朋友們一起交往，得到更多的交往機會，體驗到和同伴交往的樂趣。

❖ **提供團體環境**：例如：家長可以請同事或者鄰居小朋友到家裡做遊戲，父母則在一邊指導，教給孩子一些人際交往的小策略。比如和小朋友一起玩的時候，要首先考慮別人的感受，懂得說「謝謝」、「對不起」。玩玩具不能只顧自己開心，還要照顧朋友們的情緒，大家都玩得開心才是真正的開心。挑選玩具或者遊戲角色時，盡量謙讓小朋友，不輕易氣惱，更不亂發脾氣。

❖ **鼓勵孩子多和同儕交往**：為孩子提供一些交往道具，例如：玩具、圖書、小零食等。盡量讓孩子放學時和附近的鄰居小孩結伴回家，這樣孩子可以鞏固友誼，並可以交換喜歡的書和玩具。父母也多聊一下孩子的朋友，多關心其交往狀況，幫助孩子獲得友誼。

❖ **教給孩子交往的技能**：為了幫助孩子成為受同伴歡迎的人，在交往中得到快樂，家長應有意識地交給孩子一些交往的技能。

· **培養孩子的禮貌習慣，學會尊重別人，平等待人**：父母應讓孩子在交往中學會使用禮貌用語：「請」、「謝謝」、「對不起」等，告訴孩子只有懂得禮貌的人，別人才願意和他一起玩耍，也才肯把心愛的玩具給他玩。對孩子在活動中禮貌語言用得好的時候要及時進行鼓勵表揚，強化孩子的禮貌行為，形成良好的禮貌習慣。

· **讓孩子學會容忍與合作**：在交往中，遇到與自己意願相悖的事，家長應教育孩子學會忍讓，與同伴友好合作，暫時克制自己的願望，服從多數人的意見。例如：幾個孩子在一起商量做什麼遊戲，大家都說玩動物園，而自己卻想玩娃娃家，此時，就要克制自己的願望，和同伴們一起高高興興地玩動物園的遊戲。這樣才能使交往順利進行。

· **學習遵守團體規則**：孩子們在交往時，會自己制定一些規則來約束

每個人的行為，誰破壞了這些規則，誰就會受到團體的排斥。只有自覺遵守團體規則的人，才能得到大家的喜愛，也才會有更多的朋友和他一起玩。

- **培養孩子樂於助人的特質**：孩子們在交往中常常會碰到一些困難，家長不僅要鼓勵孩子自己想辦法解決問題，同時還應支持孩子幫助其他的朋友克服困難，如朋友摔倒了急忙扶起來，同伴的玩具不見了幫著去尋找等。要讓孩子知道樂於助人的人就會有很多的朋友。

讓孩子放鬆心理，放下負擔

有這樣一位家長，由於某些原因沒有機會上大學，他就希望自己的孩子能成為有知識、有出息的人。

這種想法本來無可厚非，但是，這位家長對孩子要求很高，管得很嚴。孩子在家長的督促下，學習一直很努力，課業成績也一直不錯。

儘管如此，這位家長對孩子的學習還是放心不下，時時提醒孩子要爭氣，並不斷給孩子提出更高的要求。

「你要為父母爭光呀！」

「你一定要考上國立大學呀！」

「你必須名列前三名呀！」

這位家長要求孩子必須在班級裡是前三名，有時，孩子達不到家長的要求，他就冷言冷語地譏諷孩子，還經常警告孩子，如果不按家長的目標奮鬥，就上不了大學，就是抹黑父母的臉上。

家長的做法讓孩子的心理蒙上了陰影。孩子也很懂事，認為考不上大學，就對不起自己的父母。但同時又感到困惑，是家長不信任自己，還是自己真的不行？

久而久之，家長不斷的埋怨、批評，讓孩子感到沉重的壓力，又不敢對父母講，因為孩子與父母之間的話題只有學習和成績。於是，孩子逐漸喪失了對學習的信心，高中畢業時，這個孩子已經沒有了參加升學考試的勇氣。

在一些家長的觀念中，以為孩子只有緊張、緊張、再緊張，才能激發潛能，學出好成績。殊不知，孩子不像成人那樣善於自我調節，他們不懂得如何把壓力轉化為動力。如果孩子的生活被塞得滿滿的，其結果必然會給孩子徒增壓力，學習也會變成一種負擔。

就像在課堂上，為什麼有的孩子能夠始終注意力集中，而有的孩子的注意力卻不能集中？除了有沒有學習的目標、興趣和自信之外，還有一個就是善不善於排除自身的干擾。

有時候，一個人要排除的不是環境的干擾，而是內心的干擾。環境可能很安靜，比如在課堂上，周圍的孩子都坐得很好，但是，如果孩子自己內心有一種騷動，有一種干擾自己的情緒活動，有一種與學習不相關的興奮，那麼，他就不可能集中注意力。

對各種各樣的情緒活動，每個孩子要慢慢學會將它們放下來，予以排除。有的時候，並不是周圍的人在騷擾，而是自己心頭有各種各樣浮光掠影的東西。要去除它們，這種抗干擾的能力是要訓練的。

父母可以透過下面的放鬆訓練來幫助孩子排除內心的壓力和干擾：

✧ **全身放鬆法**：讓孩子舒適地坐在椅子上或躺在床上，然後向身體的各部位傳遞休息的資訊。

先從左腳開始，使腳部肌肉繃緊，然後鬆弛，同時暗示它休息，隨後命令腳脖子、小腿、膝蓋、大腿，一直到軀幹各部位都休息。

第五章　情緒穩定能使孩子更專注

之後，再從右腳到軀幹。

然後，從左右手放鬆到軀幹。

接著，再從軀幹開始到頸部、到頭部、臉部全部放鬆。

最後，將內心各種情緒的干擾隨同這個身體的放鬆都放到一邊。

這種放鬆訓練的技術，需要反覆練習才能較好地掌握，而一旦孩子掌握了這種技術，他們就能在短短的幾分鐘內，釋放壓力，達到輕鬆、平靜的狀態。

✧ **聽音樂輕鬆法**：聽一些能使身心放鬆的音樂有助於保持一種積極的、富有成效的心理狀態。拿破崙‧希爾的一些朋友在他們的辦公室裡放了一臺收音機，調至他們所喜愛的電臺，把音量放得很小。他們發現這麼做使他們感到放鬆，工作有效率，並增進了他們的工作樂趣。

✧ **想像放鬆法**：想像法主要是透過對一些廣闊、寧靜、舒緩的畫面或場景的想像達到放鬆身心的目的。這些畫面和場景可以是大海，或躺在小舟裡在平靜的湖面上飄蕩等。

✧ **調息放鬆法**：一種最簡單但可能頗為有效的努力就是控制呼吸，透過深呼吸緩解焦慮。

具體的做法是：保持坐姿，身體向後靠並挺直，鬆開束腰的皮帶或衣物，將雙掌輕輕放在肚臍上，要求五指併攏，掌心向下。把肺想像成一個氣球，先用鼻子慢慢地吸足一口氣，直到感覺氣球已經全部脹起，並保持這個狀態兩秒鐘。再慢慢、輕輕地吐氣，觀察自己的手向靠近身體的方向移動。連續做 10 分鐘甚至更長時間。

✧ **肌肉放鬆法**：肌肉放鬆法也是最常用的專業放鬆方法。頭部放鬆用力皺緊眉頭，保持 10 秒鐘，然後放鬆；用力閉緊雙眼，保持 10 秒鐘，然後放鬆；皺起鼻子和臉頰部肌肉，保持 10 秒鐘，然後放鬆；用舌

頭抵住上齶，使舌頭前部緊張，保持 10 秒鐘後放鬆。

頸部肌肉放鬆將頭用力下彎，努力使下巴抵達胸部，保持 10 秒鐘，然後放鬆。

肩部肌肉放鬆將雙臂平放體側，盡量提升雙肩向上，保持 10 秒鐘，然後放鬆。

所謂放鬆是指努力體會肌肉結束緊張後的舒適、鬆弛的感覺，比如熱、酸、軟等感覺。每次可用 15 至 20 秒鐘左右的時間來體會放鬆感。

◇ **呼吸練習**：10 歲以上的兒童做些呼吸練習。

· (**交替呼吸**：讓孩子用右手大拇指輕輕堵住右翼孔，用左鼻孔慢慢地吸氣。同時數 1、2、3，然後用中指輕輕地堵住左鼻孔，大拇指放開，用右鼻孔呼氣。一邊數 1、2、3，一邊呼出剛才吸入的空氣。反過來，用右鼻孔吸氣，用左鼻孔呼氣。反覆做幾次。

· **均勻和諧的呼吸**：進行了一段時間的呼吸訓練後，孩子吸氣時說「吸」，呼氣時說「呼」。練習方式如下：

吸氣 —— 1，2，3，4；

呼氣 —— 1，2，3，4。

讓孩子試試能否計數呼吸。

這種方式適合於四年級以下的學生練習。對於五六年級的小學生可用下列方式：

吸氣 —— 1，2；

屏氣 —— 1，2，3，4；

呼氣 —— 1，2。

這種呼吸練習可以每天做幾分鐘的頻率進行練習。

第五章　情緒穩定能使孩子更專注

　　或許家長也感到自己很忙很累，總被生活的壓力壓得喘不過氣來，哪有時間引導孩子放鬆自己。實際上，家長忙亂的感覺也會影響到孩子，而且孩子的許多壓力就是由家長製造出來的，所以，要想讓孩子放鬆身心，家長也要想辦法讓自己放鬆。唯有家長自己學會了放鬆，才能夠給孩子創造一個輕鬆的環境。為了讓孩子與自己都輕鬆地感受生活，家長不妨給自己安排出一個安靜的時間，坐下來和孩子談談心，討論一下這幾天過得怎麼樣，有什麼感覺。或者晚飯後和孩子一起出去散步，這既放鬆了自己，自然也減輕了孩子的壓力。

　　另外，父母可以在家中養一些小鳥、小狗、小貓、小兔子、小烏龜等小動物，讓孩子了解動物的生活習性後，幫助父母照顧這些小動物，一方面可以培養孩子愛護、照顧動物的責任感，另一方面也可使孩子的身心得到放鬆：

　　此外，家長還可以在家中養一些植物或盆景。孩子對植物都有好奇心，也有興趣觀察它們。父母透過幫家中的植物或盆景澆水、摘除敗葉、施肥等活動讓孩子認識植物，在辨認植物的顏色、香味，葉片形狀的過程中，使心情愉悅，身心放鬆。

▋與孩子一起玩注意力遊戲

　　蘇聯心理學家曾做過這樣一個實驗：

　　將各種不同顏色的紙分別裝進與之顏色相同的盒子裡，讓孩子在遊戲和單純動作的兩種不同活動方式下完成任務，同時觀察孩子的專注時間。

　　結果，在單純放紙條的情況下，4 歲大的孩子只能堅持 17 分鐘、6 歲大的孩子能堅持 62 分鐘；而在遊戲放紙條活動中，4 歲大的孩子可以持續進行 22 分鐘，6 歲大的孩子可以保持 71 分鐘，而且分放紙條的數量比單

純完成任務時多了 50%。實驗結果表示，遊戲能夠激起孩子極大的興趣，孩子在遊戲活動中，其注意力集中程度和穩定性都很強。因此，家長可以利用遊戲來培養孩子的注意力。安徒生（Hans Andersen）的父親就是這麼一位善於利用遊戲培養孩子的注意力的家長——

童話大師安徒生在學齡階段，雖然沒有接受過正規的學校教育，但是，他的父親經常和他一起玩遊戲，在遊戲中，安徒生的父親有意識地訓練安徒生的專注力、想像力和思考能力。

有一次，安徒生的父親在工作時，剩下了一塊木頭，為了讓安徒生高興，他就動手替小安徒生做了幾個木偶。木偶做好了，父親就對安徒生說：「我們來幫木偶穿上衣服吧！」

為木偶穿上衣服後，父親又說：「我們現在有演員、有舞臺、有幕布，可以演戲了。不過在演戲之前，要先把角色的對白練熟。」

於是，父親拿出一本名為《荷爾堡》的戲劇故事書，讓安徒生把這本書讀了一遍又一遍。

安徒生非常認真地把故事中的對白背得滾瓜爛熟。在演出時，安徒生表演得異常投入，街坊鄰居都說他們父子真是一對「瘋子」。

從那以後，安徒生迷上了演戲，為了演好戲，安徒生有時甚至看書看得忘了吃飯。

正是這種對演戲的痴迷，無形中培養了安徒生做事的專注力和豐富的想像力。為其之後的成功奠定了一定的基礎。可以說，是童年時期的遊戲成就了安徒生輝煌的一生。

與安徒生的父親一樣，比爾蓋茲的父親威廉·蓋茲（William H. Gates, Sr.）同樣非常重視遊戲對於孩子專注力力開發的重要性。他平時沒有多少閒暇時間，但是只要有空，他就陪比爾·蓋茲玩遊戲，尤其是做一些智力

第五章　情緒穩定能使孩子更專注

遊戲，如下跳棋、打橋牌。玩遊戲時，父親總是鼓勵比爾多思、多想，有時，當比爾下了一步好棋時，父親就拍手叫好。這更加激發了比爾的思考潛能和注意力。

美國著名學者斯特娜夫人與女兒維妮弗里德就經常玩一種叫「注意看」的遊戲。遊戲是這樣的：

斯特娜夫人一手抓住五六根彩色的髮帶，在女兒面前一晃而過，然後問女兒，自己手中的髮帶有幾根。

開始的時候，斯特娜夫人的速度比較慢，讓孩子有足夠的時間去注意看她手中的髮帶，後來，斯特娜夫人的速度越來越快，到最後只是眨眼間的工夫。

剛開始，女兒維妮弗里德輸的次數比較多。後來女兒猜對了，就反過來考媽媽，媽媽反而輸得更多。

這種遊戲就是用來培養孩子的注意力的。因為孩子要在遊戲中取勝，他必須在一定的時間內努力把自己的注意力集中在遊戲上，克制著不讓自己的注意力分散。

身為家長，在日常生活中，應盡量為孩子提供遊戲條件，鼓勵孩子玩各種各樣的遊戲。比如，可以透過安排一些簡單而明確的任務來讓他完成，也可以根據一定的目的，有計畫地向孩子提供遊戲材料，讓孩子玩耍。

那麼，家長應如何激發兒童遊戲的興趣呢？

✧ **多為孩子提供豐富、有趣的遊戲材料**：豐富、有趣的遊戲材料，能激發孩子對遊戲的興趣。因此，要想孩子在遊戲的過程中保持專注，家長給予孩子的遊戲材料應該生動、有趣。

✧ **材料的提供要有計畫性**：根據一定的目的，有計畫地向孩子提供遊戲材料，切忌把材料一股腦兒地堆在孩子面前，讓他們東抓抓西摸摸，缺乏遊戲的目的性。

✧ **遊戲的難度要循序漸進**：遊戲內容要有梯度，由簡單到複雜，滿足孩子不同階段的不同需求。

✧ **遊戲的時間要適度**：遊戲時間不宜太長。適度地調換遊戲內容，有利於培養孩子的專注力，一次活動不要提供過多的玩具。

✧ **不要干擾孩子做遊戲**：孩子遊戲時不要有意干擾，不要在孩子玩得高興時給他們吃東西，或要他們做些不相干的事，這樣既掃了他們的興，又中斷了他們的活動，容易造成孩子的不專心。

✧ **讓孩子多與同儕做注意力遊戲**：家長一有時間就應該帶孩子去接觸同齡的孩子，讓孩子與同儕一起參加一些互動遊戲。讓孩子從中獲得更多的樂趣。此外，讓孩子與同儕一起做遊戲，還可以培養孩子的競爭意識，孩子為了表現得更出色，在遊戲的過程中往往會更投入、更專注。

在遊戲時間裡，父母可以以一個參加者的身分參與到孩子的遊戲中，千萬不要以一個局外人的姿態去觀察孩子的遊戲情節，隨意提醒並打斷孩子正在進行的遊戲。父母不要以為玩遊戲既無聊，又浪費時間，其實，孩子的注意力培養最初就是從遊戲開始的。

培養孩子注意力的方法有很多，其具體實施方法也不盡相同。家長可根據孩子注意力發展的特點，採取適當的方法，有計畫、有目的地訓練和培養孩子的注意力。只要採取科學的方法和態度，並努力去做，一定會達到目的。

第五章　情緒穩定能使孩子更專注

第六章
強化視聽以促進孩子的專注力

真正的教育不在於說教，而在於訓練。沒有訓練，其他的一切都只是紙上談兵。對於孩子的專注力訓練，家長可以以孩子的視聽訓練為基礎，嚴格要求，反覆、長期地對孩子進行訓練，只有這樣，才能取得良好的成效，培養出孩子的專注能力來。

第六章　強化視聽以促進孩子的專注力

▍視覺訓練

　　視覺是由眼睛，視神經和視覺中樞的共同活動完成的。外界物體發出的光作用於人的眼睛，透過眼睛的透明組織發生折射，在視網膜上形成物象，視網膜感受光的刺激後，把光能轉換為神經衝動，再透過視神經將衝動傳入視覺中樞，從而產生視覺。對孩子進行視覺訓練，其目的在於提高和增強視覺器官的感受能力和大腦對視覺資訊的加工處理能力。

　　視覺與一個人的專注力有一定的連繫，當一個人目不轉睛地盯著圖畫看的時候，那表示他的注意力高度集中，正在聚精會神地思考問題。當一個人目光渙散，沒有視力焦點的時候，則顯示他的思維正處於無緒狀態，或者是沉浸在想像當中。一個視覺能力弱的孩子在閱讀時會產生錯字、漏字、跳行、串列等現象，另外對形狀、方向的識別、空間關係、位置關係、距離關係等的判斷都會產生困難，自然也影響了對事物的觀察能力。因此，訓練孩子的視覺注意力勢在必行。

　　視覺注意訓練分視覺集中、視覺追蹤、視覺轉移三種訓練。

　　所謂視覺集中，就是指將視力集中在某一點上，長期練習，可讓孩子集中注意力。比如，一個人要射箭，就必須注意力集中，對準目標，在最關鍵的時候射箭。如果注意力有一點點不集中，就不可能射中。因此，練習射箭的人，往往會將一個中間有一個小洞的小銅錢掛在遠處，經常遠遠注視它，努力去分辨出銅錢的空心。練到一定的時候，當他們能夠輕鬆地射中銅錢的空心時，他們才進行更進一步的訓練。

　　視覺追蹤指的是眼睛追蹤著某一物體，使其在自己的視線範圍之內。視力追蹤一般用於閱讀、計算水準的低級階段，以及容易出錯的繁瑣計算中。我們經常發現，會計在閱讀報表，累計大串數字時，會一邊用筆尖順

著數字滑動，一邊口中念念有詞，以便集中注意力。會計手中的筆就是視力引導工具。使用視力引導工具能夠大大改善注意力集中的水準，並且能夠促使眼睛進行平穩的、有節奏的運動，可以幫助閱讀者改善看書過程中反覆、回跳和視線游離等注意力分散狀況。不僅使閱讀速度得到提高，還可增強對閱讀內容的理解和記憶。

視覺轉移指的是引導孩子跳躍式注意某些東西。如隔行注意等。

以下，編者為孩子提供了相關的視覺注意練習，這些訓練有助於提高孩子的視覺注意能力。

1. 視覺集中訓練

視覺集中訓練一：靜視練習

在房間裡找一樣東西，可以是一張椅子或一盆花，放在前方約 60 公分處，讓孩子的眼睛平視前方，自然眨眼，集中注意力注視這個物體約 15 分鐘。在這個時間段內，要專心致志地仔細觀察。然後，讓孩子閉上眼睛，努力在腦海中勾勒出該物體的形象，應盡可能地加以詳細描述，最好用文字將其特徵描述出來。然後再重複細看一遍，如果有錯，加以改正。

用靜觀的方法，不僅可以改善觀察力、注意力，而且可以提高記憶力和創造力。

視覺集中訓練二：注視一點不動

家長可以為孩子製作一張中間畫著一個黑點的訓練卡片（如下圖），將卡片平置於距離孩子眼睛 30 公分處，讓孩子目不轉睛地連續盯視一分鐘，盡量不眨眼睛，看黑點下面是否出現白色晃動的光暈。之後，看牆壁上是否有一個白色的點子，數從看到白色點子到消失時間的長短（可數數，一秒一個計算）。連續做 3 次，每天做這樣的練習，連續 15 天。

第六章 強化視聽以促進孩子的專注力

這種練習以黑點後的白色光暈出現得越來越快、牆上白色點子持續的時間越來越長為好。因為這與啟動視網膜上的視錐細胞、視杆細胞的程度有關，肯定也與訓練次數的逐漸增多成正比，堅持對孩子進行訓練，就能見到效果。

●

視覺集中訓練三：讀數字

家長向孩子出示 250 個數字。要求孩子準確、清晰而且儘快地讀出這 250 個數字。家長要幫助孩子檢測讀數的情況，並把讀錯的次數和所用的時間寫下來。隔天一練，堅持一段時間。

14158	26353	67890	23457	26609
83425	50322	47927	89533	37510
58729	34825	67890	59230	07862
20889	86280	34856	33211	70629
82148	08658	49760	74502	79603
46097	37867	84129	53226	60924
02841	64437	76197	54930	38196
44288	25405	66743	76178	28467
64832	53210	37846	05473	19095
87639	01438	65759	98756	42330

視覺集中訓練四：讀倒寫的故事

訓練時，讓孩子集中注意力讀，爭取加快速度並減少錯誤。請家長幫助檢測讀故事的情況，然後，把讀錯的次數和所用的時間記錄下來。以錯誤少，速度快為好。以後，家長可以經常對孩子進行這樣的練習。

北風和太陽

北風和太陽爭論到底誰最有力量，他們決定：誰能讓路人脫下衣服，誰就贏了。北風首先展示它的力量，使勁吹出冷風，但他的風越是猛烈，路人越是緊緊包住自己的大衣。輪到太陽時，他馬上用溫暖的陽光照耀路人，路人感受到太陽的灼熱，竟脫光衣服跳進河裡洗起澡來。由此可見，溫暖比冷冽更有力量！

2. 視覺追蹤訓練

視覺追蹤訓練一：筆尖遊戲

父母與孩子一起看同樣的書，然後尋找書中的某些關鍵字語。要求在看書的時候拿支筆，看到重點的地方畫條線。這樣，孩子的眼睛會不自覺地跟著筆尖走，不僅能夠提高閱讀速度，而且可以幫助孩子改善看書過程中注意力分散的不良習慣。

視覺追蹤訓練二：圍字訓練

要求孩子把 6 後面第二個數字全部打圈。

3 5 9 1 5 6 9 3 6 9 8 2 4 5 2 3 6 5 0 2 3 6 6 5 2 5 3 6 2 2 6 0 2 3 6 9 5 0 0

2 9 5 4 1 3 3 5 8 7 7 8 9 6 4 3 1 2 5 5 7 9 6 8 3 1 2 5 4 9 7 5 5 1 2 3 5 6 5

4 5 6 8 7 9 8 5 4 2 5 4 8 4 5 8 5 5 6 7 8 4 5 7 8 4 5 7 8 4 5 8 5 4 7 8 7 4 4

5 5 1 2 2 3 4 2 4 2 2 1 2 4 9 5 6 3 2 7 5 6 2 1 4 8 9 6 3 2 5 8 9 6 3 1 4 7 0

7 5 8 5 8 2 8 9 0 7 0 9 1 7 0 9 6 0 8 7 4 7 5 6 5 1 5 6 2 9 5 6 1 5 4 5 6 5 6

第六章　強化視聽以促進孩子的專注力

787943463216164624745852963596246897122
132152165213221324868974563541205206276
024895375684502189745923034658778965412
387807871729875787419986763543021512934
258965412307894531269870258930545105789
325420248521356779201021548105423635421
048657173279870907081728904217890435406
596760988763543251724327098765436789087
741849057695849284649221248749214159282

視覺追蹤訓練三：掃視直線

　　首先，家長和孩子一起製作一張訓練卡片（如下圖）。將卡片平置，眼睛距圖 20 公分，頭不轉動（頭上可以頂一相裝有大米的杯子）。眼睛由黑圈開始沿箭頭方向掃視，之後，再返回向黑圈處掃視。在掃視的過程中，必須要把線上的每個黑點看清。在一分鐘時間內，記住掃視的次數（以從黑圈到黑點，再由黑點返回到黑圈為一次）。

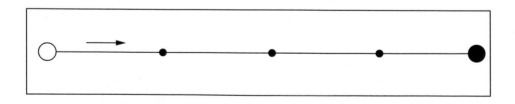

　　以在規定時間內（三個 1 分鐘），看清黑點，並以掃視的次數多為好。

視覺追蹤訓練四：掃視折線

先製作一張訓練卡片（如下圖），將卡片平置，眼睛距圖 20 公分，頭不轉動（頭上可以頂一個裝有大米的杯子）。眼睛由黑圈開始沿箭頭方向掃視，之後，再返回向黑圈處掃視。在掃視的過程中，必須要把線上的每個黑點看清。在一分鐘時間內，記住掃視的次數（以從黑圈到黑點，再由黑點返回到黑圈為一次）。

以在規定時間內（三個 1 分鐘），看清黑點，並以掃視的次數為好。

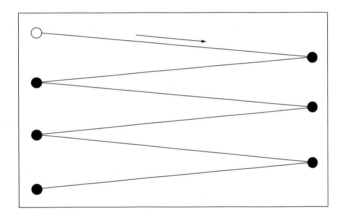

3. 視覺轉移訓練

視覺轉移訓練一：加法計算

訓練過程：

1. 將相鄰兩數相加，如 3、5 等於 8，將和數 8 寫在第三格內。

2. 再將第二和第三個數相加，和數寫入第四格內（超過 10 的，只寫個位數。如 5 ＋ 8 ＝ 13，就只在第四格內寫「3」）。

3. 直至出現與第一、第二數（3、5）相同的數多的循環時為止。

4. 數出循環出現前共有多少個數。

5. 把循環數的個數和發生錯誤、重新計算的次數記錄下來。

第 1 題

3	5	8	3																		

第 2 題

2	7	9	6																		

　　這個練習需要很細心地進行計算，只要有一處地方出錯，後面的就全部錯了。如果一旦出現不循環或很快開始循環，就是出錯了，要重新開始做。此練習以重複計算的次數少，所需的時間短為好。讓孩子經常做這樣的練習，一段時間後，孩子就能做得又好又快。

視覺轉移訓練二：減法計算

　　練習過程：

1. 將相鄰兩數相減，如 5、2 等於 3，將差數 3 寫在第三格內。

2. 再將第二和第三個數相減，差數寫入第四格內。不夠減時，自動變為十幾。如 3 − 7 不夠減，就自動變為 13 − 7，然後把差數 6 寫在第四格內。

3. 直至出現與第一、第二數相同的數循環時為止。

4. 數出循環出現前共有多少個數。

5. 把循環數的位數和發生錯誤、重新計算的次數記錄在第 3 日的練習表中。

第 1 題

5	2	3	9										

第 2 題

5	1	4	7										

　　這個練習同樣需要很細心地進行計算，只要有一處地方出錯，後面的就全部錯了。如果一旦出現不循環或很快開始循環，就是出錯了，要重新開始做。此練習以重複計算的次數少，所需的時間短為好。讓孩子經常做這樣的練習，一段時間後，孩子就能做得又好又快。

▎專注訓練

　　拉拉是個想像力豐富，愛做白日夢的孩子，她很難把精力集中在她的家庭作業上。心理學和教育學測試顯示，拉拉很聰明，但不成熟，她正處於注意力缺乏障礙症的邊緣。

　　為此，拉拉的媽媽找到了心理醫生。心理醫生了解了拉拉做作業家裡

第六章　強化視聽以促進孩子的專注力

的情況。

　　拉拉的媽媽告訴醫生，每天拉拉放學回家，拉拉的媽媽就在廚房裡忙開了，為了能隨時幫助到拉拉，拉拉的媽媽就讓拉拉在廚房旁邊的桌子上寫作業。拉拉的媽媽一邊忙著廚房裡的工作，一邊照顧拉拉的作業，忙得不可開交。而拉拉的媽媽一走開，拉拉就開始這邊瞅瞅，那邊看看。千方百計要引起媽媽的注意。

　　心理醫生一聽這情形就明白了，拉拉之所以不能專注地寫作業，跟拉拉的媽媽是有很大關係的。因為不信任孩子，擔心孩子不能獨立完成作業，拉拉媽媽要在自己做飯的時候監督孩子的作業。做飯時鍋碗瓢盆的叮噹聲和媽媽的嘮叨聲無一不影響著拉拉的注意力，使她無法專注學習。當媽媽發現孩子做事磨蹭、拖拉時，只是不停地嘮叨、催促和訓斥，使孩子更加喪失了對學習的興趣。

　　孩子注意力不集中，有先天性的病理因素。但更多的是後天的不良習慣和環境所造成。其中，沒有養成良好的專注做事的習慣，是造成孩子注意力不集中的最重要因素。關注孩子的注意力問題就是要訓練孩子把注意力持續地集中在某個事物上達一段時間，而這個過程不會被外界環境所干擾。這裡面包括兩層意思：

✧ 孩子的心理活動選擇在某一個方向（對象）上。

✧ 心理活動集中在這個對象上的強度或緊張度，且在此期間不會被外界環境所干擾。因為，孩子的心理活動在某一事物上的強度越大。緊張度越高，注意力也就越集中。

　　為了訓練孩子的專注力，美國教育家卡爾‧威特（Karl Witte）經常與孩子玩一種「平靜下來」的遊戲。

　　遊戲的規則是：

　　參加者在一定時間內從一堆木棍中移走一根，不能碰其他木棍。內容雖然很簡單，但需要參加者能集中注意力，具備很好的動作協調能力和情感控制技能。參加者玩時，旁邊的對手可以以任何方式取笑他，但不能碰他取出的每一根木棍。如果參加者對取笑有反應，即便取出棍子也只能得到一分，而如果對取笑毫無反應，就得兩分。

　　卡爾·威特是這麼描述遊戲的過程的 ——

　　小卡爾全神貫注，要把綠棍下的紅棍提取出來。因為他太專心，他的手都有些發抖。他只有在不碰到綠棍的情況下，把紅棍移動四分之一英尺，才算成功。我不停地與他說話，試圖分散他的注意力，但小卡爾完全不為所動，慢慢做深呼吸，放鬆肌肉，眼睛緊緊盯著目標。他知道，要想贏得這場遊戲，就必須不受我的影響，集中注意力。他暗暗告訴自己：「只看眼前的目標。」果然，他把紅棍取出來了，而且沒有碰到綠棍。

　　卡爾·威特認為和小卡爾玩的這種「平靜下來」的遊戲，可以幫助孩子對付別人的干擾，教會兒子情感控制技能。孩子在遭到取笑時，身為家長，光告訴孩子怎麼做是不夠的，還要教他學會控制住自己的情感。

　　專注力是耐力的基礎，如果孩子的專注力好，自然容易有耐性。要訓練孩子的專注力，家長需要有意識地培養孩子的自我控制能力和抗干擾能力，只有這樣，孩子才能夠做到無視外界環境的影響，專注於眼前的目標。卡爾·威特的教育方法是值得家長效仿的。

　　那麼，在日常生活中，哪些遊戲有助於幫助孩子提高專注力呢？以下是教育專家推薦的幾個訓練孩子專注力的小遊戲：

◇ **坐滑板車（此遊戲適合 1～2 歲的幼兒）**：讓孩子盤腿坐在滑板車上，雙手緊緊抓住車的把手，然後家長推、拉滑板車以和孩子身體方向一致或相反的兩個方向拉動車子。

孩子在滑板車上要根據車子的運動方向和速度來調節身體的平衡，有助於提高孩子的專注力。

✧ **托物走路（此遊戲適合 3 ～ 5 歲的幼兒）**：給孩子一個塑膠托盤，在上面放上幾顆大棗或是幾個蘋果，讓孩子從房間的一端走到另一端，轉過身子再走回來。

由於孩子的平衡能力還不是太好，孩子在托物走的時候很難做到控制好手中的盤子。這個遊戲不但訓練了孩子的平衡能力，讓孩子在遊戲中學會手眼協調和身體姿勢協調，為孩子有很好的手控制能力奠定了基礎，同時有助於提高孩子的專注力。

✧ **釣魚（此遊戲適合 3 ～ 6 歲的幼兒）**：給孩子玩具漁竿，上面有磁鐵。家長幫助孩子把磁鐵吸在小魚的嘴上，然後讓孩子拉漁竿把小魚從盆中釣離，最後把魚放在一旁的籃子裡，家長幫助寶寶把魚取下來。再反覆做。邊釣邊數數。

這個年齡段，孩子的手眼協調性還沒有發育特別好，需要家長幫助把遊戲完成。孩子能很好地控制很長的漁竿在一定範圍內移動就非常不錯了，遊戲不但訓練了孩子的手控制力，同時也提高了孩子的專注力。

發現訓練

心理學家發現，如果我們能不斷地從注意力集中的對象身上發現新的東西，注意力就會集中下去。根據這一原理，我們在訓練注意力時，就可以用這種不斷發現的方法。

比如，讓孩子把注意力集中在媽媽的臉上，如果僅僅只是強迫孩子「只准看這張臉，不准看別的」，那是很不夠的，這樣，孩子的注意力會非常吃力。但是，如果孩子對媽媽的臉仔細觀察，看看它還有哪些自己以

前沒有注意到的方面、特徵，這樣做下去，孩子的注意力就能經久不衰，從而始終保持高度的注意力集中。當孩子把這種方法運用到學習中去時，比如，聽老師講課，孩子可以注意聽老師今天講的內容和以前講的內容有什麼不同，老師做例題時有什麼新變化等，孩子就能始終注意聽講。

運用這個方法訓練孩子的注意力時，家長可隨便挑選一件東西，比如一幅畫，作為注意的對象，要求孩子力爭在 3 分鐘內找出這幅畫的各個特點，這樣做時，要遵循一定的方法，如：先從總的輪廓入手，再到細節，然後進行描述。回答這樣幾個問題：

畫的是什麼？如果畫了人，有多少人？他們是什麼樣子？穿什麼衣服？衣服是什麼顏色？有房子嗎？房子有多少窗戶？有花嗎？是什麼顏色的花？畫上有鐘嗎？鐘面上顯示幾點鐘了？等等。

此外，家長還可以用其他事物作為注意對象來進行類似的練習。比如，外出時，家長帶孩子一起比誰看到的小鳥多，每當發現一隻小鳥，就喊出「這一隻鳥」，如果剛好天氣不錯，小鳥們都活躍在草坪上，孩子們就會非常興奮地「一隻鳥」接著「一隻鳥」數下去，能夠發現很多隻鳥。當然，還可以發現自行車、穿白衣服的行人或者某個牌子的汽車等。

值得家長們注意的是，每次練習都要明確定出目的，即你要孩子看什麼？練習的時間逐次延長，最後還要在不利條件下（例如：嘈雜的環境中）進行練習。

凝神訓練

所謂凝神，是指精神高度集中，聚精會神，專心做一件事情。換句話說，這是注意力集中的最佳狀態。很多人都會用凝神的方法來集中注意力，而那些需要心智高度集中的哲學家，對凝神更是無比青睞。

第六章 強化視聽以促進孩子的專注力

德國古典哲學創始人康德先生，每天起床後都有一個例行習慣：凝神注視窗外花草樹木 30 分鐘。這樣可以讓渙散的注意力集中起來，思考那些高深的哲學問題。所以，有時候人們會說康得在發呆，但朋友們就會知道，那不是發呆，而是最投入地思考。

日常生活中，家長應如何對孩子進行凝神訓練呢？

一般來說，家長可以透過以下的方式對孩子進行凝神訓練：

◇ **想像凝神訓練**：在視野內尋找一個對象，例如：盯住前方的牆壁或者書桌，在大腦中想像有一個黃色的三角形，盯住；過一下子，三角形變換成一個紅色的圓形，繼續盯住；再過一下子，圓形又變成綠色的正方形。如此反覆，心神自然凝聚，這時進行學習，注意力也會高度集中。所以，這個訓練方式適合孩子在學習前進行。

◇ **不能動的遊戲**：家長和孩子挺胸抬頭站在鏡子面前（沒有鏡子看玻璃，沒有玻璃看牆上一個紅點也可），將呼吸調節至深而緩，雙手自然下垂，腳平擺，凝神和鏡子中的自己對視，並保持身體各部位不動，誰能堅持得久，誰就贏得這個遊戲。這比較適合年齡小的孩子，以遊戲的方式進行，孩子也比較容易接受。

◇ **三分鐘氣功入靜**：這是由日本腦科學專家提出來的，具體做法就是讓孩子端坐在凳子上，身體挺直，雙日平視，雙腿自然垂直於地面，雙腳平放。然後眼睛微微閉起，凝神靜息，摒除雜念。每天一次，每次 3 分鐘，作用是調節大腦功能，幫助孩子們駕馭和集中注意力。

◇ **親子瑜珈**：如果有的家長對瑜珈情有獨鍾，完全可以和孩子一起練習「親子瑜珈」（具體方法可參閱相關專業書籍和音像資料）。瑜珈本身就是一種遊戲，可以讓母子享受天倫之樂，挖掘孩子的潛力並使其擁有一個健康身心，而且瑜珈本身是一種要求凝神靜思的修行行為，

透過身體的某種姿勢來達到心神上的統一和專注，故此對提升孩子的注意力具有直接幫助。

追根溯源訓練

家長可隨便找出一樣東西讓孩子來進行研究，讓孩子想想它的製造，甚至最初的來源，這可以訓練孩子注意的穩定性和定向搜尋的能力。

✧ 家長可以拿出一把刀，讓孩子研究，孩子可以這樣追究下去：這把刀是用木頭和鋼做成的，木頭被車圓、磨光和打眼；刀把是木頭的，這木頭來源於樹；樹是人砍倒的……等等。刀刃是鋼，鋼是用鐵和焦炭等冶煉出來的，鐵是從礦石中提煉出來的，礦石是工人從地下採出來的……等等。

✧ 拿一本書研究，可以這樣追溯：書是在紙上印上字而成的，紙要切成書這樣大小。紙是由紙漿做成的，紙漿是由草、樹等製成的，草要由人收割、晾乾、打包，運到造紙廠，樹則是由人砍倒的……

這方法練習看似簡單，但是想不讓枝節問題擾亂思路，是不容易做到的，因此，對孩子進行追根溯源練習，有助於幫助孩子提高注意力。

聽覺訓練

聽覺是由耳、聽覺神經和聽覺中樞的共同活動完成的。聽覺的發展對孩子的智力發展具有重要的促進作用，兒童是依靠聽覺辨認周圍事物的發聲特點，欣賞音樂、學唱歌的。聽覺也是學習語言的重要條件，學說話，聽別人說話，都離不開聽覺。因此，家長一方面要注意保護孩子的聽覺器官，講究用耳衛生；另一方面，還應該進行有意識、有目的的聽覺訓練。

第六章　強化視聽以促進孩子的專注力

訓練孩子的聽覺，目的在於提高孩子的聽覺專注力，使孩子變得善於聽，聽得有成效。

　　日常生活中，家長不妨從以下幾個方面培養和鍛鍊孩子聽的能力：

◇ **孩子聽故事，家長問問題**：孩子都喜歡聽故事，家長可以每天為孩子講一個故事，在孩子聽故事的過程中，停頓一下，提個問題讓孩子回答。家長的提問有助於孩子有目的地傾聽，更好地理解故事內容。讓孩子一邊聽一邊思考，不僅提高了孩子的興趣，而且對注意力和傾聽能力的培養無疑是很好的，還可以提高孩子的記憶能力和語言表達能力。所以，家長要多為孩子講故事，有意識地培養孩子聽的習慣，這會讓孩子終生受益。

◇ **每句話只說一遍**：很多家長習慣於對孩子嘮叨，因為擔心孩子沒聽到，所以一句話總要講上好幾遍，家長的這種做法，不利於孩子聽覺注意力的培養。因此，家長在與孩子說話時，應該忌囉嗦和重複，要相信孩子的記憶力，囉嗦對於孩子養成良好的聽講習慣很不利，孩子很難抓住要點，很難直接辨別哪些是要聽的，哪些是不要聽的，結果很可能導致孩子沒興趣聽，不認真聽。要想孩子聽得有效，家長應明確地告訴孩子，所有的話，講過一遍就算了，如果這一遍沒有認真聽，那麼，就不會再重複了。經常對孩子進行嚴格的「只說一遍」訓練，能讓孩子養成聽話認真、專心的習慣。

◇ **聽錶訓練**：聽懷錶與做事專心有什麼連繫嗎？原來心境平和、環境安靜時，注意力容易集中，這時再凝神去聽，注意力會高度集中，這時再去做事、學習就會思路敏捷，反應迅速。請每天用點時間，讓孩子聽聽機械手錶、懷錶的聲音，會讓孩子更專心。

◇ 說「悄悄話」：家長可以挨著孩子的耳朵說一句悄悄話，然後讓孩子把自己說的悄悄話透過默劇表演出來，讓大家來猜。說「悄悄話」遊戲能吸引孩子全神貫注地傾聽，有利於提高孩子的注意水準和聽力的敏感性，體驗傾聽的樂趣，還能融洽家人間的感情。

◇ 讓孩子複述：前面介紹過父母為孩子講故事，有時候，父母可以先講故事，講完以後，讓孩子完整地複述一遍，可以稱為「拷貝故事」，這就對孩子的聽提出了很高的要求，能夠有效地訓練孩子聽的能力。孩子講述完後還可以為孩子評分，既激發了孩子參與的興趣，又能促進孩子不斷努力。

此外，在空閒的時間，家長可以帶孩子外出散步或去郊外旅遊，可引導孩子注意傾聽大自然中各種聲音，如風聲、雨聲、流水聲、鳥鳴聲、蟲叫聲等。

總之，只要掌握科學的辦法，就能幫孩子開個好頭，養成良好的學習習慣。

以下是編者為大家提供的關於聽覺注意力的訓練題：

1. 聽聽看

先準備 5 個至 10 個不同的容器，並且裝滿水。在遊戲時，父母用筷子敲裝滿水的容器，讓孩子自己去聽去分辨聲音的高低。

這個遊戲主要是訓練孩子的聽覺，聽覺是由內耳聽覺器官接收聲波的刺激，然後傳送到腦幹部位的聽覺中樞，以辨認聽覺資訊的性質。在訓練聽覺的時候，孩子必須集中注意力去聽。因此，孩子的注意力也得到了鍛鍊。

2. 瓜子花生交響樂

父母先準備瓜子、花生、瓶子數個。

在做這個遊戲時，父母可以試著讓孩子用手或小湯匙，將瓜子、花生等小物品慢慢地放入瓶中。在孩子放入少許的瓜子或花生後，家長可以協助孩子旋好蓋子，和孩子一起有節奏地搖動瓶子，並打拍子，讓孩子跟著做做看；此時也可以播放孩子喜歡聽的音樂，讓孩子一邊唱一邊跟著打拍子，增加孩子的節奏感和聽覺的敏銳度，透過這樣的練習，不僅可以訓練孩子手眼協調的能力，也可訓練孩子肢體觸覺方面的能力。

3. 聽文找「的」

為孩子念一篇短文，請他仔細聽，邊聽邊注意文章中出現的「的」字，聽到「的」字就拍一下手。

注意盡量在孩子現在所使用的語文課本中選，父母在朗讀時發音要準確，不能故意出現停頓引起孩子的注意。當文章中出現孩子不能理解的詞彙時，家長要耐心地給予解釋。

這一遊戲的目的是訓練孩子的聽覺專注力，培養有意識傾聽的習慣。

4. 請孩子聽《四季的美》，並復述出來四季都美在哪裡？

春天最美的是黎明。東方一點一點泛著魚肚色的天空，染上微微的紅暈，飄著紫紅的雲。

夏天最美的是夜晚。明亮的月亮固然美，漆黑漆黑的暗夜，有無數的螢火蟲翩翩飛舞，即使是濛濛細雨的夜晚，也有一兩隻螢火蟲，閃著朦朧的微光在飛行，這情景著實迷人。

秋天最美的是黃昏。夕陽偎依著西山，感人的是點點歸鴉急匆匆地朝

窠裡飛去。成群結隊的大雁，在高空中飛翔，更是叫人感動，夕陽西沉，夜幕降臨，那風聲、蟲鳴聲聽起來叫人心曠神怡。

冬天最美的是早晨。落雪的早晨最美，就是在遍地鋪滿銀霜的早晨，在無雪無霜寒冷的清晨，也要生起熊熊的炭火。手捧著暖和的火盤穿過廊下時，那心情和這寒冷的早晨是多麼和諧啊！

在孩子聽完這篇小短文時，家長可以先讓孩子說說短文是按什麼順序寫的，並說說每個季節都有什麼特點。之後讓孩子開始複述。

眼、耳、口協調訓練

讓孩子大聲讀書在西方是一種長期形成的傳統。西元 1979 年，美國畫家兼專欄作家吉姆・崔利斯（Jim Trelease），有感於美國兒童閱讀水準普遍下降的狀況，著書立說宣導「讓孩子大聲讀書」，並說明了大聲讀書的作用。後來，越來越多的家長意識到了大聲讀書的好處，也紛紛加入到這個行列中。

據現代科學研究證明，大腦中的 80%～ 90%的能量是由耳朵供給，而且聲波（音樂）可以經由迷走神經通向五臟六腑。大聲朗讀的時候，嘴巴配合眼睛一起運動，會加強對大腦語言管理中樞的反射強度，提高人對語言的感知能力。此外，大聲朗讀還有以下好處：

◇ **可以排除雜念，提高專注的程度**：大聲朗讀有排除雜念，提高專注程度的作用，如果你的孩子讀書一直無法專心，你可以讓孩子大聲地讀出聲來，不久，孩子就會專心而投入了！讓孩子經常大聲讀書，有利於訓練孩子的注意力。

◇ **大聲讀書可以結合口到和心到**：只是用嘴巴小聲讀，有時會像小和尚念經一樣，有口無心。不過大聲讀書就不同了，孩子想不用心都不

第六章　強化視聽以促進孩子的專注力

行，因為孩子的精神、專注力都提升了，自然就達到口到與心到結合的目的。

✧ **大聲讀書可以振作精神**：大聲讀書可讀到全身發熱，這樣，就能提到振作精神的效果。

正因為如此，家長應鼓勵孩子大聲朗讀。家長可以每天安排一定的時間讓孩子選擇他們喜歡的小故事、童話等大聲朗讀。在孩子讀書的過程中，家長要對孩子提出這樣的要求：盡量不讀錯、不讀丟、不讀斷。孩子在大聲讀書時，要達到這樣的要求，注意力必須高度集中。如果能把這種訓練一直堅持下去，孩子的注意力就能逐步得到提升，理解能力也會增強。

有一位媽媽在引導孩子大聲讀書時是這樣做的，她說：

我女兒日常生活非常多采多姿，除了吃飯、睡覺和上幼稚園外，還要和朋友們玩耍，還要畫畫、跳舞、看卡通等等。細心的家長如果仔細觀察，大概每個孩子的一天都是這樣忙忙碌碌的。一句話，孩子用在讀書上的時間很有限。如何讓孩子在成長之路上變成一個喜愛讀書的人？我想，只有父母身體力行。

我喜歡在空閒的時間大聲讀書，其實說是大聲讀書，並不是要求聲音要達到多少分貝，而是要讀出聲音來。女兒很小的時候，我就讀書給她聽，除了念書給女兒聽，家裡的大人還時常相互讀一點什麼，比如讀報紙上有趣的事情，或者書上的某些段落。像《愛心樹》這樣的書，是特別適合家人相互讀來聽的書。還有些有趣的問答卡片，比如有一套唐詩問答卡片，非常適合全家人一起來讀書、做遊戲，我們常把最初搶答的機會讓給孩子。逐漸地，女兒也開始愛上了讀書，而且是有表情地大聲讀。

　　有經驗的父母在引導孩子讀書時，常採用閱讀漫步讀書法。閱讀漫步讀書法，其實就是輕鬆自然地引導、陪伴孩子，翻看圖書裡的圖畫或插圖。這種讀書方式應該是非常閒適的，它可以穿插在大聲讀的全過程中，也可以單獨進行。這種讀書活動適用於圖畫書或有插圖的書。優秀的圖畫書往往有很好的圖畫敘事能力，孩子往往可以從圖畫中「讀」出一個完整的故事來。

　　在孩子大聲讀書或者父母為孩子大聲讀書前，可以先讓孩子進行閱讀漫步。這好似一種預演活動。比如，媽媽指著封面問孩子，「猜猜看，這隻小豬為什麼叫西里呼嚕？」然後隨意翻看書裡的插圖，「瞧瞧，西里呼嚕為何如此狼狽？」「糟糕，大灰狼來了」等等。透過這樣的預演，孩子的注意力就被吸引過來了，對書裡的故事充滿好奇。

　　在大聲讀完後，可以和孩子一起，也可以讓孩子自己再次漫步書中，重新回味。孩子如果興致高昂，會自己一邊看著圖畫，一邊講故事。千萬別要求孩子的故事忠於原著，大人應該細心傾聽孩子自己的故事。

　　在引導孩子大聲讀書的活動中，如果父母同時參與進來並加入表演，會讓整個過程變得很開心，而且達到很好的效果。在與孩子共讀時，一般最簡潔的表演是富有感情色彩、節奏適當的朗讀。為了吸引孩子的注意力，父母應該事先預習相關素材。至少在有對話的地方要能分清楚哪一句話是誰說的。對話太多的書一般不適合大聲讀，父母在選書時可以盡量避免選擇這類讀物。那些主角形象特別可愛、性格鮮明、語言特徵明顯的故事，非常適合孩子大聲讀的。

　　讓孩子大聲讀書，本身並不困難，難在要持之以恆。可以讓孩子選擇合適的時段，每天至少堅持讀 20 分鐘，讓孩子快樂地享受讀書的過程。

第六章　強化視聽以促進孩子的專注力

▌專注也需廣度訓練

　　注意廣度，也叫注意範圍。簡單說，就是在同一時間內所能清楚掌握對象的數量，即一眼看到更多的東西，並且能夠熟記於心。一個人的注意廣度，會因各種條件而變化。

　　首先，刺激物的特點會影響人的注意廣度，如用速示器呈現的外文字母，顏色相同時，注意廣度就大，顏色不同時，注意廣度就小；排成一行時注意廣度就大，雜亂無章分散排列時，注意廣度就小；字母的大小相同時，注意廣度就大，大小不同時，注意廣度就小等。總之，注意的對象越集中，排列得越有規律，越能成為互相連繫的整體，注意廣度就越大。

　　其次，注意廣度隨著活動的任務和個人的知識經驗不同而有所不同。例如：只要求知覺字母的數量就比要求指出哪個字母有錯誤時注意廣度大。精通外文的人就比剛學外文的人閱讀外文時的注意廣度大。

　　注意廣度在生活實踐中有很重要的意義。注意廣度的擴大，有助於一個人在同樣的時間內接收更多的資訊，提高工作效率，使人能夠更好地適應周圍的世界。一個注意廣度比較高的孩子，在考試中的答題速度就會比普通孩子快，正確率高。所以，很多家長把注意廣度作為孩子注意力訓練的重要內容之一。

　　在現實生活中，我們透過以下的方法提高孩子的注意廣度：

1. 劃數字訓練

　　替孩子列一張數字表（表中數字的多少和排列順序可根據孩子的實際情況確定），表中的數字都是無規則的，然後劃去任意兩個數之間的某個數，如劃去「1」和「7」之間的偶數（或奇數）。

```
1 5 3 4 9 6 3 8 2 5 4 7 9
3 0 3 7 1 5 4 2 6 9 8 7 4
4 2 7 3 0 1 5 6 4 9 2 3 8
```

等孩子完成以後，家長幫孩子計算劃對、劃錯和漏劃三種數據。全部劃對的數字的總和稱為粗分，劃錯的加上二分之一漏劃的稱為失誤。粗分減去失誤稱為淨分。用公式表示為：

淨分＝劃對數－劃錯數＋ 1/2 漏劃數）

失誤率＝（劃錯數＋ 1/2 漏劃數）÷ 劃對數 ×100％

要求孩子每天拿出一定的時間進行自我訓練，堅持一段時間後可透過比較多次訓練間的淨分和失誤率，看出自己的注意廣度的成效。一般來說，經過多次重複練習，淨分會逐步提高，失誤率會逐步下降，表示孩子的注意力已經提高。

2. 數物品

家長與孩子一起找一些小石子或者玻璃球放在盒子裡，由一個人迅速打開盒子讓另一個人看兩秒，然後迅速合上蓋子，讓看的人說出盒內小石子或者玻璃球的個數。兩人可交換進行。可以不斷變換盒子內的小石子或者玻璃球的個數。

3. 猜物遊戲

把孩子喜歡的玩具或者學習用品擺出來，積木、汽車、娃娃、削筆刀等等，讓孩子觀察幾秒鐘，等孩子閉上眼睛後悄悄將其中一件或幾件物品偷偷藏起來，讓孩子睜開眼睛後說出哪些東西不見了。

這個遊戲要求孩子在觀察時，能夠迅速地注意到多個物品，從而鍛鍊了孩子注意的廣度，進而提高注意力。家長們需要注意的是，玩這個遊戲

第六章　強化視聽以促進孩子的專注力

要根據孩子的年齡及個體差異來掌握呈現物品的多少、觀察時間的長短和拿走物品的多少，年齡大點的孩子可以提高難度，小一些的孩子則適當降低難度，以保護他們遊戲的積極性。

4. 玩益智遊戲

例如：連連看和打地鼠這樣的小遊戲，對孩子注意力廣度訓練也能產生一定的作用。所以，對於喜歡玩遊戲的孩子，家長不要簡單粗暴地一票否決，只要施以正確的引導，遊戲不但不會妨礙孩子學習，還會提升孩子的學習效率。

5. 讓孩子參加 3 人以上的運動

足球，11 人或 5 人足球都可以；籃球，3 ～ 5 人團隊的對抗籃球運動較好。在多人參加的運動項目中，對參加者全域掌握能力有一定的要求，因此對孩子注意廣度的提升有所幫助。而 1 人或 2 人進行的運動，對注意廣度的提高則收效甚微。

第七章
用科學訓練提升孩子的專注力

法國數學家笛卡爾指出：「沒有正確的方法，即使有眼睛的博學者也會像瞎子一樣盲目摸索。」要提升孩子的專注能力，掌握科學的訓練方法同樣很重要。方法得當，孩子才會樂於參與，才能取得事半功倍的訓練效果。

第七章　用科學訓練提升孩子的專注力

▍即時注意訓練法

1·辨音法

　　這種方法取材廣泛，簡單易行，它既能訓練注意力的集中性，還有助於消除疲勞，增強聽力。

　　打開收音機，放低音量，然後再放低，把音量慢慢調到盡可能低，低到剛好能聽到為止。微弱的聲音迫使孩子盡力集中注意力，使注意力集中得到訓練。做這個練習的時間，最好不要超過 3 分鐘，否則易導致疲勞。或者在白天，放一首簡單的兒童音樂，辨別音樂中分別用了哪些樂器。

　　這個練習還可以變通一下。如果你的孩子是低年級的學生，還可以讓孩子坐好，輕輕地閉上眼睛，接著，家長可以弄出各種聲音來，比如敲碗聲、拍掌聲、腳步聲等讓孩子猜。隨著孩子聽音辨音能力的增強，家長可以把聲音弄得更複雜一些，如同時弄出好幾種聲音，讓孩子來分辨。這種方法，每天可進行 10 分鐘左右，既鍛鍊了孩子的注意力，還能加強家長與孩子的交流。

　　如果你的孩子是高年級的學生。你可以讓孩子在睡覺前做一下鐘聲練習，這種練習，要求用正確放鬆的坐姿或仰臥的睡姿，平心靜氣地傾聽鬧鐘的滴答聲。開始聽時，孩子會感到鬧鐘聲音既輕又遠，經過一段時間的鍛鍊後，孩子就會感到聲音變響了，變近了。如果練到能感覺出鬧鐘聲是從周圍牆壁和門窗上反彈回來的時候，就表示孩子的注意力已集中到驚人的地步。

　　這種方法有健身、健腦、集中注意的功效。讓孩子堅持做這個練習，能增強鬧中取靜的能力，使孩子注意力集中的強度大大提高，這樣，孩子就可以不怕外界干擾而集中精力去學習。

2. 大腦抽屜法

這種方法可以訓練孩子轉移注意力的能力。方法是這樣的：

第一步，設計出 3 個問題，這些問題對於低年級學生來說要編得簡單些，對高年級學生要編得稍微難一些。比如，可為二年級學生編這樣 3 個題目：

✧ 星期六媽媽帶我上公園，我想玩什麼呢？

✧ $3 \times 34 = ?$

✧ 人海的「海」字有幾筆，在海邊能看見什麼呢？當然，這 3 個題目，家長可根據自己孩子的年齡大小來編制。

第二步，讓孩子每道題思考 3 分鐘。頭 3 分鐘想第一題，第二個 3 分鐘想第二題，最後思考第 3 題。思考時，思想要集中，不能分心，尤其不能想另外 2 道題。訓練的關鍵就在於想好一題之後再去想另一題，從而訓練注意力能自如地從一件事上轉移到另外的事情上。

3. 神祕箱

在一個紙箱上開一個口，剛好能伸進去一隻手。家長先在箱子裡放一些東西。練習時，家長說出要找的東西的名稱，然後讓孩子把手伸進箱子裡摸，只許用手去摸，不能用眼睛去看。也可以先說出某一東西的特徵，再讓孩子去摸出來。這種方法可以訓練孩子注意力集中的強度，還能鍛鍊他們的感覺能力。

4. 數石子法

找一些大小相近的石子，家長可以先放 3 個小石子在桌上或地上，然後用紙蓋上，不讓孩子看見。讓孩子坐在石子前，告訴他，拿開紙後，孩

子應注意看一眼桌子上有幾顆石子，然後立刻蓋上，讓孩子說出石子數目。剛開始，2 顆、3 顆，孩子能看清，等到了 4 顆以上，低年級小學生就看不清有幾顆了。

這個訓練具有遊戲的特點，它要求孩子在只看一眼的情況下看清石子數，這樣的訓練能夠引起孩子的興趣，誘發他的注意。

如果用彩色小球來做，可以讓孩子看一眼後，說出都有什麼顏色的，這種訓練要注意拿開遮蓋物後要很快地再蓋上，通常你可以默默地數數，數「1」時拿開，數到「3」時蓋上。

這種簡單的方法能測出孩子的注意範圍，同時對他的視力敏感性和觀察力也是很好的訓練。

專心思維訓練法

根特先生是德國著名的哲學家，根特在讀書時經常使用一種精神集中法。其做法是，當他讀書前，或者在書房裡深思冥想問題時，他必定是透過窗戶凝視著遠方屋頂上的一個隨風擺動的風向標箭頭，他一邊盯著風向標的轉動，一邊下意識地沉浸於深深的思考之中。這種方法大大幫助了他，他的許多哲學理論就是這樣思考出來的。

根特先生使用的這一方法，正是專心思維訓練法。在生活中，我們也常有這樣的經驗，當兩眼凝視著某一點時，一邊對著視點出神，一邊思考著所要解決的問題，或者思考已讀過的內容，無形之中，注意力好像就集中在一起，促進了思考的深度。這種做法之所以能夠讓注意力集中起來，是因為當我們的雙眼長時間凝視在一點時，視野就會變得狹窄，那些容易吸引自己並導致注意力分散的事物也會被排除在眼簾之外，從而達到注意力集中的境界。

　　其實，早在遠古時期，獵人們就已經學會運用這樣的方法練習自己的箭術。在練箭的時候，他們先將一個小銅錢掛在遠處，經常遠遠地注視它，分辨出銅幣的空心，然後集中注意力，排除外物干擾，瞄準銅幣射擊。這種訓練法不僅鍛鍊了他們犀利的眼神，更增強了他們做事專注的能力。

　　對於孩子來說，同樣可以透過這樣的方式訓練他們的專注力。而要想讓孩子樂於做這樣的訓練，家長一定要讓訓練變得富有趣味性和挑戰性，這樣才能讓孩子專心致志地投入到訓練中。

　　以下是編者為孩子提供的專心思維訓練。

1. 專注於集中性思維的訓練

(1) 文字遊戲：圖形成語

圖形	答案
語　香	
死　烹	
橫　行	
成	
7 8	
天　地	
如　得水	
歸　似	
指　為	

第七章　用科學訓練提升孩子的專注力

以上圖形中的每樣東西都代表一個字，要求孩子在空格中添入一個適當的字，使每一橫行的圖與字組成一個成語。

以上圖形的答案分別是：

1. 鳥語花香
2. 兔死狗烹
3. 鼠輩橫行
4. 三人成虎
5. 七上八下
6. 花天酒地
7. 如魚得水
8. 歸心似箭
9. 指鹿為馬

(2) 數字遊戲：打靶

智慧王國裡有許多有趣的事，打靶遊戲就是其中的一種。他們的靶子，只有 7 個靶環，每環上標有擊中後的得分。射擊者十分自由，站得多近都行，打幾槍都可以，可以說是隨心所欲。但是射擊者的最後得分必須是 100 分，多一環或少一環都算失敗，那麼究竟該怎樣射擊才能打到規定的 100 環呢？

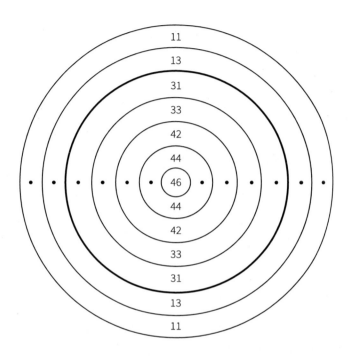

(3) 圖形遊戲

例 1：巧移方桌。

圖是心靈手巧的德‧雷絲小組用幾根火柴擺成的兩把椅子和一張方桌，要求孩子移動 3 根火柴，將方桌挪到椅子的中間去。

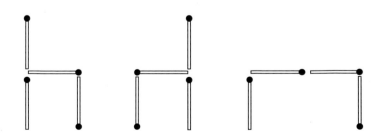

例2：拼正方形。

夏綠蒂想縫一個正方形的坐墊，鋪在自己的那把硬邦邦、涼冰冰的凳子上，但手頭只有兩塊的奇形怪狀的布料（見下圖），那麼如何只在每塊布料上剪一刀，把它們合在一起拼成一個正方形？

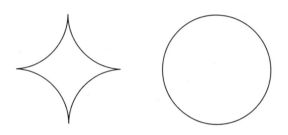

2. 專注於發散性思維的訓練

(1) 物體用途訓練

物體用途訓練是一種很常見的，訓練孩子發散性思考的方法。一些物品經常出現在我們的身邊，我們也經常用到。若問孩子：「你知道鉛筆能做什麼嗎？」他們可能多半回答：「鉛筆能寫字」、「鉛筆能畫畫」。這些當然沒有錯誤，不過他們都是鉛筆在通常情況下的用處。

思路更寬闊一些的話，鉛筆可以派上用途的地方是非常多的，例如：它可以撓癢，鉛筆芯削成粉是一種很不錯的潤滑劑，往生銹的鎖孔裡面倒點這種粉，效果還很不錯。鼓勵孩子對某一物體說出奇特的、不同尋常的答案，說得越多越好。例如：學生說出迴紋針可以用來繫鞋帶，把迴紋針拉直並且穿過鞋帶孔扭結起來，就是個獨特的答案。

練習讓孩子說說下列物體的用途：錘子、手電筒、報紙、鑰匙、書、紅磚、易開罐、硬幣、水……

(2) 文字遊戲訓練

文字遊戲的訓練題要靈活，利用這些沒有固定答案的題目，可以有效地訓練孩子的發散性思維能力。如下：

1. 分別寫出你所知道的所有帶「木、口、十、人、乙等」偏旁的字。如帶有「木」的字有：林、棉、杏、樞、材、桌、案等。

2. 分別寫出「堅強、光明、公正、耿直等」的所有反義詞。如「堅強」的反義詞有：懦弱、軟弱、柔弱、虛弱、怯弱、弱小等。

3. 分別寫出與「麵包、自行車、書包」等物有關的事物。如與「麵包」有關的事物有；麵粉、廚師、自來水。

4. 盡可能多地寫出「美麗、孤獨、朋友、口袋」等的概念定義。如「孤獨」的定義有：孤獨就是一人獨處；孤獨就是總是不被別人理解等。

5. 寫出下列各組事物之間的共同之處。

山－水，劍－盾，船－河，書－膠水，牙刷－牙膏，吉他－排球，老師－鬧鐘，踢球－看電影

模型練習法

這是透過特製的模型來訓練注意力的方法。共有 3 種模型：

◇ **模型 1**：剪一塊 38 公分見方的黑紙板（沒有黑紙，可用墨汁把白紙塗黑）和一塊五公分見方的白紙板，然後把白紙板黏在黑紙板的中心。

◇ **模型 2**：剪一塊 38 公分見方的黑紙板，再在 5 公分見方的白紙上剪出一個五角星，並把它黏在黑紙板的中心。

◇ **模型 3**：剪一塊 38 公分見方的白紙板，再用藍紙板剪個直徑為 12.5 公分的圓，並把它放在白紙板的中心。

第七章　用科學訓練提升孩子的專注力

訓練 1

1. 把模型 1 貼在明亮的室內牆上，與自己坐在椅子上時眼睛的高度一樣，已能清楚地看到。
2. 坐在離模型 1 公尺遠的椅子上，其高度是白紙的中心。
3. 按自己喜歡的放鬆方法進入放鬆狀態。
4. 閉眼大約 2 分鐘，在腦子裡想像一面黑色的螢幕。
5. 睜開眼注視模型 3 分鐘，盡量不眨眼，但也不要過分用力。
6. 慢慢地把眼睛離開模型轉向牆壁，這時由於視覺暫留現象，會看到牆上似乎有一個黑影（一個黑板）。盡力凝視那個黑影，假如黑影開始消失，仍要想像它停留在那裡。
7. 當那黑影完全消失後，閉上眼睛，在腦海裡再次想像它，要努力讓它牢牢銘刻在自己的腦海中。
8. 重做一遍。這個練習一次可以練習 15 分鐘。

訓練 2

1. 把模型 2 貼在牆上，其下角星中心的高度與自己坐在椅子上眼睛的高度相同。
2. 坐在離牆 1 公尺遠的椅子上。
3. 放鬆。
4. 閉眼，在腦海裡想像一個黑色螢幕。
5. 凝視五角星模型大約 2 分鐘。
6. 移動眼睛至牆上，繼續凝視牆上五角星的黑影（視覺後像）。
7. 閉上眼，努力使五角星模型留在腦海之中。
8. 重複做一遍，本練習可做 15 分鐘。

訓練 3

1. 把模型 3 貼在牆上，高度同前。

2. 坐在距牆 1 公尺遠的椅子上。

3. 進入放鬆冥想狀態。

4. 閉眼 1 分鐘，想像出一個黑色螢幕。

5. 睜開眼睛凝視模型，眼睛的視焦點集中在藍色圓板上。想像自己看到了電影院的圖像放大鏡，放大鏡一直照在藍色圓板上，藍色圓板變得越來越大，直到它充滿你想像的整個螢幕。停止放大，直到它又變成原來的大小。如此反覆做幾次。

6. 在想像中增加一些運動。按順時針方向圍繞藍色圓板的外圈移動眼睛，大約進行 5 次，再按逆時針方向圍繞藍色圓板外圈轉動眼睛 5 次，繼續按順時針 5 次、逆時針 5 次做轉眼動作，並逐漸加快速度，直到好像看見一個具有立體感的轉輪為止，然後逐漸地停下來。

　　這個訓練每次大約需要 5 分鐘，也可用五角星模型來做。盯住五角星的角，先按順時針方向、再按逆時針方向轉動眼睛，逐漸加快速度，直到五角星似乎成為立體，再慢慢地停下來。

　　這種訓練，有一種簡化方式。可以凝視一根火柴，閉上眼睛待一下子，然後突然睜眼，將會看到一根像電線杆一樣的大火柴。想像它的巨大尺寸，然後想像這根巨大的火柴被點燃，發出閃閃的巨大火焰。

多米諾骨牌訓練法

　　「多米諾骨牌」是一種用木製、骨製或塑膠製成的長方形骨牌。玩時將骨牌按一定間距排列成行，輕輕碰倒第一枚骨牌，其餘的骨牌就會產生連鎖反應，依次倒下。玩多米諾骨牌對於訓練孩子的專注力有很大的促進

第七章　用科學訓練提升孩子的專注力

作用。這是因為，要按一定的間距把多米諾骨牌排列成行且不在中途就倒掉需要孩子集中注意力，更需要孩子有一定的耐心、細心，要排除干擾做到專心致志。

玩多米諾骨牌的方式有很多，以下介紹幾種：

✧ **讓孩子自由玩**：家長可以讓孩子自己排列多米諾骨牌，看看每次排完一副多米諾骨牌，且中途不倒需要多長時間。家長可以幫孩子記錄下來，讓孩子看到自己的進步。當然，剛開始的時候孩子可能剛排了幾個就不小心碰倒了，那麼，只要每次多排了幾個，家長都應該予以肯定，讓孩子有挑戰困難、追求勝利的決心。

✧ **2 人或多人比賽**：家長可以陪孩子一起玩，比賽誰排列的多米諾骨牌多，只要牌不倒下去，可以繼續往下排；比賽排一副牌，誰用的時間短等。在這種情況下，孩子會愈玩愈有興趣。如果孩子在玩的過程中氣餒了，家長偶爾可以允許孩子耍小心眼，比如，排得間距寬一點，這樣可以避免碰倒一個之後將所有的牌都碰倒。

✧ **堆骨牌**：家長還可以訓練孩子堆骨牌，一層一層地往上堆，堆得越高難度越大。雖然這看似簡單，但是因為骨牌的材質，要堆到第十層已經很不容易了，因此，只要孩子有點成績，比如堆到第 8 層，就應及時誇獎，延續孩子的自信心。

✧ **擺圖案**：也就是將骨牌按照一定間距排成一行或者幾行，或者是一幅圖案。當推倒第一張骨牌時，與之相鄰的第二張骨牌就會被第一張骨牌推倒，接著第三張被第二張推倒，由於發生連鎖反應依次倒下，形成一條長龍，或形成一幅圖案；骨牌碰撞的聲音既清脆又連貫，形成圖案時，彷彿是把原來的三維地圖變成了平面圖。這種玩法，對孩子來說，相對趣味性比較濃一些，不顯得過於枯燥。

　　總之，多米諾骨牌的玩法很多，只要肯動腦筋，運用想像力，肯創新，一定能夠想出更多的玩法，寓樂於教，讓孩子在玩的過程中，達到練習的目的。

▌桌球訓練法

　　桌球運動長期以來都在進行普及和推廣，因為桌球運動有很多好處，特別是對於成長中的中小學生。

　　有專家經過研究證明，打桌球可以使視線在很長的時間裡跟隨一個物體移動，是提高注意力持續性的最好方法。很多小孩子在成長過程中沒有養成持續注意的習慣，上課容易分神、分心，經過一段時間的桌球練習，可以明顯改善孩子注意力不集中的問題。

　　除此之外，桌球作為一種體育競技運動，還可以鍛鍊孩子們的身體機能，使他們保持良好的身體本質，對預防和治療近視也有一定的積極作用。因此，桌球不但在中小學生中受到歡迎，在世界上也是一項具有極大魅力的運動。

　　相對於籃球、足球對場地、人數的高要求來說，桌球顯得更為平易近人。可以單人玩，可以兩人玩，還可以多人玩。在家中，家長可以用桌球開發出一些有趣的訓練方法，讓孩子在強健身體的同時，提高注意力。

　　以下是編者提供的幾種桌球趣味訓練法：

◇ **托球**：用桌球拍拖住小球，努力保持平衡，避免其從球拍上滑落。玩這個遊戲的要點，就是集中注意力保持平衡，所以對注意力的提升直接有效。

玩這個遊戲時，最好大人一起參加，競技因素的存在會讓遊戲更具吸引力。勝利者還可以有適當的獎勵，以資鼓勵。如果想增加遊戲的難

度，可以進行托球百公尺賽之類的活動，會讓遊戲更具娛樂性和刺激性。

✧ **推球**：用球拍將球持續擊打在牆壁上，也是一個人玩桌球時常用的方法。這個遊戲的要點也是要集中注意力，保持用力的均衡和方向的正確。

這個遊戲可以用雙手進行，即左右手各拿一隻球拍，交替推球。一般右手推球平穩一些，左手笨拙一些，這樣可以幫助開發右腦。而對於那些暫時找不到球臺的孩子來說，還可以透過這種方式實現二人對打。

✧ **擊球**：一人負責將球拋出，另一人負責用球拍將球擊打進旁邊的垃圾桶中，進球者得分。這個遊戲的要點同樣需要高度集中精力，以判斷拋球者的發球角度和力度，同時準確地擊打並進球。

這是桌球的一種衍生遊戲，有點棒球的影子，趣味性比較強，而且可以把球拍換成一本書，大大降低遊戲成本，非常適合室內娛樂。

以上三種方法，對於那些學習不容易集中注意力的孩子有很好的幫助。而且，所有的遊戲都適合家庭成員集體參與，是非常理想的親子活動。

舒爾特方格訓練法

應該說舒爾特方格訓練法是世界上最專業，同時也是最普及、最簡單的注意力及視覺寬幅的訓練方法，幾乎出現在全球各個國家飛行員、太空人的訓練課程當中。當然，其簡單、方便、容易操作的特性，也成為眾多青少年學生的有效訓練方法。目前，很多人甚至把舒爾特方格做成各種簡單有趣的電子遊戲，供大家娛樂之餘，順便提升注意力，在不知不覺中成為一目十行的神奇人物。

　　製作一個舒爾特方格非常簡單，標準的舒爾特方格由 25 個阿拉伯數字構成，按照 5×5 畫出 25 個表格，然後將打亂順序的數字隨便填充在這些準備好的表格當中。接下來按下碼表，看玩遊戲的人能在多長時間內按順序找到並讀出這 25 個數字。

　　舒爾特方格圖例如下：

4	8	13	24	15
18	7	22	12	6
1	23	19	16	9
20	17	2	10	5
3	14	21	11	25

　　根據相關研究顯示，7 ～ 8 歲的小孩子按照順序找完圖表上所有數字的時間一般是 30 ～ 50 秒，平均成績為 40 ～ 42 秒；正常的成年人做這個測試，成績要明顯好於孩子，時間大約是 25 ～ 30 秒，有些人甚至能達到十幾秒。所以，如果是家長和孩子同時做這個遊戲，如果在規則或別的方面沒有一些偏重，那對孩子明顯不公平。父母更不能在一開始就用自己的標準來衡量孩子，那樣只能打擊孩子的積極性。

　　因為製作舒爾特方格非常簡單，只需要一張紙和一支筆，所以非常適合家庭的親子活動。以遊戲的方式進行訓練就再好不過，當然，能夠對表格進行一些適當的發揮就更好了。

　　例如：將舒爾特方格按照格子的數量，製作一整套舒爾特方格。可以從最簡單的 3×3 開始，然後是 4×4，5×5，6×6，7×7，8×8，9×9，一直可以到 10×10，難度逐漸遞增，注意力也逐漸得到提升。

　　另外，還可以將舒爾特方格進行適當變異，這完全是為了增加趣味性

第七章　用科學訓練提升孩子的專注力

考慮，因為也許孩子們會覺得數字比較乏味，那麼換成英文字母或者拼音字母也不錯。如果孩子正在學習英語或者字母表，就會有一箭雙雕的效果。

舒爾特字母方格圖例如下（仍以 25 個表格為例，由 A 到 Y）：

P	N	H	W	C
G	Y	A	O	T
D	V	S	M	I
R	U	X	F	K
B	E	J	L	Q

如果家長擔心孩子只記住 25 個字母而忘記 Z 的存在，可以在後面單獨加一個表格，這並不會對遊戲本身的功能性和趣味性造成傷害。聰明會玩的家長們不妨大膽改革，多玩點花樣出來。

把絕妙的古代詩詞絕句放在這個同樣美妙的表格裡面，也將是非常有趣的事情。如下圖，以李白著名的〈草〉為例：

離	原	一	燒	火
風	★	枯	吹	春
★	又	上	歲	★
榮	草	★	不	一
生	盡	野	離	★

因為四言絕句只有 20 個漢字，所以剩餘的 5 個空格可以用任意圖形代替，也可以增加不相干的漢字混淆視聽，提升遊戲的難度。需要指出的是，古詩詞中會出現重疊字，例如：這首小詩短短 20 個漢字就分別有

兩個「離」、「一」，這時可以用色彩進行一下區分，遊戲還是可以照玩的。尤其是那些讓孩子背誦古詩的家長朋友，不妨替孩子做一套古詩詞的舒爾特表，也算是別出心裁了。

有資料顯示，25格標準舒爾特方格，以12～14歲少年為例，能達到16秒以上的孩子，課業成績一般會名列前茅；26秒左右屬於中等水準，班級名次同樣在中等或中偏下；如果在36秒，問題就會很麻煩。當然，這只是一種參考而已。

不過值得肯定的是，練習舒爾特方格，對改善孩子注意力分散狀況是卓有成效的。如果可以每天進行練習，會明顯改善和提高學生課堂的注意力水準，從而使學生在根本上做到上課注意聽講，高效吸收知識，高品質完成課後作業，達到提高學習效率，降低考試失誤率，提高考試成績的目的。

值得家長們注意的是，在孩子玩舒爾特方格的過程中，家長不可對孩子提出苛刻目標。最好讓孩子從簡單的9格開始練習。為了防止表格來回練習產生記憶，家長可以準備多個不同表格，或者用印表機列印空格，練習時隨機在空格內填充數字。練習時，孩子眼睛距表30～35公分，視點自然落在表的中心。在所有字元全部清晰入目的前提下，按順序找全所有字元。需要注意的是，尋找過程中不要只找一個字元而對其他字元視而不見，這樣就會顧此失彼。

此外，家長還應該讓孩子每看完一個表，眼睛稍做休息，可以選擇閉上眼睛休息，也可以做眼保健操，避免用眼過度。

第七章　用科學訓練提升孩子的專注力

第八章
在遊戲中培養持久的專注力

　　遊戲是培養孩子專注力的最佳方式。因為遊戲能激發孩子愛玩的天性，在各類生動、有趣的遊戲中，孩子的心情比較舒暢，其注意的集中程度與穩定性也都比較強，所以能夠比較持久地專注於一件事情上。

　　在日常生活中，家長可以透過各種感官遊戲、趣味遊戲，來啟動孩子的大腦，使其能夠有效地處理資訊，以達到專注的目的。

第八章　在遊戲中培養持久的專注力

▍視覺遊戲

透過視覺注意力獲取有效資訊是孩子上課、學習必備的一種手段。如果孩子的視覺注意力不佳，就沒有辦法做到專心致志。因此，對孩子進行視覺遊戲，其目的在於訓練孩子視覺注意的選擇性與持續性。

1. 扔沙包

遊戲目標：練習眼力與注意力

遊戲準備：廢布、剪刀、針線、一碗米或沙子

遊戲過程：

第一步：用廢布料製作6～8個小口袋，在口袋裡裝滿米或沙子，最後將袋口縫合，沙包製作完成。

第二步：將所有的沙包抓在手裡，然後撒開。拾起其中一袋，拋向上方，在沙包落地以前，快速撿起另一沙包握於掌內，然後再去接掉落的沙包。依次循環，一拋一抓一接，直到將所有的沙包都握於手中。遊戲過程中，若有一袋落地，則算這輪遊戲失敗，需重新開始。

2. 對對碰

遊戲目標：練習手眼協調能力、注意力

遊戲過程：

選一塊較為空曠的場地，在地上沿豎向畫數個距離大小不等的圓圈。再找幾塊大小適中的石頭（也可以用方形的積木替代）。準備工作完成後，孩子和家長在圈外站定。將一塊石頭拋入圓圈內，另一塊石頭則以第一塊石頭為目標，瞄準撞擊。

遊戲的難易程度以第一塊石頭所處的圓圈位置以及圓圈大小為基準。

此項遊戲更適合以團體競賽的方式進行，若石頭拋出圈外，就要更換一個人。

3. 找錯別字

遊戲目標：練習孩子的觀察力、發現力和注意力

遊戲過程：

在白紙上寫 3 ～ 5 個句子，每個句子裡都夾雜 2 ～ 3 個錯別字，這些錯別字要在孩子的識字範圍之內，可以是孩子平時容易寫錯的字。然後告訴孩子：「今天由你來做個小老師，找出作業裡的錯別字，用紅筆圈出來並在旁邊寫上正確的答案，」每天訓練一次，要求家長記錄每次所耗時間，一段時間後進行縱向比較。

範例：

✧ 「我喜歡這片遼闊的草地，愛這湛藍的天空！」從朋友的聲音裡，我感受到了他真成的喜悅。

✧ 據專家估計，這是一批明朝時期的珍貴文物，保存得非常完善，其中最價值不菲的是一棵碩大的夜明珠。

4. 猜牌遊戲

遊戲目標：強化視覺注意

遊戲準備：一副卡通撲克牌

遊戲過程：

第一步：從卡通牌裡選取 5 張牌。

第二步：從 5 張牌裡拿出一張讓孩子仔細觀察，要求其記住牌面上的數字以及圖案特徵。在確認孩子記牢以後，把牌翻過來放在桌面上，再取

出第二張讓孩子辨識。依此類推，5 張牌按先後順序放好。

　　第三步：家長可以按照剛才的識別順序（也可以打亂順序），指著牌讓孩子回憶這張牌上是什麼數字，有些什麼圖案，然後大聲說出來。說完一張翻開一張，驗證對錯與否。

　　第四步：5 張牌全部回憶完後，要求孩子將桌面上的牌再次仔細觀察一遍，不但要記住牌的內容，也要記住這張牌所處的位置是第幾張。確認完畢之後，再把這 5 張牌翻過來放在桌面上。

　　第五步：提醒孩子你現在要將桌上的牌互換一下位置，讓他注意觀察你的手勢，以及是哪兩張牌相互換了。（哪幾張牌互換或換幾次可以根據孩子的實際情況來定。）

　　第六步：換定離手，再讓孩子大聲說出每張牌面上的數字和圖案。

5. 找找看

　　遊戲目標：訓練孩子的視覺注意

　　遊戲過程：

　　將下圖的圖片平放在孩子的眼前，讓孩子找找看，狗員警應該走哪條路才能找到貓小偷呢？注意：千萬不能走標有「▲」的路。因為，「▲」代表陷阱。

聽覺遊戲

　　注意力是有目標性的，看東西需要目標選擇，聽人說話同樣也需要有目標、需要專心致志。注意力不集中的孩子，通常聽覺也不太靈敏，透過聽覺遊戲，能夠有效地提高孩子聽覺的靈敏度和對資訊的捕捉能力，提升孩子的專注力。

1. 快速數數

　　遊戲目標：訓練孩子的聽覺注意力

　　遊戲準備：白紙、筆、碼錶

　　遊戲過程：

　　第一階段：讓孩子快速從 1 數到 100，家長用碼錶記錄時間。訓練三次。再從 100 倒數到 1，同樣記錄這三次的所需時間。要求孩子每次都要比前一次用時少，盡量做到既快且準。

第八章　在遊戲中培養持久的專注力

第二階段：在完成第一階段的數數訓練後，家長可以要求孩子在 1 ～ 101 的數字之間（或更多數字內），先順數偶數，再倒數奇數，或先順數奇數再倒數偶數。同樣用碼錶記錄時間。

第三階段：漏數數。讓孩子把注意力集中在你的聲音上，然後指出你漏數的數。

2. 聽話做動作

遊戲目標：訓練孩子的聽覺靈敏度與專注力

遊戲過程：

第一步：讓孩子站好，向孩子說明遊戲規則，要求他按照指令做出相應的動作，反應越快越好。

第二步：指認臉部器官。家長報出哪個部位的稱謂，孩子的手就指在相應的位置上。如：家長說「耳朵」，孩子就拉拉自己的耳朵；接著再快速說「鼻子」，孩子的手要馬上移到鼻子上。反覆幾遍，在孩子熟悉之後，可以適當加快速度。

第三步：報數。在數字 1 ～ 10 內，家長隨意報數，讓孩子做出相應的反應。如：家長說「3」，孩子就伸出 3 根手指。同樣反覆幾遍，讓孩子熟悉這種模式。

第四步：方向指認。上下左右前後六個方向，若家長說出「左」，孩子就「左」跨一步；說「前」，向「前」跨一步。上下依舊用手指認。為提高難度，還可以要求孩子按相反方向指認。如家長說出「左」，孩子就「右」跨一步。

第五步：「看你做得像不像！」說出哭泣、微笑、大笑、生氣等這些有關表情的詞語，然後讓孩子做出相應的面部表情。

第六步：在孩子熟悉了上面幾種表現方式後，家長可以將所有的方法結合起來，要求孩子做出相應的反應。前幾遍節奏慢一點，等孩子適應後就加快速度。

3. 信號攔截

遊戲目標：訓練孩子的聽覺靈敏度

遊戲過程：

家長告訴孩子自己開始講故事了。

在講故事前，告訴孩子自己將在故事中安排 5 ～ 10 個的行為指示信號，比如「拍手」「閉上眼睛」「舉手」「跳一跳」「走一走」「蹲下來」等。要求孩子在聽故事的過程中，一旦聽到這些行為信號，都做出相應的動作。故事中信號的選擇可以從易到難，最好是一些孩子感興趣的故事，這樣的訓練效果比較好。

4. 聽指令夾彈珠

遊戲目標：訓練孩子的專注能力、手眼協調能力

遊戲過程：

遊戲準備：一雙筷子、兩隻塑膠碗、不同顏色的玻璃彈珠 30 顆、碼錶

將所有的玻璃彈珠放入其中一隻碗內，要求孩子用筷子快速地將碗裡的珠子夾到另一隻碗裡。家長事先精心準備好指令語，用形象生動的語言不時地更換指令，比如把黑色珠子比喻成黑木耳，把紅色珠子比喻成番茄等，觀察孩子對指令的配合度，同時也培養了孩子的想像力。

第八章　在遊戲中培養持久的專注力

5. 聽指令串珠子

遊戲目標：訓練孩子的手眼協調能力、聽力、專注力

遊戲準備：細繩子、不同顏色不同大小的珠子 30 粒左右、碼錶

遊戲過程：

要求孩子將所有的珠子一粒粒地穿進繩子裡。

遊戲的過程中，家長可以下達不同的指令，讓孩子配合行動。如按照一粒大珠子，一粒小珠子來完成；按照不同的顏色來完成。家長用碼錶幫孩子計時，觀察孩子完成的速度和執行指令的完整度。

6. 跟我學

遊戲目標：訓練孩子的專注能力

遊戲過程：

家長可以準備一首小詩，然後讓孩子跟著自己一起練習。練習的時候，不是一個逗號一個逗號地開始練習，而應該做到，整句整句地念，這樣才能達到訓練效果。

範例：

如果不能成為太陽，就做一顆星星，一顆最閃亮的星星；

如果不能成為大海，就做一條小溪，一條最清澈的小溪；

如果不能成為大樹，就做一棵小樹，一棵最蔥綠的小樹……

▍觸覺遊戲

觸覺在人類行為中的地位是不可小覷的。觸覺系統是孩子最先發展的感覺系統，也是最基本、分布面積最廣、影響力最大的系統之一。孩子透過觸覺來辨識冷熱軟硬，了解不同材質的事物的區別；透過感覺疼痛來了

解環境的安危，進行自我保護等。而且觸覺刺激系統的發展，對孩子情緒的穩定也有著極重要的影響。

觸覺不靈敏的孩子通常對外界的刺激不敏感，或表現為難以適應。他不喜歡接觸新的事物，迴避他人的觸摸，人際關係冷漠，眼神飄忽，注意力難以集中，學習積極性低下，反應遲鈍等。所以，家長必須從小關注孩子觸覺系統的發展，經常進行有目的性的觸覺培養。編者根據孩子的觸覺特點，特地安排了以下的觸覺遊戲，以幫助孩子達到訓練專注力的目的。

1. 百寶箱

遊戲目標：訓練孩子的觸覺以及注意力

遊戲準備：紙箱、膠帶、剪刀、不同形狀不同材質的玩具若干件

遊戲過程：

第一步：將準備好的不同形狀和不同材質的玩具全部放入紙箱內，用膠帶把箱子密封。

第二步：在箱子上開一個口，大小要能容孩子一隻手的進出。

第三步：讓孩子把手伸進紙箱內，不能看（可以用布把孩子的眼睛蒙起來），然後訓練者報出一種玩具的名稱，讓孩子把這種玩具從紙箱中找出來。

第四步：驗證正確與否，再開始新一輪的尋找。

2. 猜字遊戲

遊戲目標：訓練孩子的觸覺、專注力

遊戲過程：

家長可以先讓孩子閉上眼睛，然後在孩子的手心或手背上寫字，讓孩

子猜猜這是什麼字。或者讓孩子背轉身，在他的背上寫字讓孩子猜。字應該從簡單到困難，從單個字到片語再到簡單的一句話。

這個遊戲一方面是對孩子觸覺的充分利用和訓練，讓孩子在某一時刻內把所有的注意力集中在一個點上。持之以恆地加以訓練，不但能鍛鍊孩子的注意力，還能讓孩子的空間想像能力得到提升。

3. 墊上遊戲

遊戲目標：訓練孩子的觸覺

遊戲準備：一張軟墊子、答錄機、一段輕快的音樂

遊戲過程：

先讓孩子平躺在墊子上，雙臂上舉置於腦袋兩側，微屈膝蓋，然後聽指令左右翻滾。往左翻時，把右腳放在左腳的左側；往右翻時，把左腳放在右腳的右側。如此往復。

為強化訓練的力度，還可以將軟墊擺成 30 度的傾斜角，讓孩子側身從上面往下滾。訓練時，家長可以播放一段輕鬆明快的音樂（或有節奏的口令），讓孩子配合音樂或節奏連續翻滾。

▌運動遊戲

注意力的提高實際上是要求一個人在特定時間把精力專注到一件事情上來，同時還可以兼顧其他不重要的也不分心的事情。往往這種能力可以提高效率，延長坐下來的時間，對於孩子長大後從事較長的學習工作都有好處。而運動恰恰可以幫助孩子達到這種效果。

1. 拋接球遊戲

　　具體操作方法是，找一個橡膠球，兩個孩子或孩子跟父母對站，保持一定拋接球的距離。用身體的上肢拋接球。熟練後，可以數數，數出聲音來。再熟練後，可以默數。為了增加難度和防止這種簡單的遊戲失去挑戰性，可以在拋接球中，孩子邊跳邊遊戲或同時拋接兩個球等增加難度。

　　這個運動的機理其實很簡單：拋接球，需要眼睛看到球的移動，同時配合手。這是手與眼的協調，加入數數就是加入大腦的思考，加入默數就是避免互相干擾影響，看看運動這種干擾是否會影響數數。這多像在做作業，而外面有噪音，如果專注力足夠，那麼外界的聲音就不會有影響。

　　我們發現球越大，難度越低。而這種拋球運動時間久了，孩子會厭倦。那麼只要明白了機理，家長還可以自行調整運動方法。比如，把大球變成小球。網球、羽毛球、桌球等等，但是由於網球往返距離遠、需要大力量，不適合正在生長發育的兒童。所以羽毛球、桌球、壘球和手球等較為合適。

　　在雜技中有個很簡單的雙球拋接，比如手裡同時攥兩個球，把一個球往上拋，當拋出的球落下的同時把另一個球拋出，讓兩個球形成循環。這種玩法不僅鍛鍊專注力，而且可以一個人玩，隨時隨地不受空間限制。當然，增加難度到三個是肯定能達到的，再往上增加有較大難度。

　　我們看見一項體育運動可以調節一個人的很多能力，並非只有用學習來改變學習習慣這麼枯燥單純。只要想辦法，好的方法和變通總是會有的！

第八章　在遊戲中培養持久的專注力

2. 翻花繩

　　有些地區每年都會舉辦「翻花繩」活動，為什麼這個遊戲能持續下來呢？理由如下：

✧ 可以和朋友或家人一起玩；

✧ 用一條繩子就可做出各種有趣的視覺變化；

✧ 運用手腕和手指才能靈活玩耍，一點都不呆板：

✧ 這是傳統的女性遊戲，由祖母傳給母親，再由母親傳給女兒，已屬於生活的一部分；

✧ 可由圖形的連續變化得到樂趣；

✧ 適合玩的年齡層很廣。

　　翻花繩有什麼益處呢？

✧ 促進持續性的注意力；

✧ 手指運動可刺激大腦；

✧ 訓練手指的操作能力和靈活度；

✧ 認識和記憶圖形的變化；

✧ 認識圖形的變換順序和邏輯性；

✧ 從遊戲中得到與他人相處的親近感和安全感，由此培養豐富的心靈。

　　翻花繩可歸納出下列各種玩法：

✧ **兩人遊戲**：由一個人先在自己手中打第一個結，再由另一個人一邊用手指變花樣，一邊把繩結引到自己手上。如此交換，重複玩耍，繩結越扣越多。

✧ **一人雙手遊戲**：自己一個人用雙手鉤住繩子，再用雙手變換花樣。可以做出蟹、龜、梯子等圖形。

✧ **一人單手遊戲**：自己用一隻手鉤住繩子，再用另一隻手變花樣，可做成松葉、掃帚等圖形。

✧ **翻花繩**：用一個環繩就可變許多戲法。看起來亂成一團的繩結只要抽出其中一條或放開一根手指，就能恢復原狀。有抽手腕、抽手指和抽繩子等各種方式，也有用硬幣、剪刀等小道具的玩法。

3. 踢罐子

和許多小朋友一起到戶外玩也是養成注意力的好方法。以「踢罐子」遊戲為例。

「踢罐子」其實是捉迷藏的一種，只是比一般捉迷藏多了一道踢罐子的步驟。

「踢罐子」遊戲中，當「鬼」的孩子要防備不讓躲藏的孩子踢到罐子。躲起來的孩子則要比「鬼」搶先一步找到罐子。這個遊戲需要凝聚全方位的注意力，並且不同於一般捉迷藏所需的持續注意力，更要求瞬間注意力。

這個遊戲以五至七八個人玩最適當。在有圍牆、樹木和小屋等藏身處的地方玩最好。

首先是準備工作。在地上畫半徑1公尺左右的圓圈，圓心豎著一個空的飲料罐。當把罐子踢出去時必須遠處都能聽見，所以最好是空鐵罐或鋁罐。如果沒有空罐，也可用其他能發出聲響的代用品。

大家猜拳決定誰扮演「鬼」，並從躲藏的人中選出最先踢罐子的孩子。

第八章　在遊戲中培養持久的專注力

　　遊戲開始了。剛剛選出的孩子先踢出罐子，當「鬼」的人再把罐子拾回來放在圓圈當中。拾回來罐子方法有兩種：①用腳踢回原點；②用手拿回原點。幼小的孩子經常選擇用手拿。當「鬼」的人在原點數完一定數目（通常是 50），這段期間其他的孩子就趕快找藏身處躲起來。當「鬼」數完會大叫：「開始咯！」這是出發去尋找其他孩子的警告。他一邊叫，一邊得用腳踩一下罐子。當「鬼」找到某個孩子時，就得叫出那孩子的姓名，再回到放置罐子的原點，用腳踩罐，大叫：「×××，中標了！」如果「鬼」沒有回到原點，或沒有踩到罐子，即使找到人也不算數。當「鬼」的人除了找到躲藏的人，再跑回去踩罐的時間之外，都是在圓圈外面找人。

　　這時候其他躲藏的孩子得注意「鬼」到哪裡去了。如果判斷「鬼」距離罐子夠遠，就可衝出去踢罐子。若「鬼」在找其他孩子的時候罐子被踢到，那麼被他找到的孩子都能獲得釋放，重新找地方躲藏。

　　可是，如果罐子一再被踢，那麼做「鬼」的人也太可憐了。所以罐子若被踢中 3 次，就得換人當「鬼」。

　　如果躲藏的孩子用板子當護身，一邊遮掩一邊前進，或五六個人一起出動擾亂「鬼」的判斷，就更有趣了。

　　踢罐子遊戲在幼稚園大班就可學會，不過最愛玩的年齡大概是小學中年級。它不但需要注意力，也需要敏捷的身手和判斷力。

4. 玩繩

遊戲目標：

學習繩的多種玩法，鍛鍊孩子四肢力量和全身協調能力，發展孩子的注意力。

遊戲準備：大小跳繩。

遊戲過程：

1. 過獨木橋：兩條繩拉成相距 10 公分的平行線為獨木橋，孩子在平行線中間走，踩繩、出繩為落河。

2. 跨小河；兩條繩拉成相距 40 ～ 80 公分的平行線當小河，孩子從上跨跳過去。

3. 走鋼絲：一條繩拉成直線為鋼絲，孩子踩繩行進。

4. 左右行進跳：一條繩拉直放在地上，孩子在繩的兩邊左右輪換行進跳。（單、雙腳均可）

5. 雙腳分合跳：兩條繩平行放置地上，孩子在繩內跳起，雙腳在繩外落地，再跳起雙腳並齊線上內落地。

6. 雙腳向上跳過繩：繩子提到一定高度（30 公分左右，繩最好有彈性），孩子從繩上跳過去。

7. 跳方格和米字格；將繩子擺成十字形和米字形，4 ～ 8 名孩子同時由自己格內向前面格裡連續跳。

8. 搶繩：一條繩的兩端置於兩把小椅子下，兩名孩子聽信號，圍著小椅子跑一圈後坐下，立即彎腰拖繩子的一頭，誰先拉到為勝。

9. 小繩跳：自掄自跳、自己掄繩跑步行進跳等各種花樣跳。

10. 跳大繩：爸爸、媽媽各持繩的一頭掄繩，孩子跳。

5. 套灰狼

遊戲目標：練習躲閃、越障礙地，提高動作的靈敏性及反應能力。

遊戲準備：兒歌。大灰狼，牙尖利狠心腸，竄進羊群咬死羊。好獵人，真勇敢，趕來追捕這群大灰狼。

第八章　在遊戲中培養持久的專注力

　　玩法：家長聚集社區裡的小朋友一起玩這個遊戲。大部分孩子扮灰狼，1～2個孩子扮捉狼的獵人。遊戲開始，大家一起說兒歌，當念到最後一句時，獵人開始追趕狼群，狼要躲開獵人的追捕，而且不能跑進地面的圓圈內，要繞過圈或跳過圈跑。狼被獵人捉到或不小心跑到圈內，均為被捉到。要停止遊戲一次，暫時站到場地邊沿觀看別人遊戲。

　　遊戲規則：扮狼的孩子不能跑出規定範圍的場地，狼如果跑到圈內即是被套或者掉到了陷阱裡，要主動停止遊戲，站到場地邊沿。

6. 海豚玩球

　　遊戲目標：

✧ 練習拋接球。

✧ 鍛鍊孩子的腹肌及雙腿的肌肉。

✧ 發展孩子的注意力。

　　遊戲準備：家長聚集社區裡的小朋友和孩子一起玩這個遊戲。每人一個皮球及直徑8公分左右的硬紙環，放球的竹筐2～4個。

　　遊戲過程：

1. 海豚玩球：向上拋球由低逐漸增高。
2. 海豚頂球：將紙環放在頭頂上，球放在紙環上，孩子扮海豚在場地上玩，球不要掉下來，或魚貫地在兩條平行線間行走。
3. 海豚滾球：孩子分兩隊，面對面蹲下，相距2～3公尺，雙手推球滾給對面的小朋友，再滾回來。
4. 海豚互相拋接球。
5. 頂球爬行：海豚頂球在墊上魚貫爬行，看誰的球不落下來。

6. 海豚投球：雙足夾球，根據墊子的多少分組進行。開始參加的海豚將球夾在雙足之間，兩腿伸直，接著上體後倒在墊上，順墊將球投到頭頂前的筐裡，起身可連續將 2 ～ 3 個球夾起，然後再換另一名小朋友練習。

遊戲規則：雙臂平放體側，不要用手幫助放球。

遊戲建議：

✧ 家長用故事情節把遊戲串起來練習。如家長當海豚媽媽，孩子當小海豚，跟媽媽學習本領。

✧ 幾個孩子一起做遊戲，也可以自己玩。

✧ 鼓勵孩子創造更多不同的動作。

8. 足球運動員

遊戲目標：練習用腳踢球的技能，鍛鍊下肢肌肉，提高孩子的注意力。

遊戲準備：安排幾個小朋友一起玩，每人一個小足球（大皮球）。

遊戲過程；

✧ 開始讓孩子討論足球可以怎麼玩，孩子根據自己的意願玩一下子。根據孩子的玩法選擇幾種練習。

· 用腳踢球
· 用腳帶球走。
· 將球踢進球門。
· 向上踢球。
· 用頭頂球。

· 兩人互相踢球。

· 兩人傳遞帶球行進。

✧ 分組比賽罰點球，哪組射門進球多者為勝利。

✧ 帶球進行射門誰先射進為勝。

✧ 遊戲：「以球擊壁」。在牆上畫球門，球彈回接著還可以繼續踢，規定時間內以踢進門多者為勝。

✧ 足球比賽：在長方形場地兩方各放一個球門，孩子分成兩隊，各一名守門員，6名隊員。開始球放線上上，由一隊先踢，本隊隊員互相配合傳遞，進攻對方球門，踢進一球得一分，哪隊把球踢出去，由另一隊在踢出的地方發球。在15分鐘內以進球多者為勝。

遊戲規則：不能用手動球，不能推拉絆人。

遊戲建議：在戶外活動時安排孩子踢小足球。根據場地需要選擇以上幾種活動，分幾次完成。

9. 獵人捉野兔

遊戲目標：練習跳及四周跑，提高躲閃追捕能力，養成遵守規則的好習慣，練習注意力。

遊戲準備：家長安排孩子進行團體遊戲。沙包數量是獵人數量的一半。學會兒歌 —— 小野兔輕輕跳，小野兔眯眯笑，青草地來遊戲，跳得高跑得快，獵人來了我不怕。

遊戲過程：

1. 孩子扮作野兔在場地的中間練習跳和奔跑。

2. 「獵人捉野兔」遊戲。

孩子一半人扮作獵人站在場地的兩端；一半的人扮作野兔在場地中間。

遊戲開始，野兔邊念兒歌邊在場地自由跳動，當念到最後一句「我不怕」，扮獵人的孩子從場地兩端用沙包或球向野兔投去。野兔奔跑躲閃，被沙包投中的孩子站在場地邊上停一次遊戲。遊戲重新開始，獵人和野兔可以互換角色。

遊戲建議：

✧ 「兔子」和「獵人」各是多少人合適，可以根據情況增減。

✧ 投擲物的類別及數量亦可根據情況來安排。

10. 猴子摘桃

遊戲目標：練習爬及跳的動作，提高靈敏協調的能力。

遊戲準備：家長安排團體遊戲。10 公尺左右見方的場地，四周放上墊子、塑膠圈。中間高懸的繩子上掛著桃（高度為孩子跳起後能摘到桃）。

遊戲過程：

1. 孩子扮小猴子摘桃，要從墊子上爬進場地，再跳起摘桃，出來要從圈裡跳著出來把桃放到指定的容器裡面。主要指導孩子正確爬行及雙腳連續向前跳和向上跳的動作。

2. 遊戲：小猴摘桃，選出數名（5～6 人）孩子扮看桃園的人，其餘孩子扮小猴。遊戲開始，小猴從墊上爬進果園（場地）摘桃，看桃的人即可追捉小猴不讓其摘到桃，小猴則要躲避看園人，不讓其捉到，想辦法摘到桃。小猴摘到桃後要從場地邊的塑膠圈上跳出去。如果被看園人捉到，要在場地外的猴籠中待一下子（停止遊戲一次）。

遊戲建議：

✧ 向孩子講清規則，看園人只能在場地內捉猴子，出了場地就不能捉了。猴子進出果園必須做爬、跳的動作。

✧ 看園人的多少教師可靈活掌握，一般為 1～3 個。

11. 走直線遊戲

遊戲準備：一根 10 公尺左右的長繩、膠帶、一個開闊的空間

先在地上拉一根長繩，用膠帶黏住兩頭。為了讓孩子的視覺注意力更有目標性，提高訓練效果，訓練者可以在繩子的一端放一樣實物作為孩子視線的著落點。（這件實物置放的位置要和孩子的視線同一水準。）然後讓孩子站在繩子的另一端，雙手側平舉，抬頭挺胸，目光直視前方開始行走。行走時必須腳尖對著腳跟，始終沿著直線前進。熟練以後，還可以雙手拿碗、頭頂書本增加訓練的難度和趣味性。也可以父母一起參加，比賽誰走得好，走得快。

▌認知遊戲

讓孩子做認知遊戲，其目的在於幫助孩子很好地認識某些物體的名稱、習性，在此過程中培養孩子的觀察力與專注力。

1. 動物分類遊戲

遊戲目標：比較各種動物特徵、習性，引導孩子從多角度分類。

遊戲準備：團體遊戲。

遊戲 1：動物找家

在地上畫幾個團，代表天空、海洋、山林、草地等。孩子戴動物頭

飾，聽音樂做模仿動作，音樂停，孩子迅速跑回家中，互相檢查有無錯誤。孩子互換頭飾，反覆遊戲。

遊戲 2：動物餐廳遊戲

在三個桌分別放肉、魚、蟲、和樹葉、果子、竹筍與蛋，代表肉食、草食、雜食。孩子戴動物頭飾隨鈴聲做模仿動作，聽到「餐廳開飯了」的信號，迅速跑到一個桌旁坐下模仿動物吃東西。相互介紹自己愛吃什麼。

孩子互換頭飾，反覆遊戲。

遊戲 3：建造動物園

用積木建造動物園，將其分為許多格，將各類動物玩具放入動物園，觀察比較它們的特徵、習性，與孩子一起討論應該怎樣分類餵養，引導孩子從多角度分類。

按居住地點分為：「樹林」、「水中」等。

按活動方式分為：「走」、「飛」、「游」等。

按腿的數目分為：「一條腿」、「四條腿」等。

按食性分為：「吃肉」、「吃草」、「雜食」等。

遊戲 4：魚蟲鳥獸

1. 將各種動物的絨布教具藏在各處，讓孩子尋找。

2. 將絨布分為四塊，在上面分別貼上魚蟲或鳥獸的圖片。

3. 讓孩子將手中的動物圖片送到 4 塊絨板上，將同類的放在一起，相互檢查有無錯誤。

4. 分組討論魚蟲鳥獸的共同特徵。魚：水中生活，有鰭，腮呼吸等；昆蟲：6 條腿，兩對翅膀；鳥：兩個翅膀，兩條腿，有羽毛，下蛋；獸：長皮毛，4 條腿，生幼獸，吃奶。

5. 出示蝴蝶、海豹、鴕鳥等，思考牠們屬於那類。

　　遊戲建議：應了解孩子相關知識經驗的掌握程度，從中選擇安排適宜的內容。還可以開展製作「動物分類冊」的活動，鼓勵每個孩子都能按自己的意願來製作，並說明為什麼這樣做。

2. 空氣遊戲

　　遊戲目標：感知空氣的存在與功用，激發探索空氣的興趣，培養孩子注意力。

　　遊戲準備：杯子、手絹、魚缸、蠟燭、氣球等。

遊戲 1：手絹為什麼不濕

　　將魚缸放滿水，手絹塞人杯底，倒扣杯子，壓入魚缸的水中，猜一猜手絹濕了沒有，拿出看看，手絹為什麼不濕。（杯中有空氣，水不能進杯子）

遊戲 2：會沉會浮的桌球

　　讓桌球浮在魚缸的水面，用一個倒扣的杯子將球扣住向下壓，能將球壓入杯底，把杯傾斜，觀察氣泡溢出，水進入杯子，桌球逐漸在杯中浮起來，讓孩子說說沉浮的原因。

遊戲 3：哪支蠟燭先滅

　　將 3 支蠟燭點燃，用大中小 3 個杯子同時扣在蠟燭上觀察哪支蠟燭先滅，想想為什麼。（注意安全）

遊戲 4：火箭上天

　　在塑膠瓶口捲一紙筒，做成火箭狀，套在瓶口，拍打塑膠瓶，火箭就被推上天空，想想為什麼。（使用配套科學玩具製作材料）

遊戲 5：降落傘

用手絹、綢子、塑膠膜等材料製作降落傘，比一比哪種降落傘飄得最好，是誰托著它慢慢飛。（使用配套科學玩具製作材料）

3. 風的遊戲

遊戲目標：製作風的玩具

遊戲準備：各種紙、剪刀、糨糊、吹氣玩具、打氣筒等。

遊戲 1：製作風車、紙蛇（配套科學玩具製作材料）

✧ 出示各類風車、紙蛇，讓孩子玩耍，觀察風的作用，製作欲望。

✧ 孩子嘗試製作，家長指導。能力強的孩子自己觀察範例，討論製作方法，家長稍加提示；能力中等的由家長示範；能力差的由家長分步驟示範，孩子模仿。

✧ 風車製作方法：

· 用稍厚的紙剪成「十」形。

· 把四角彎曲成風車形狀。

· 用一根皮筋套在左手拇指和食指上，把風車的小開口掛在皮筋上，拉緊再放手，使小風車彈出。（注意讓風車的彎曲面向下）

遊戲 2：我來造點風

✧ 提供材料，讓孩子想辦法製造點風。

✧ 孩子操作材料。啟發孩子扇動紙片、扇子、裙子，擠吹氣玩具，用氣筒打氣等方法製造風。

第八章 在遊戲中培養持久的專注力

遊戲 3：帆船比賽

家長和孩子用紙折小船，放在水裡或桌上，用嘴吹或用扇子扇，推動帆船前進。比比誰的船行駛的快，引導孩子發現風的大小、方向會影響船的速度，了解帆船是風力推動的。

4. 轉動的輪子

遊戲目標：比較正方體、長方體、球、圓柱體的異同，觀察輪子的特徵，發現其功能。

遊戲準備：收集各種大小紙盒、積木、球、廢罐頭盒、輪子及各種玩具車。

遊戲過程：

✧ 什麼會滾，什麼不會滾？

· 自由地玩紙盒、積木、球、罐頭盒、輪子等物，引導孩子將物品分成「會滾」與「不會滾」兩堆。

· 再滾動球、罐頭盒、輪子，發現球能向四面波動，輪能向兩面滾動。

✧ 玩車子。

· 在光滑的、傾斜的、凸凹不平的地面上玩車，比較其不同。

· 在車輪上塗顏色，在白紙上滾過，觀察車輪印跡。

· 比較各種車輪的異同。

· 聯想，還有哪些物品需要輪子。

· 用車子將重物推到一端，再將重物抱回來，比比有什麼不同感覺。

· 推動帶輪的小車與不帶輪的紙盒，哪個跑得快而遠。

✧ 尋找生活中小的輪子，發現它們的各種功能：如吊車、窗簾盒、沙發
   輪、冰箱架等。

遊戲建議：還可以開展「做車」、「畫車」的活動，讓孩子進一步感
受各種形體的特徵。

5. 冰孩子

遊戲目標：學習複述故事，了解冰與人們生活的關係，自然美。

遊戲準備：製作冰花的材料。

遊戲過程：

✧ 聽故事。

✧ 孩子思考：你見過哪裡有冰孩子？

✧ 利用「冰孩子」製作玩具好嗎？製作「冰花」、「冰食」啟發孩子設
   計出不同的冰花（為孩子提供不同形狀的器皿，不同顏色的水，不同
   的水中裝飾物）（利用水果汁冷凍後可食）。

遊戲建議：上述遊戲之後孩子再複述故事。

遊戲附故事：冰孩子。

冬婆婆把冰孩子打扮得好漂亮，白衣服、水晶鞋，全身光亮。

風爺爺在田野裡用力地吹著，湖裡的小魚凍僵了。冰孩子跑過來用
自己的身體替湖面裝上一塊「防風玻璃」，冰下變得好暖和，小魚們快活
極了。

風爺爺在田野裡用力地吹著，大樹變得光禿禿的，冰孩子跑過來，鑽
進了有顏色的水，凍成了五顏六色的冰塊，小朋友把它掛在樹上。呀！多
麼美麗的冰花。

第八章　在遊戲中培養持久的專注力

　　快過年了，媽媽買了許多雞、鴨、魚、蝦。冰孩子跑過來，鑽了進去，把雞、鴨、魚、蝦凍得硬邦邦的，再也不會壞了。

　　冰孩子愛幫助別人，大家都喜歡它，它高高興興地鑽進水缸去睡覺，身體一漲，水缸破了。哎呀！這次惹禍了，黑貓走過來奇怪地問：「誰打破了缸？」冰孩子低下了頭說：「不怪別人，是我打破的，真對不起」

　　冰孩子真是個誠實的孩子。大家更加喜歡它了。

6. 機器人遊戲

　　遊戲目標：

◇ 對機器人好奇。

◇ 製作想像中的機器人

　　遊戲準備：紙盒子、硬紙板。

　　遊戲過程：

◇ **了解機器人**：講關於機器人的故事《機器人奇奇》（自編）。讓孩子觀看有關機器人的錄影片或連環畫冊，鼓勵孩子搜集有關機器人的圖書、圖片。

　　問孩子：你見過機器人嗎？它是什麼樣的？它會做什麼？你喜歡機器人嗎？機器人與人有什麼不同？

◇ **製作機器人**：做機器人之前，可以讓孩子欣賞機器人圖片或玩具。家長介紹用不同材料製作機器人的方法，讓孩子按自己意願選擇製作材料，分成小組，共同製作機器人。

　　· 用積塑片插機器人。

　　· 用橡皮泥或膠泥捏機器人。

· 用硬紙板做機器人：先畫一張機器人的圖像，剪貼到硬紙板上，將其剪下，在機器人腳下做一個托，使其直立，用針或曲別針固定，可成為磁鐵玩具。

· 讓孩子用大紙盒挖洞，套到頭上、身上、臂上、腿上，扮機器人。

◇ **機器人展覽**：將孩子製作的機器人擺放在桌上或走廊裡，將孩子搜集的圖片貼在牆上，再擺上機器人圖書和玩具模型，辦一個綜合展覽。

◇ **機器人遊戲**：在角色遊戲和表演遊戲中，可讓孩子扮成機器人玩遊戲。要鼓勵孩子大膽想像和創造。

遊戲建議：

在此基礎上擴展活動內容，家長要啟發孩子的想像力和創造力。

7. 撲克牌湊數

從若干套（雙數）撲克牌（自製字卡）中選出需要的牌（卡）如：玩「4」的遊戲，就選出數字為 1、2、3 的。

玩法是：將牌（卡）倒扣，兩名遊戲者以包子、剪子、錘確定翻牌（卡）的順序。第一人先翻過一張牌（卡），接著由第二人翻牌（卡），若兩張牌的數字合起來恰巧是玩前確定的數，這張牌就歸第二人。然後兩人重新猜拳確定翻牌（卡）的順序，直至牌（卡）全部翻過來。兩人數各自手中贏的牌，多者為勝。

▌語言遊戲

語言遊戲可提高孩子的語言理解能力、語言表達能力，促進孩子的語言與思維的發展，進而培養孩子的專注力。

第八章　在遊戲中培養持久的專注力

1. 繞口令

　　遊戲目標：練習準確發音，能不間斷地快速朗誦繞口令。

　　遊戲準備：圖片，有關參考圖書。

　　遊戲建議：

✧ 家長結合圖片，清楚、正確地為孩子朗誦 2 ～ 3 遍。

✧ 請孩子分析理解繞口令的內容。

✧ 跟家長朗誦幾遍以後孩子自己記憶朗誦。

✧ 孩子遊戲之中可以相互練習繞口令，還要提高速度。

　　遊戲延伸：鼓勵孩子同學到家中自學一些繞口令，比一比看誰說得多。附繞口令：

大貓和小貓

大貓毛短，

小貓毛長，

大貓比小貓毛短，

小貓比大貓毛長。

一匹布，一瓶醋

肩背一匹布，

手提一瓶醋，

走了一里路，

看見一隻兔，

卸下布，放下醋，去捉兔。

跑了兔，丟了布，灑了醋。

娃娃畫畫

娃娃畫畫畫花花，

娃畫花花結瓜瓜，

花花結瓜給娃娃，

娃娃吃瓜畫花花。

我和鵝

我是我，鵝是鵝，

我不是鵝，鵝不是我。

鵝肚餓，我餵鵝。

我愛鵝，鵝愛我。

2. 猜謎語：可愛的動物

遊戲目標：能初步根據動物的姿態、特徵編寫出簡單的謎語。

遊戲準備：各種動物卡片。在日常生活中安排孩子猜謎。

遊戲提示：家長讓孩子猜謎，應以激發孩子主動參與活動為目的培養孩子動腦習慣。活動附謎語：

腦袋小，脖子長，

脖子一伸頭上房，

沒有聲帶不說話，

身上穿件花衣裳。　　　（長頸鹿）

一物生來真奇怪，

肚下長個皮口袋，

孩子袋裡吃和睡，

跑得不快跳得快。　　　（袋鼠）

第八章　在遊戲中培養持久的專注力

嘴尖尾巴長，

偷油又偷糧，

白天洞裡躲，

夜裡咬衣箱。　　　（老鼠）

一物像人又像狗，

爬竿上樹是能手，

擅長模仿人動作，

家裡沒有山中有。　　（猴子）

大尾巴，尖嘴頦，

跳跳蹦蹦採松果，

夏天樹上來乘涼，

到了冬天洞裡躲。　　（松鼠）

頭藏紅帽子，

身穿白袍子，

說話伸脖子，

走路擺架子。　　（鵝）

尖頭尖尾，

身穿珠衣，

游來游去，

水裡遊戲。　　（魚）

年紀不大，
鬍子一把，
喜吃青草，
愛叫妹妹。　　（山羊）

身穿花花綠綠，
走路彎彎曲曲，
洞裡爬來爬去，
牙齒頂頂狠毒。（蛇）

耳朵長，尾巴短，
紅眼睛，白毛衫，
三瓣嘴兒膽子小，
蹦蹦跳跳人喜歡。　　（小白兔）

身穿彩袍子，
頭戴紅帽子，
走路像公子，
說話高嗓子。　　（公雞）

身穿黑緞袍，
尾巴像剪刀，
冬天向南去，
春天回來早。　　（燕子）

第八章　在遊戲中培養持久的專注力

鬍子不多兩邊翅，

開口總說妙妙妙，

黑夜巡邏眼似燈，

白天喜歡睡懶覺。　　（貓）

林海之中一醫生，

保護樹木立大功，

不打針來不給藥，

一口叼出肚裡蟲。　　（啄木鳥）

3. 傳聽接力遊戲

這個遊戲是要記住前面的人所說的話，再將那段話正確迅速地傳達給後面的人。參加遊戲者必須分成人數相等的隊伍。譬如有 30 個人參加，就分成 3 行，每行 10 人，並分別冠上 A、B、C 的稱呼。

接著指導者把 A、B、C 各行排頭的人叫到跟前，對他們說：「現在我給你們看一張紙條，請你們記住上面的字。記住後就回到自己隊伍中，悄悄地靠在第二個人耳邊，用其他隊伍聽不見的聲音，迅速正確地傳達紙條上的話。懂了嗎？現在打開紙條了。」

假設紙條一列開，上面寫的是：「請問你想喝冰牛奶還是熱咖啡？」

排頭的 3 人記住紙條上的話後，放下紙條回到隊伍傳給第二個人。這般重複傳話，直到傳至最後一個人為止。

最後一個人聽完傳話後就把它寫在紙上，寫完馬上舉手報告指導者。指導者在黑板上依傳話完成速度依序寫出隊伍名稱。

接著，依傳話完成順序，從每行最後一人開始發表他聽見的話，最後再由指導者讀出他原來在紙條上寫的話。

指導者判斷每一行是否能正確、迅速地完成傳話，輸的隊伍得應大家要求唱歌或跳舞助興。

傳話遊戲使用的文字得考慮參加孩子的年齡。如果參加者是 8 歲以上，就可使用容易錯的字，不好念的話或繞口令等。

傳話遊戲的例句：

三四歲孩子：

小飛俠。

小叮噹。

蘋果紅紅的。

四五歲孩子：

章魚有八隻腳。

桌子有四條腿。

魚在水中游泳。

五六歲孩子：

郵局在市場隔壁。

學校有一棵大榕樹。

那個池塘有許多鯉魚。

六七歲孩子：

我拿出穀子，鴿子就圍了過來。

熊貓正在大嚼竹葉。

昨天我用積木做了一個大城堡。

第八章　在遊戲中培養持久的專注力

七八歲孩子：

垂柳底下有兩條泥鰍。

岩石上坐著兩隻青蛙。

請給我三個三角形飯團和兩塊四方形豆腐。

今天的早餐有特製生菜沙拉和煎蛋。

九歲以上孩子：

廣闊的海岸有七艘白色的船。

生的新鮮雞蛋，熟的水煮雞蛋。

這個木樁怎麼撬怎麼挖都起不來。

以上是語句傳話的例子，若改成數字傳話也可以。此外，也可改成傳字遊戲，也就是不說話，而在別人背上寫某個字，一個一個傳下去，直到最後一個才揭曉答案。

4. 聽故事排圖片

玩遊戲前，家長先為孩子講個故事。以《醜小鴨》為例：

「出來呀！你們都可以出來了。」鴨媽媽對著牠孵了好久的一窩蛋喊道。

「哎呀呀！」蛋一個個裂開了，從裡面鑽出一隻隻鴨寶寶。「咦！這隻也是我的孩子嗎？」鴨媽媽看見鴨寶寶當中有隻奇怪的灰色小鴨，不禁叫道。

鴨媽媽把鴨寶寶們召集到湖邊，對大家說：「我們開始練習划水吧！」只見那隻灰色的小鴨也遊得很好。「畢竟是我的孩子」，鴨媽媽欣慰地想。可是，附近的雞和火雞卻都瞧不起這隻灰色的小鴨：「好醜的鴨

子，你給我閃遠一點！」就連其他鴨寶寶們也開始討厭灰色小鴨了：「你跟我們都不一樣，離我們遠一點。」醜小鴨聽到這些話非常傷心，就離家出走了。

可是無論牠到哪裡，都沒有人願意接納他。

秋天到了，醜小鴨看見晚霞的天空飛過一群群雪白的大鳥。「好美的鳥啊！我要能變成牠們那樣就好了。」醜小鴨心裡好羨慕。冬天來臨，醜小鴨住的池塘結冰了。小鴨絕望地想「我大概活不了……」

幸好這時有路過的好心人撿起小鴨，把牠帶到家裡避冬。可是醜小鴨卻擔心自己又遭人欺負，便趁那家人不注意的時候逃了出去。漫長的冬天終於過去了。春天降臨，池塘閃耀著動人的光芒。

「哇！」只見一隻雪白的鳥的美麗身影倒映在池塘，那似乎是醜小鴨在哪裡見過的鳥。「莫非…這就是我嗎？」醜小鴨簡直不敢相信，原來醜小鴨竟是天鵝的孩子。牠一點都不醜，牠已經長成雪白美麗的天鵝了。

「這麼美的天鵝很少見呢！」看見的人無不讚美。

溫柔的陽光灑在天鵝身上，這隻由醜小鴨變成的天鵝顯得更加的美麗動人。

以上的故事為孩子講完後，家長可依照上圖畫六張圖片，之後將六張圖片像洗撲克牌一樣打亂次序，要孩子依故事順序從頭排序一次，看孩子是否可以正確地排出順序。小孩子一般都能用心聽完故事，也會很喜歡這種排列圖片的遊戲。

5. 讓孩子講故事

遊戲目標：孩子練習根據圖片的內容講故事，激發孩子對神話故事的興趣。

遊戲準備：家長為孩子講故事：「孫悟空三打白骨精」、「豬八戒吃西瓜」等《西遊記》中的情節。

遊戲過程：

✧ 觀察圖片分析故事：根據孩子用書提供的圖片內容請孩子邊觀察邊自己思考。

· 這幾幅圖講的是什麼事？

· 唐僧、沙僧、豬八戒、孫悟空他們要到什麼地方去？做什麼？你知道誰是他們的敵人嗎？為什麼？

· 八戒為什麼吃西瓜？

· 圖片上的美女和骷髏是誰？

✧ 請孩子講故事。

✧ 延伸活動。

· 和孩子共同準備些道具、頭飾供孩子表演用。

· 本活動可與繪畫活動相結合。家長為孩子描畫孫悟空的各種姿態，請孩子自己想像、創造。

第八章　在遊戲中培養持久的專注力

· 利用日常生活環節請孩子接觸民間故事，培養孩子喜歡神話故事。
  提供《西遊記》系列圖書、連環畫等書籍。

孫悟空三打白骨精

唐僧去西天取經、一路經過千辛萬苦。這一天，來到一片荒山中，師徒四人又渴又餓，唐僧便叫悟空去找吃的。悟空臨走前在地上畫了個防妖圈，並告誡唐僧等三人千萬不要走出此圈。

悟空剛走，就見從大樹後面走出一個漂亮的女孩，她手提飯籃，向唐僧走來。她剛走近防妖圈，一下就被彈飛了，她爬不起來，八戒就走過去扶起她。女孩一坐起來就對唐僧說「長老，這飯髒了沒辦法吃，你們隨我到山廟去吃飯吧！」唐僧剛站起，悟空拿著吃的回來了，見女孩是妖怪變的，舉起金箍棒就將妖精打死。唐僧責怪他為何無故傷人，悟空說她是妖精，只見這個妖怪變成一股青煙跑了。其實，這妖精是波月洞裡的白骨精變的。白骨精並沒走遠，躲在山後，趁悟空跳上雲頭探路的機會，又搖身一變，變成個老太婆向唐僧走來。她見到唐僧忙問：「長老，看到我的孫女了嗎？」嚇得唐僧不敢說話。老太婆見地上躺著一女孩，假裝哭著喊叫孫女。悟空從天上回來，一見老太婆，又是妖精變的，一棒下去將她打死。妖怪又化作一股青煙跑了。唐僧見悟空連傷人命，非常生氣，就責備悟空，並要念緊箍咒。悟空忙求饒，表示絕不再傷人，唐僧才甘休。這時白骨精一計不成，又生一計，搖身一變，變成個白鬍子老頭。在岩石後一見悟空四人經過，忙跑過去跪倒在唐僧面前，詢問唐僧：「長老，可見我的老伴和孩子？」唐僧回答不出來，悟空回過頭來看是妖精，舉棒要打，老頭忙跪在唐僧身後求饒，唐僧忙喝令悟空不能打，但悟空容不得妖精作怪，還是一棒將老頭打死。唐僧此時，非常氣惱，念起了緊箍咒，痛得悟空滿地打滾，唐僧念了一陣，對悟空說：「我們出家人行德積善，不容殺

生，你連殺三人，我不用你保護去西天，你回去吧！」悟空怎麼解釋也不行，一氣之下就回到了花果山。唐僧趕走了悟空，來到一座廟宇，見正中有一座鍍金佛像，趕緊下跪磕頭。這時，忽然，陰風四起。佛像變成了一個妖精，兩旁的羅漢全變成了小妖精、一下子就把唐僧沙僧捉住。八戒跑得快，沒被捉住。八戒想：怎麼辦？最後，決定還是去找悟空。悟空一聽師父被抓走，心裡雖很急，但嘴裡卻說不管。八戒連忙激他，說妖精罵悟空沒能力，鬥不過他。悟空大怒，馬上與八戒一起來到波月洞。快到洞口時，見到白骨精的乾娘坐著轎子要到波月洞去吃唐僧肉。悟空將她們打死，搖身一變，變成乾娘，坐在轎子上，來到了波月洞。白骨精還以為真是乾娘，便將三變女孩、老太婆和老頭騙唐僧的事講了一遍。唐僧後悔不該趕走悟空，孫悟空一見師父悔悟，馬上現了原形，和白骨精打了起來，白骨精鬥不過悟空，剛要跑，被悟空吐火焰燒死了。八戒又上去一耙，將牠砸碎。唐僧非常感激悟空，悔恨交加

豬八戒吃西瓜

唐僧帶著三個徒弟沙和尚、豬八戒和孫悟空去西天取經。一路走來，沒有看見任何房子和人，又趕上個大熱天，火紅的太陽照在地上，火辣辣的。他們四個人，過了中午不只沒吃飯，就連水也沒喝，又餓又渴，好不容易找到一座破廟，就走進去歇息歇息。孫悟空說「師父，你們就在這裡歇歇，我去弄些瓜果來。」豬八戒聽說要去找瓜果，口水都要流出來了，心想：「讓我跟猴子一起去吧！要是找到瓜果，我老豬就可以先吃個痛快。」於是，豬八戒就跟孫悟空一起去找瓜果了。

豬八戒最怕熱，剛走了幾步，就出了一身汗，越走越後悔，心想真不該跟猴子出來，於是，他就假裝肚子痛，不再走了。孫悟空知道他的毛病，就一個筋斗翻到天上獨自找瓜果去了。

第八章　在遊戲中培養持久的專注力

　　八戒等孫悟空走了，就在大樹下躺著，正想打個瞌睡，忽然看見草堆裡有個大西瓜高興極了。真想一個人把這個西瓜吃掉，但想到師父和沙和尚還在廟裡等待，不能一個人吃。可是八戒嘴饞，口水都流出來了，實在等不及，就把西瓜分成四塊，挑了一塊最大的先吃了起來，剩下的三塊準備留給師父、師兄弟們吃，正在這時候，孫悟空剛好採來了瓜果，一個筋斗翻了回來，正想從天上下來，看見八戒捧著一塊西瓜在吃。孫悟空想：「八戒真貪吃，找到大西瓜躲在這裡一個人吃，把師父和師兄弟都忘了，讓我再看個仔細。」八戒吃完一塊西瓜還想吃，自言自語：「哎，真好吃，我把猴子的那塊也吃了吧！」

　　他吃完第二塊還想吃，又自言自語：「我把沙和尚的也吃了吧！」

　　他吃完了第三塊，還想吃，一邊吃一邊說著：「只留一塊也沒意思，我把師父的也吃了吧！」孫悟空看得又氣又好笑。便在空中叫了聲：「八戒」八戒一驚慌，忙將四塊瓜皮丟得很遠，這才放心。孫悟空裝做什麼都沒看見。心想：讓老孫來教訓教訓他。八戒跟孫悟空回去了，沒走幾步，八戒就踩上一塊西瓜皮，「啪！」摔了一跤，把臉也摔腫了。八戒站起來一看，原來是自己丟的西瓜皮，一聲也不敢吭。想不到剛走了十幾步，又踩上一塊西瓜皮，身體一搖晃，把鼻子也摔出血了。孫悟空把他扶起來故意說「是哪個懶惰的人，吃了西瓜，把西瓜皮亂丟，害得八戒連摔了兩跤，」八戒看了一下西瓜皮，心想：「真倒楣。」

　　於是八戒走路變得小心翼翼‧眼睛看著地上，走一步看一步，不知怎麼搞的，忽然腳下一滑，又跌了一跤，摔倒在孫悟空旁邊，這一次摔得可不輕，把腳也摔斷了。孫悟空笑著扶起他，八戒低頭一看，又是一塊西瓜皮，心想：「一定是猴子知道我獨自吃了一個大西瓜，故意用西瓜皮來教訓我的。」自己做錯了，又不好說什麼，只好忍著痛，一瘸一拐地往前走。

八戒瘸著腿好不容易走到廟前，心想：「總算到了，讓我老豬進去好好休息休息吧！這一路摔得我好苦啊！」正想著，誰知腳下一滑，又摔了一個大跟頭，這次摔得他連爬也爬不起來了，痛得哼哼叫。孫悟空扶著八戒進去，唐僧、沙和尚看見孫悟空帶回大包瓜果，十分高興，看見八戒臉上青一塊，紅一塊，走路一瘸一拐，忙問：「八戒，你怎麼弄成這副模樣？」八戒紅著臉哼著說：「我不該獨自吃了一個大西瓜，一路上猴哥用西瓜皮把我摔成這副模樣，以後我再也不敢這樣做了！」悟空聽了捂著肚子哈哈大笑起來。

▌數學遊戲

數學遊戲，自然與數字有關，一個數學學不好、反應能力比較慢的孩子出錯的機率高，也容易卡殼，而注意力不集中的孩子，自然也不能玩好數學遊戲。因此，玩數學遊戲不僅能讓孩子建立起數字的概念，還能在遊戲的過程中，培養專注的能力。

說明：多人遊戲，均需要家長安排和引導。

1. 鑽山洞

準備幾個弓形門當山洞，洞上掛上數字卡。

孩子自由組合，兩人手把手，兩人的數字合起來是幾，就去鑽幾號山洞。每個洞口由一名孩子把守，正確便發給兩人各一面紅旗。孩子反覆玩幾分鐘後集中，數一數每人手中的紅旗，比誰的紅旗多。

2. 手指遊戲

用一隻手，邊念兒歌邊做手指分合動作練習 5 的組成：「5 可以分成 1和 4，1 和 4 合起來就是 5;5 可以分成 2 和 3，2 和 3 合起來就是 5……」

第八章　在遊戲中培養持久的專注力

　　兩個小朋友一起玩手指遊戲，一名孩子說數字，另一名孩子用兩隻手的手指來表示這個數字的一種分法，如，孩子甲說 3，孩子乙一隻手伸一個手指，另一隻手伸兩個手指。遊戲可反覆進行互換角色，並可以加快說數的速度，加大遊戲難度。

3. 三人翻數遊戲

　　三人一組，一人為發令者，一人手舉數字卡，另一人為對數者。遊戲開始，任舉一張字卡，發令者說某數，並說：「我出 ×。」對數者要根據發令者說出的數及對方手裡的數字卡，迅速說：「我對 ×。」如：發令者說：「我出 5。」一人舉的「2」。那麼另一人就要迅速說出：「我對 3。」若對錯了，三人互換角色。進行一段時間後，可以加快說數、舉卡的速度來提高遊戲的趣味性和激烈程度。

4. 聲音對數遊戲

　　家長舉 5 的數字卡、或拍手 5 次（擊鈴鼓 5 下），孩子依次用拍手或搖鈴鼓的方式來對 5，兩個的聲音合起來應為 5。

5. 數青蛙

　　這是一個訓練數學思維和注意力的比較難的遊戲：「一隻青蛙一張嘴，兩隻眼睛四條腿，撲通一聲跳下水。兩隻青蛙兩張嘴，四隻眼睛八條腿，撲通撲通跳下水。三隻青蛙三張嘴，六隻眼睛十二條腿，撲通撲通撲通跳下水……」讓孩子自己總結出規律，再依次接力數，注意力集中，數學思維敏銳，反應快，堅持到最後也不出錯，就是勝利者。

6. 躲開「3」

從 1 開始數數，凡是和 3 有關的數字，3 的倍數，都不能說出來，要用拍手表示。這個遊戲難度大一些，因為和 3 有關的數字出現的頻率高，3、6、9、12、13、15、18、21、23、24……所以一不小心，就會中圈套，所以注意力必須高度集中。

7. 大西瓜、小西瓜

其實這是一個反口令練習，當聽見說大西瓜的時候，孩子的手要比劃成小西瓜的形狀；當聽見說小西瓜的時候，孩子的手要比劃成大西瓜的形狀。如果想採取比賽的形式，每組可派代表上臺，看誰堅持到最後，誰的注意力就最集中，反應也最敏捷。

▎娛樂性遊戲

生活中的大多遊戲具有娛樂的色彩，在此，編者為注意力不集中的孩子提供了以下既能娛樂、休閒，又可以訓練專注力的娛樂遊戲。讓孩子在玩的過程中，強化專注力。

1. 撲克猜拳

「撲克猜拳」是兩個人面對面用撲克牌爭勝負的遊戲，方法有如猜拳，因此而得名。兩個人中有一人握有紅心的「1」、「2」、「3」三張牌，另一人則持黑桃的「1」、「2」、「3」三張牌。

兩個人先經猜拳定出攻擊和防衛的角色。先攻擊的人可猜對方出哪張牌，再想像和自己出的牌合計數目是多少，而喊出「預備，（合計數目）！」兩人一齊出牌。

第八章　在遊戲中培養持久的專注力

譬如，攻擊者自己算要打出「3」的牌，並猜測對方會出「1」的牌，便一邊喊：「預備，4！」一邊出牌。如果兩人合計數目正好是4，攻擊的人便贏了。如果攻擊者猜的數目錯了，便不論輸贏，只是雙方攻守交替，改由防衛的人攻擊，直到分出勝負為止。而兩個人的牌共計有2、3、4、5、6五種可能。

不過，這個遊戲並非全是瞎猜，而是有一點道理可循。即一方判算要出某數字的牌，則合計數目就超過某數以上，或不低於某數以下。例如：自己想出「1」牌，則合計數目將不超過4，若自己要出「3」的牌，則合計數目將不低於4。

像這般預測要花點腦筋，如果有年幼的孩子參加，請玩得慢一點。猜中對方數字時可獲得無窮的快樂。

2. 馬得馬基可

這是一種源自義大利的遊戲，現在在世界各地都有人玩，首先準備一副撲克牌，把小丑牌拿掉後餘1～13共4組52張牌。

這個遊戲沒有人數限制。每人各自在紙上面一個5×5格的正方橫盤圖形，再準備一支鉛筆。首先由一人坐莊，負責讀牌。莊家把牌洗好後，牌背面向上疊成一棵放在桌上，再取最上面一張牌，讀出其中數字，是紅心或方塊等則不用讀。參加者聽見數字後就在5×5的格子當中選格填上該數字，填入後即不能擦掉。接著莊家再拿第二張牌，讀出上面數字，參加者也再選一格填入。如此進行直到25個方格填滿為止。

這個遊戲要花心思的一點就是參加者將數字填入格子時，得考慮填入哪一格最好。這要靠參加者詳記數字的排列規則和得分，才能做出最有利的選擇。得分的計算方式是分別計算縱列、橫列和對角線的得分，再予相

加，得分最高的人就是冠軍。下頁的圖是計算得分的例子（這個遊戲適合7 歲以上的孩子）。

（數字的排列規則）	（得分）
2 個相同數字	10（20）分
2 個相同數字有 2 組	20（30）分
3 個相同數字	40（50）分
3 個相同數字 1 組和 2 個相同的數字	80（如）分
5 個相同數字	160（170）分
5 個連續的數字（排列順序不論）	50（60）分
「1」有 3 個和「13」有 1 個	100（110）分
「1」、「13」、「12」、「11」（10）（次序不論）	150（160）分
「1」有 4 個	200（210）分

注：括弧內的得分是指對角線得分。非括弧內的得分則是指縱列或橫列得分。

3. 俄羅斯娃娃

俄羅斯娃娃是用材質很輕的木材挖空做成的娃娃。它從身體中央分成兩半，兩個半邊合起後，再將小娃娃套進大娃娃中，由小到大一個個往上套，最後全部套進最大的娃娃。通常娃娃都被畫上可愛的傳統俄羅斯圖案。這個玩具的玩法有兩種：

1. 把娃娃全部掏出分成兩半，再各自找出相合的身體上半部和下半部拼湊起來，就可以還原成大大小小數個娃娃，最少有 4 個，最多可達10 個。

2. 把娃娃全部拿出來，再在最大的娃娃中放入次大的娃娃，接著由大到

小依序放入娃娃身體中，最後一定是最大的娃娃在最外面，最小的娃娃在最裡面，以此養成順序觀念。

第 1 種玩法只要找出同樣大小的兩半予以拼合即可，大概 5 歲孩子就會了。第 2 種玩法則有時會剩下一兩個放不進去，要全部成功得等到 9 歲左右。

4. 玩具總動員

遊戲目的：

✧ 訓練孩子注意力，使孩子能夠開始服從於家長提出的目標任務，並且開始培養孩子獨立地組織和控制自己注意的能力，讓孩子開始運用一些簡單的方法來維持自己的有意注意。提高注意的穩定性和分配能力。

✧ 訓練孩子的觀察力，提高孩子觀察的概括性，使孩子能夠在一定程度上把事物的各個方面、各個部分連繫起來，找出它們之間的相互關係。

✧ 養成整理的好習慣。

✧ 培養孩子的分類整理能力。

遊戲內容：從孩子出生到長至六七歲，家長為了促進孩子的發展，一定會為孩子買了許多玩具進行智力投資，加上家長製作的玩具，孩子擁有一個玩具王國。應對孩子的玩具進行大整理，我們稱之為玩具總動員。

✧ **修補玩具**：有的玩具，孩子也許玩了好幾年。比如汽車、飛機等交通工具類玩具；積木、積塑等益智類玩具；書本、畫片、畫冊等玩具，都會不同程度地出現破損。家長可把孩子所有的玩具都收集起來，讓孩子自己找出其中破損的玩具。這時就要求孩子仔細地觀察玩具，找

出破損的，並進行修補。比如說對圖書進行黏貼，把掉了的汽車輪子裝上等等。既訓練了孩子的觀察力，又發展了孩子的思維能力、創造力。

✧ **整理玩具**：家長給孩子幾個放玩具的大箱子，告訴孩子，把玩具按不同的類別放在不同的箱子裡。比如交通工具類的玩具放到一個箱子裡，畫冊放到一個箱子裡……然後家長離開，讓孩子獨自一人在房子裡整理玩具，看看孩子的注意力能堅持多長時間。過一段時間家長應看看孩子，是否仍在堅持，若孩子沒有堅持，家長對孩子進行提醒，提醒孩子加強注意，繼續整理玩具。

孩子整理好玩具後，家長應首先對孩子進行表揚和鼓勵，以培養孩子整潔的好習慣。其次，家長應對孩子的整理進行檢查，看有沒有分類分錯的，若有，應及時指出來，讓孩子加以改正，以免造成孩子的錯誤認知。

遊戲結束。

遊戲指導：

✧ 該遊戲可每個月進行一次，既訓練孩子的注意力、觀察力，又培養了孩子愛好整潔的好習慣。

✧ 有些玩具的分類對小孩子來說有一定的難度，家長可提前給孩子分好。

✧ 讓孩子整理玩具時，家長可間隔 10 分鐘左右去看一次，看孩子是不是在繼續整理玩具（這時家長應給予孩子及時的表揚）。若孩子拿著某樣玩具在玩，則顯示孩子注意力轉移，家長則應提醒孩子整理玩具。

✧ 修補玩具時，家長應給孩子提供所需的工具和原料，協助孩子共同完成。

5. 聽鼓聲走

準備小鈴鼓或其他能發出聲音的玩具一個。

在遊戲過程中：讓孩子遵守遊戲規則。鈴鼓拍得快，孩子走得快；鈴鼓拍得慢，孩子走得慢；鈴鼓停止時，孩子站在指定物體旁。

在玩遊戲時，父母可以不斷變換指定目標，在孩子走的過程中，父母可以變換鈴鼓的快慢，以此指揮孩子快走或慢走：變速走及向指定方向走。

6. 送急件

準備形狀、顏色各不相同的圖形紙片及鈴鼓紙片，請孩子說一說這些圖形的名稱。

父母向孩子介紹遊戲規則：敵人開始掃蕩了，孩子送信，不同形狀的信要放在指定的地方：

和孩子一起遊戲時，家長當指揮官，孩子當送信員，家長發出指令：把紅色三角形的信送到某處。把藍色正方形的信放到某個地方。孩子聽到指令和鈴聲後出發，在鈴聲停止時要把信送到指定地點。

當孩子把信送到指定地方後，家長要給予表揚，以激發孩子繼續遊戲的興趣。

7. 找領袖

選一名學生當「偵探」，在教室外邊等候；選一名學生當「真領袖」藏在學生中間；再選一個「假領袖」站在講臺前。遊戲開始，真領袖在人群中帶頭做各種動作，假領袖密切觀察真領袖的動作進行模仿，所有的學生再跟著假領袖的動作去做，這時，偵探走進教室尋找人群中的真領袖。

此遊戲要求真領袖靈活，做動作時不能太明顯，假領袖機敏，要隨時注意真領袖動作的變換，還不能讓偵探發現他目光的方向，而全體同學也要注意力集中，緊緊跟隨假領袖做動作，否則跟大家節奏不統一，就會被誤認為是真領袖。

8. 我是木頭人

歌謠：「賽賽賽，山上有個木頭人，不能說話不能動。」

選代表上臺比賽，邊拍手邊說歌謠，歌謠停止，必須做到一動也不動。臺下的同學，剛開始靜觀之，過不久在臺下做各種怪動作，目的是把臺上的同學逗笑，看誰能注意力集中，堅持不動的時間最長，誰就是獲勝者。

邊玩邊學習，提升孩子專注力：

家庭環境、學習目標、遊戲訓練，多方面檢討補救，孩子不只用心也更專心

編　　著：黃依潔，陳雪梅

發 行 人：黃振庭

出 版 者：崧燁文化事業有限公司

發 行 者：崧燁文化事業有限公司

E-mail：sonbookservice@gmail.com

粉 絲 頁：https://www.facebook.com/
　　　　　sonbookss/

網　　址：https://sonbook.net/

地　　址：台北市中正區重慶南路一段六十一號八
　　　　　樓 815 室

Rm. 815, 8F., No.61, Sec. 1, Chongqing S. Rd.,
Zhongzheng Dist., Taipei City 100, Taiwan

電　　話：(02)2370-3310

傳　　真：(02)2388-1990

印　　刷：京峯彩色印刷有限公司（京峰數字）

律師顧問：廣華律師事務所 張珮琦律師

―版權聲明―――――――――――

本作品中文繁體字版由五月星光傳媒文化有限公司授權台灣崧博出版事業有限公司出版發行。未經書面許可，不得複製、發行。

定　　價：399 元

發行日期：2023 年 02 月第一版

◎本書以 POD 印製

國家圖書館出版品預行編目資料

邊玩邊學習，提升孩子專注力：家庭環境、學習目標、遊戲訓練，多方面檢討補救，孩子不只用心也更專心 / 黃依潔，陳雪梅編著 . -- 第一版 . -- 臺北市：崧燁文化事業有限公司 , 2023.02

面；　公分

POD 版

ISBN 978-626-357-052-8(平裝)

1.CST: 親職教育 2.CST: 子女教育 3.CST: 育兒

528.2　　111021448

電子書購買

臉書